汽车后市场从业胜经

汽车销售盈利实战攻略

王 东 编著

机械工业出版社

本书从汽车经销商管理者的视角出发，依托汽车销售行业的经营之"道"，提出"量利双赢"的经营目标，结合汽车销售一线的实际运营，采用经营管理分析加实际操作案例的形式，为汽车销售工作人员提供关于销售盈利的实战攻略。

本书专注于经销商一线实践落地的最后一步，将客户资源、商品资源（商品车以及配套服务产品）、销售场景的提升理论与实际一线经营结合，设计五个维度的经营进化理论，并列举多个实际执行案例，以助力汽车经销商一线从业者的实践落地。

图书在版编目（CIP）数据

汽车销售盈利实战攻略 / 王东编著. —北京：机械工业出版社，2022.9

（汽车后市场从业胜经）

ISBN 978-7-111-71824-6

Ⅰ.①汽… Ⅱ.①王… Ⅲ.①汽车-销售 Ⅳ.①F766

中国版本图书馆 CIP 数据核字（2022）第 193946 号

机械工业出版社（北京市百万庄大街22号 邮政编码100037）

策划编辑：李 军　　　　　　责任编辑：李 军
责任校对：肖 琳 王明欣　　封面设计：马精明
责任印制：刘 媛

北京盛通商印快线网络科技有限公司印刷

2023年1月第1版第1次印刷

184mm×260mm · 14.75 印张 · 260 千字

标准书号：ISBN 978-7-111-71824-6

定价：89.90元

电话服务　　　　　　　　　　网络服务

客服电话：010-88361066　　机　工　官　网：www.cmpbook.com
　　　　　010-88379833　　机　工　官　博：weibo.com/cmp1952
　　　　　010-68326294　　金　书　网：www.golden-book.com

封底无防伪标均为盗版　　　　机工教育服务网：www.cmpedu.com

序　言 1

通读完全书书稿，非常感慨作者王东先生对汽车销售业务的深度思考，感慨作者的悟"道"——汽车销售行业的经营之"道"：通过对客户资源、商品资源、汽车经销商销售场景经营的效率与产能提升以及三者的优化匹配，实现销售质量的提升。

在悟"道"的同时，全书通过六个篇章的具体阐述，以及大量实用工具和具体案例呈现，更进一步展现了作者在汽车销售一线扎实的功力。《汽车销售盈利实战攻略》是一本悟道解惑的书，更是一本汽车销售界不可多得的实战宝典。

在移动互联的时代，在汽车新四化的时代，汽车行业正在经历百年未有之大变局。在这个风云际会的时代，在汽车行业这个大舞台上，造车新势力与传统汽车厂商、新能源汽车与传统汽车、新的直营销售模式与传统的4S店销售模式等，正在上演一幕又一幕变革与创新的精彩剧目。

"她"既是如此深刻地把"亢奋"带入了这个时代，同样也把深度的"内卷"呈现给了这个时代。因此，在这样一个充满不确定性和变数的时代，我们需要更多有深度的思考，需要去领悟商业的本质：以客户为中心，实现可持续的发展；需要以长期主义的视角，去应对变与不变：变化的是术，不变的是道。销售行业的经营之"道"："人、货、场"是不变的，而销售行业的销售行为，只有"因势而变""因时而变""因地而变"才能更好践行销售行业的不变之"道"。

《汽车销售盈利实战攻略》会给"亢奋"者带来冷静的思考，也会给"内卷"者开启一扇"希望"之门。王东先生二十多年一线汽车销售经验总结的呕心之作，一定会给这个行业的所有从业者，无论是新造车势力还是传统车厂，无论是直营模式下还是4S店模式下，都带来意想不到的启迪。

东风本田汽车有限公司前执行副总经理　陈斌波

序　言 2

2022年5月的时候，因为疫情，我被封闭在社区的家里。有一天，微信弹出提示："老师您好，刚读了您写的《汽车售后盈利实战攻略》序言，能加个微信学习一下吗？"

类似这种被读者请求添加微信的例子，在过去一年屡屡发生。由此可见，王东老师编著的《汽车售后盈利实战攻略》——这本面对汽车经销商售后群体编写的图书，在行业内受欢迎的程度。即使只是写了一篇序言，我竟然也受惠于此，让读者爱屋及乌。

如今，王东老师编著的第二本图书《汽车销售盈利实战攻略》又临近付梓，受其所托，我的序言却迟迟没有落笔。原因如下：

首先，这本新书的序言很难写。

众所周知，这几年汽车经销商的经营状况不佳，尤其是销售盈利越来越困难。

为何会困难？

按照曾经流行的"人、货、场"理论，作为人——客户资源来说，年轻一代人的购车习惯已经今非昔比，他们更倾向和习惯于在线浏览和下单商品，因此汽车销售如何顺应和跟上这种潮流，决定了客户能否被吸引和转化。从目前现实情况来看，大部分汽车经销商在把握用户需求层面的能力有限，尤其是线上吸引和留住客户的能力。

至于货——汽车的商品资源（商品车以及配套服务），长期以来都是由生产厂家把控的，即使《中华人民共和国反垄断法》的颁布，限制了汽车厂家对经销商进行价格管制和库存积压，但商品流通的本质，决定了产品在谁手里，谁就更有话语权，因此作为具备汽车生产资质的厂家而言，依然牢牢占据主导地位。

那么场景呢？无论是线上销售场景经营，还是线下体验设计层面，鉴于汽车经销商长年累月受制于厂家，往往无暇或者无法主动地站在用户视角考虑问题，因此在场景层面存在简单、教条和雷同化等问题。比如快消品行业沸沸扬扬的网红店效应，在汽车经销商层面几乎就没有听见或者看到过。

因此，我曾经屡次听到这么一句话：如果汽车厂家不改变思路，传统汽车经销模式盈利将越来越困难……

在这个节骨眼上，王东老师能结合实际案例，以洋洋数十万字的篇幅，写出这一本兼具理论指导、实践意义的销售盈利的书，是需要独具见识和勇气的。

而如此之多的内涵，我想要通过短短篇幅进行概括和总结，当然就很难写。

其次，千言万语，不知从何说起。

我是在2006年左右开始接触汽车经销商领域的，正好处在汽车经销商行业的黄金岁月。

十几年过去了，我当年走访的经销商，很多都发展壮大为集团化企业，也有许多老板、店总退出江湖远走他国，或者进入新的创业领域，或者积累巨额财富，甚至登上福布斯全球富豪榜。

这种现象，说明汽车营销领域是值得投入精力和智慧去从事的行业，也是能迅速积累资源和财富的行业。

而当今与十几年前天差地别。无论是国家政策引导和资金补贴鼓励的新能源和智能网联领域，所带来的新型汽车技术与销售模式的巨变，还是智能手机普及所带来的信息制作和传播途径，都与过去迥然有别。

我曾经在诸多场合的论坛和会议发言中反复强调，汽车经销商必须从厂家为君、产品为王的传统思想窠臼中自我解放出来，变成用户为君、内容为王的全媒体汽车经销商。

什么意思呢？就是根据我的判断和研究，传统的适用于汽车销售的所谓4P理论，即产品、价格、渠道、促销的做法，已经不能解决现实中的汽车获客与转化问题，因此，汽车经销商必须要舍弃销售与市场这种固化观念，快速升级改造自己的职能部门，打造和整合为三大客户运维中心：内容生产和制造中心、内容分发与外联中心，以及自动触达用户和反馈信息的技术中心。

这些观点当然不能用短短一篇序言可以言明，幸运的是，我在王东老师的书中看到他对以上观点的详细阐释和具体运用，可谓于我心有戚戚焉。

综上所述，这不是一篇容易写的序。序言尚且如此，王东老师能写出数十万字的洋洋大作，则更为不易，对此，我对于王东老师的坚韧不拔的意志、勤思敏学的态度，只有敬佩和赞赏，并相信这本新书，一定能为行业带来助益。

是为序。

2020年8月 处暑 成都

麦迦

微信：maijiaweixin

微信公众号：汽车行家

序　言 3

近几年新冠疫情、供应链的重组以及新能源汽车的大发展正在深刻改变我们生活的世界，三者的影响又彼此依存碰撞激发出更大的不确定性，从而深刻地影响着汽车行业的方方面面。

很不幸，目前汽车行业所依赖的管理理念和方法却是过去稳定环境下的产物，这使得我们产生一种错觉，以为只要能够不断地更新产品、提高效率、管控好细节就可以年复一年地获得经营利润。但残酷的事实一再向我们发出警告，告知我们这些陈旧假设已经不再成立，就像人不可能两次踏入同一条河流，我们的未来注定不会是过去的翻版。

汽车经销商迫切需要一套新的经营管理体系，以应对高度不确定环境的新挑战，而创新的管理体系必然来自于实践而非商学院。与王东老师相识缘于以瓶颈理论（TOC）对汽车经销商经营课题研究，相识之初，他丰富的行业经历就给我留下了深刻印象，更难能可贵的是王东老师虽然常年奋战在经营管理的第一线，但是对于各种最新管理理论的研究也颇有造诣，书中第 5 章资源管理方面的内容，就是供应链前沿理论——TOC 制约理论成功实践的总结，希望能给汽车经销商行业从业者以启发。

本书是王东老师著作《汽车售后盈利实战攻略》的姊妹篇，在本书中王老师以"人、货、场"三个关键变量来重新整合梳理汽车经销商的经营管理系统，同时提供了大量的案例与实操工具，是汽车经销商在实际工作中难得一见的管理变革实操手册。

希望各位读者阅读之后和我一样，更有信心迎接新时代的到来！

TOC 顾问　刘振

前　言

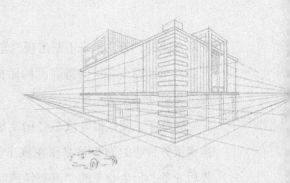

随着中国汽车工业的迅猛发展，中国汽车销售市场经历了二十多年的辉煌发展时期。时代在发展、科技在进步，汽车的定义也随之发生变化，从汽车"新四化"的提出到年度新车销售中新能源汽车销量占比的逐年提升，汽车行业迎来了一个全新的时代。

2001年我大学毕业后就进入了汽车行业，开始在汽车经销商集团工作。这些年，随着工作的变动，自主品牌、合资品牌、进口品牌我都做过，由于一直身处汽车经销商销售一线，所以对行业的变革感触也更为深刻。

2013年德国首先提出"工业革命4.0"的概念，一场伟大的工业革命开启。2015年我国提出了制造强国战略目标：第一步，到2025年迈入制造强国行列；第二步，到2035年中国制造业整体达到世界制造强国阵营中等水平；第三步，到新中国成立一百年时，制造业大国地位更加巩固，综合实力进入世界制造强国前列。

汽车是现代工业文明的象征，也是推动一个国家发展的重要引擎，随着这场工业革命的开启，在国家环境保护、低碳经济的政策推动下，我国的汽车行业迎来了一场革命性的变化。

与此同时，移动互联技术在商业领域带来了全新的消费升级，消费者的需求也随之发生了巨大的变化。以互联网企业为代表，洞察消费者需求的新商业模式与服务模式不断涌现。

这个时代唯一不变的就是持续的变化，这些年来汽车经销商在经营与管理理念上也在一直不断变化、持续发展。

在汽车销售行业，经销商连接着产品与客户。在产品与客户需求快速变化的当下，如果汽车经销商的反应迟钝、敏捷性不足，不能及时调整品牌策略与经营策略，将是非常危险的，近几年来不断出现汽车经销商倒闭破产的现象，已经证明了这一点。

汽车经销商必须保持高度的敏捷性，因此汽车经销商的自我调整、优化管理、经营进化就变得至关重要。

这些年，我以提升汽车经销商敏捷性、提高汽车经销商盈利为目的，通过对其他销售服务行业的借鉴学习和在汽车行业内的管理实践，形成了针对经销商销售业务、售后业务、衍生业务的"汽车经销商盈利进化4.0"理论。

2016年，我开始为汽车经销商做企业顾问，在线下为多家汽车经销商提供经营辅导服务。我以"汽车经销商盈利进化4.0"理论指导汽车经销商全年的运营工作，汽车经销商业绩与盈利取得了较大的突破。

2019年，在微信公众号"Autodealer汽车经销商"麦迦老师的支持下，我将这套管理实践设计成针对4S店管理层销售、保险、售后三条业务线的训练营课程，在线上以一月一期的频率，为来自行业一线热爱学习的管理者提供为期一周的线上训练营服务。

2021年机械工业出版社出版了"汽车经销商盈利进化4.0"课程体系中针对汽车经销商售后业务部分的《汽车售后盈利实战攻略》，很多读者拿到这本书后，都纷纷问我：销售业务部分的书籍什么时候可以出版？

应读者要求，我写了这本关于汽车经销商销售业务的书籍——《汽车销售盈利实战攻略》。

在本书中，我依旧是本色出演，从一个汽车经销商管理者、一个汽车经销商总经理或销售经理的角色出发，来做全书内容设计。

本书从汽车经销商管理者的视角出发，依托汽车销售行业的经营之"道"，结合市场变化，定义、思考、分析，以改善进化的思维去制订实际的落地解决方案。

"道"一般解释为不以人的意志为转移的事物发展的客观规律。那何为汽车销售行业的经营之"道"呢？

在汽车销售行业内有这样的一句话——"汽车销售的关键是要把握好销售节奏与销售结构"。这句话本质上讲的就是零售行业核心的三个维度"人""货""场"的效率优化与匹配问题。

汽车销售中的"人""货""场"，即客户资源、商品资源（商品车及配套服务产品）、汽车经销商销售场景经营。

汽车销售行业的经营之"道"，即通过对客户资源、商品资源（商品车及配套服产品)、汽车经销商销售场景经营的效率与产能的提升以及三者的优化匹配,实现销售质量的提升。

从客户资源维度出发,通过对汽车经销商销售潜在客户、售后保有客户的维系效能提升,建立"客户资源池",实现对客户资源的经营效能升级,为销售目标的达成提供保障。

从销售场景维度出发,通过对销售业务的精细管理与销售流程的优化,实现销售效率的提升。

从商品资源维度,通过对商品车的流动性管理,优化销售商品资源结构。通过对商品车配套服务产品的优化设计,如推出更长还款周期的汽车金融产品,降低客户购车门槛(首付)与使用门槛(月供),提升客户支付能力,从而实现整体销售结构质量的提升。

汽车经销商最终通过三个维度的经营进化,实现在汽车销售业务上"人""货""场"的匹配优化,从而实现"量利双赢"的经营目标。

本书就围绕着汽车销售行业的经营之"道",从汽车销售的"人""货""场",即客户资源、商品资源(商品车以及配套服务产品)、销售场景这三个维度展开提升效率的经营进化与管理提升。

本书将客户资源、商品资源(商品车及配套服务产品)、销售场景的提升理论与实际一线经营结合,通过分析与思考,将经营进化思维落地为具体的执行方案。

本书将抽象的经营之"道"落地为具体的"执行方案",目的在于助力汽车销售行业管理者快速学习、实践落地,更快更好地实现销售业绩与销售盈利的突破。

全书分为 6 章,内容包括销售盈利进化战略、客户经营、经营管理、流程管理、汽车经销商资源管理升级、销售水平业务等。全书由客户资源、销售场景、业务流程、商品流动性管理、水平业务设计经营五个维度的经营进化理论加 30 余个具体的实际落地执行案例组成。

书中所列举的实际案例,均源于本人汽车销售一线的实际工作实践及同行优秀管理者的实践落地。期待这种经营理念加落地实操方案的形式,可以更好地助力汽车经销商一线从业者的实践落地。

王东

微信/手机:13593182772

目录

序言 1
序言 2
序言 3
前言

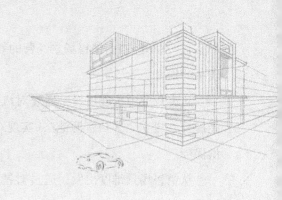

第1章 销售盈利进化战略 ... 001
1.1 经销商销售盈利升级的核心思想 ... 001
- 1.1.1 汽车4S店商业模式的分析 ... 001
- 1.1.2 未来汽车经销商的定位 ... 009

1.2 销售业务经营战略图 ... 012
- 1.2.1 销售经营的困境破局 ... 012
- 1.2.2 经销商销售业务整体战略 ... 014
- 1.2.3 销售盈利战略图的落地 ... 018

本章重点 ... 020

第2章 客户经营 ... 021
2.1 潜在客户经营方案 ... 021
- 2.1.1 成交漏斗与用户池 ... 021
- 2.1.2 客户维系体系的建立 ... 025
  - 案例1：经销商潜客维系体系 ... 029
  - 案例2：销售顾问微信的实际应用 ... 030
- 2.1.3 广宣与集客方案 ... 032
  - 案例1：传统媒体集客方案 ... 034
  - 案例2：新媒体集客方案 ... 036
- 2.1.4 汽车销售活动营销方案 ... 036
  - 案例1：汽车会议营销执行方案 ... 043
  - 案例2：汽车车展执行方案 ... 047
- 2.1.5 私域流量时代经销商的经营思维 ... 050

2.2 保有客户营销方案 ... 052
- 2.2.1 成交客户转介绍效能提升方案 ... 052
  - 案例1：汽车经销商自店老客户转介绍方案 ... 055
  - 案例2：汽车经销商集团客户转介绍方案 ... 055
- 2.2.2 老客户的口碑传播 ... 056
- 2.2.3 汽车经销商私域流量经营 ... 057

本章重点 ... 063

第3章 经营管理 ... 064
3.1 汽车销售效能提升 ... 064
- 3.1.1 销售顾问的成交管理 ... 064
- 3.1.2 三种小组制方案 ... 069
  - 案例1：××4S店交车小组 ... 070
  - 案例2：××4S店分车型销售 ... 071
  - 案例3：××4S店销售小组制度 ... 072
- 3.1.3 销售机会匹配方案 ... 073

3.2 网电销业务经营 ... 076
- 3.2.1 网电销的前期搭建 ... 077

案例：三段式网电销组织架构 ... 079
　　3.2.2 网电销网络营销 ... 080
　　3.2.3 网电销线索筛选 ... 082
　　案例：电销员话术训练手册 ... 083
　　3.2.4 网电销邀约维系 ... 085
　　案例：电销员邀约话术训练手册 ... 087
　　3.2.5 网电销到店成交 ... 089
　　案例：网电销话术训练 ... 091
　　3.2.6 从呼叫中心到客户资源中心 ... 092
3.3 大客户业务经营 ... 093
　　3.3.1 大客户政策制定 ... 093
　　3.3.2 大客户开拓 ... 094
　　3.3.3 大客户维系 ... 100
本章重点 ... 101

第4章 流程管理 ... 102
4.1 销售流程的升级管理 ... 102
　　4.1.1 销售准备流程 ... 105
　　4.1.2 信息获取流程 ... 107
　　4.1.3 接待引导流程 ... 110
　　4.1.4 定制服务流程 ... 115
　　4.1.5 跟进成交流程 ... 123
　　4.1.6 新车交付流程 ... 125
　　4.1.7 客户维系流程 ... 127
　　4.1.8 客户经理制 ... 130
　　案例1：××汽车展厅接待流程 ... 133
　　案例2：××汽车标准化交车流程 ... 137
4.2 销售执行管理流程 ... 147
　　4.2.1 销售业务的执行管理 ... 147
　　4.2.2 核心工作岗位的赋能 ... 150

　　4.2.3 营销方案的执行 ... 152
　　4.2.4 目标修正与绩效评估 ... 153
　　案例：销售部门薪酬绩效方案 ... 158
本章重点 ... 159

第5章 汽车经销商资源管理升级 ... 160
5.1 商品车的升级管理方案 ... 162
　　案例：商品车分类管理制度 ... 166
5.2 结合供需制定销售策略 ... 167
5.3 人力资源管理 ... 171
　　5.3.1 销售团队的管理 ... 171
　　案例：××汽车经销商员工关怀措施 ... 175
　　5.3.2 销售团队的有效激励 ... 175
　　5.3.3 销售管理者的时间管理 ... 181
　　5.3.4 销售管理者的有效沟通 ... 185
本章重点 ... 189

第6章 销售业务水平提升 ... 190
6.1 经销商金融业务提升 ... 190
　　6.1.1 从战略层面开展金融业务 ... 190
　　6.1.2 金融服务产品对比分析 ... 193
　　6.1.3 金融业务的落地执行 ... 194
　　案例：××汽车分期业务流程 ... 198
　　6.1.4 金融业务包装宣传 ... 199
　　案例1：适合老板的金融理财购 ... 200
　　案例2：适合年轻人的快乐无忧贷 ... 201
　　案例3：闪电贷 ... 201

6.2 经销商销售前端业务组合方案 ... 202
 6.2.1 移动互联时代车主的需求变化 ... 202
 6.2.2 贵宾车的服务设计 ... 204
 案例1：××汽车双保无忧服务方案 ... 205
 案例2：贵宾无忧车服务方案 ... 206

6.3 经销商精品业务提升 ... 207
 6.3.1 原厂升级 ... 208
 案例：××汽车原厂升级专案 ... 209
 6.3.2 定制升级 ... 209
 案例1：SUV定制升级版方案 ... 211
 案例2：MPV定制升级版方案 ... 212
 6.3.3 汽车精品的体验式销售 ... 213
 案例：汽车精品情景销售 ... 215

6.4 经销商二手车业务 ... 216
 6.4.1 二手车市场的发展 ... 216
 6.4.2 二手车电商与互联网化 ... 217
 6.4.3 4S店二手车置换业务的经营 ... 219

本章重点 ... 222

后 记 ... 223

第 1 章 销售盈利进化战略

1.1 经销商销售盈利升级的核心思想

1.1.1 汽车 4S 店商业模式的分析

汽车 4S 店是中国汽车行业新车销售市场的主流商业模式[一]。近 20 年来随着中国汽车市场的繁荣,汽车 4S 店如同雨后春笋一般蓬勃发展。

早年中国汽车市场处于高速发展的红利期,代理汽车品牌的 4S 店一度是一个投资回报率非常高的生意。

随着中国汽车行业的持续发展,新车销售的供求关系也发生变化,出现了供大于求的局面。2018 年中国汽车市场新车销量第一次出现了负增长,新车整体销量开始下降,与此同时汽车 4S 店却越开越多,销售利润也越来越薄,很多 4S 店在激烈的市场竞争中举步维艰。

汽车行业竞争加剧,市场上不断有汽车主机厂陷入经营困境,甚至是黯然离场。代理汽车品牌做专卖生意的汽车经销商的命运也随着汽车主机厂的兴衰而跌宕起伏。

汽车经销商明确感受到了行业寒冬的到来。早在 2018 年媒体与行业协会就曾发声,认为汽车销售行业到了寒冬,汽车经销商需要经营创新。

但创新哪有那么容易,更多的汽车经销商依旧是随波逐流。

在国家以碳中和为目标发展低碳经济的政策下,特斯拉电动汽车与国内科技企业的造车新势力入场,打起了颠覆汽车行业的大旗,传统汽车企业也纷纷开始新能源车型的设计和生产,新能源汽车交付量一路攀升。与传统燃油车企业不同,诸多新能源

[一] 4S 是 4 个英文单词的首字母,分别为 Sale(整车销售)、Sparepart(零配件)、Service(售后服务)、Survey(信息反馈)。

车企在汽车销售端采取了在城市核心商圈开店直营的模式。

除了新能源车企的商场直营模式外，中国汽车销售领域很多非4S店的新商业模式也纷纷入场，或是携带资本整合杂乱"二网"车商成立统一形象的连锁销售门店，或是高举高打建设网上商城加线下交付的O2O汽车电商，还有借助短视频新媒体发力的"新媒体车商"。

虽然这些新角色在现实中体量有限，还不是主流，但在舆论上却是声势浩大，到处宣扬着汽车4S店商业模式在中国已然落后的言论。

马克·吐温说过，历史不会简单地重复，但总是压着相同的韵脚。新能源车企的商场模式并不算是新事物，当年燃油车企也这么干过。

蔚来汽车在北京的用户体验中心当年就是奥迪的数字化展厅，早在2003年东南汽车就曾经在北京的核心商圈王府井大街上开过形象店。

商场模式的目的是汽车品牌的推广与宣传，汽车经销商也一直在和核心商圈的商场开展诸如小型车展、产品展示的合作。

那么真的像一些汽车新势力或自媒体所说的那样，汽车4S店商业模式在中国已经落后了吗？

要分析汽车4S店是否落后，不妨先看看这些年中国消费市场到底发生了什么样的变化。

中国消费市场最大的变化是互联网电商的崛起。随着中国互联网的发展，互联网电商一路高歌猛进。

2016年10月13日阿里巴巴第一次提出"新零售"的概念，第二年阿里巴巴就收购了大润发。2017年"拥抱实体"成为整个互联网企业的战略，实体零售巨头大润发、永辉、家乐福、海澜之家、苏宁都成为阿里系或腾讯系的宠儿。

"我们战胜了所有对手，但却输给了这个时代。"大润发创始人挥泪离场所说的这句话引人深思。

时代改变的不仅是大润发，移动互联技术革命使商业领域发生了翻天覆地的变化，消费市场已经在不知不觉中全面升级。消费升级代表着更多的新机会，所以诸多创投界的"大佬"都在讲一句话：消费升级使得所有的行业都可以重新做一遍。

阿里巴巴提出的新零售到底是一个什么样的概念？消费升级之后，消费者到底有什么样的变化呢？

依照互联网电商的商业逻辑，新零售就是效率更高的零售。4S店销售业务本质是商品车的零售，那么不妨以零售行业通用的"人""货""场"的概念来分析一下汽车4S店的销售模式，如图1-1所示。

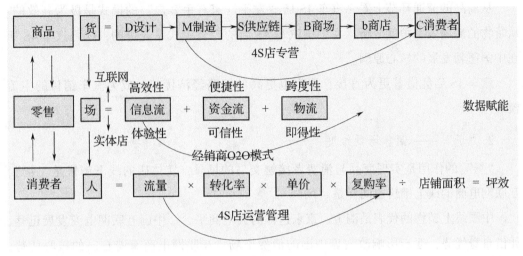

图1-1 "人""货""场"

互联网新零售中"人""货""场"非常明确："货"指的就是商品；"场"指的就是零售的场景；"人"指的就是消费者。

1."货"——商品维度

传统销售中一件商品要经过设计、工厂制造、供应链、中间商（大的商场、小的商店），最后才能到达消费者手中。

中国汽车销售刚出现的时候，并不是汽车4S店的天下，那个时代占统治地位的是汽车的各级代理商，有全国总代理、省一级的总代理、市一级的总代理。

我在刚入行的时候，所在的汽车经销商集团就是某汽车品牌在中国的大代理商，集团公司拿着中国五个片区的销售代理权，厂家的车会先到集团公司手里，然后集团公司再批发下去，一层一层直到消费者手里。

这就像人们喝的矿泉水一样，厂家负责研发产品、设计包装，生产出来以后再经过省、市、区一层一层批发，来到超市和小卖部的货架上，最后才到消费者手中。

汽车最早的销售模式其实就是这样的，一辆车出厂之后要倒手几次才能到消费者手里。

1999年，广州本田建设了中国第一家汽车4S店，随后各大汽车主机厂纷纷开始在全国范围内招募汽车经销商建设4S店，短短几年时间汽车4S店在中国遍地开花。汽车4S店销售模式成为整个汽车销售的主流模式。

为什么汽车4S店发展会如此迅速？从商品流通环节看就会发现，汽车4S店销售模式将之前的汽车流通环节缩短了，汽车4S店的左手是生产厂家，右手是客户，不再有其他的中间商，中间环节减少，这就是典型的短路经济。

从商品的流通环节上看，汽车4S店"左手厂家右手客户"的模式是极为高效的。从货物的流通效率角度分析，在中国汽车4S店的专营模式是先进的，这是汽车4S店在中国蓬勃发展的核心原因。

汽车4S店凭借着更为直接、效率也更高的短路经济优势，成为汽车销售的主流模式。

2．"场"——销售场景维度

"场"的作用是实现商品与消费者接触交易的场景，实体店的线下销售是"场"，互联网电商的线上销售也同样是"场"。

中国线上销售的代表是淘宝、京东这样的大电商平台。中国互联网电商发展迅猛，凭借自身优势，逐步影响改变着中国的消费市场。互联网电商有着自己的核心优势，但实体的线下销售同样也有自己独特的优势。

以商业模式研究的视角，可以从"信息流""资金流""物流"这三个方面对比线上电商与线下实体的优劣。

1）从"信息流"方面来看，电商最大的优势是"一机在手，信息全有"。例如淘宝用户可以通过安装在移动端的淘宝App以最快的方式了解世界各地的商品资讯，获取信息的效率非常高。

高效的信息优势使得电商的成交量非常高，但从成交数据上分析，电商销售的产品平均单价却很低，也就是说在电商卖得最好的商品往往是价格不高的产品。

这是为什么呢？因为消费者对价格低的商品的顾虑低，见不见到商品没关系。如果是价格很高的商品，消费者就没那么容易做决定，还是想在线下见到实物后再做购买决定。

这也是互联网电商近几年来纷纷推出直播购物的原因，直播购物和当年电视购物本质上是一样的，都是营造购物的场景体验，通过主播个人信任感，以及对产品更形象、具体的介绍演示，降低用户的顾虑，提升成交的效率。

有一些品类的商品在线上很难销售，比如家具，虽然淘宝上购买家具也很便捷，但是销量更好的是宜家、居然之家、红星美凯龙这样的线下家居店。举个例子，消费者如果要购买床垫，首选想到的是要躺在上面试一试。床垫关键是要自己感觉舒服，而舒不舒服只有试过才能知道，只有亲自试过，确定好了才能做决定。

不难发现这样的规律，凡是重在使用体验、产品价格高的商品，线上购物是很难代替线下销售的。

线下门店最大的优势是可以带给客户试用体验，目前这一点是线上电商无法做到的。

汽车单价高，其消费支出是家庭消费中的大额支出，同时一辆车购买后要使用很长时间，消费者购车的频次相对是很低的。购车对于消费者而言，是一件需要认真对待、深思熟虑才能够做决定的消费者行为，所以汽车消费线下的实物试用体验就变得非常重要。

作为汽车 4S 店，拥有实体门店、展车、试乘试驾车，汽车经销商核心的竞争力就在于线下门店的实物试用体验。

汽车 4S 店的经营必须突出优势，必须要围绕线下门店的核心优势——客户的体验感来做更多的设计。

2）从"资金流"方面来看，资金信任的问题一直是电商面临的大问题，消费者线上购物只是看了图片和文字，还没拿到实物就要先付钱。用户是有风险顾虑的，会考虑商家不发货该怎么办。同样，商家对于没收到钱就先发货也有顾虑，万一用户不付钱怎么办？

这个问题最早在美国找到了答案，这个人正是特斯拉汽车的创始人埃隆·马斯克。他与人合伙创办的贝宝（PayPal）"封装"了信用卡信息，提高了网上购物的安全性，2002 年被电商巨头 eBay 花以 15 亿美元的价格收购。

2003 年淘宝首次推出支付宝服务，基于"担保交易"逻辑的支付宝服务是阿里巴巴走向成功的重要战略决策。

淘宝交易中，买家和卖家无法见面，都怕对方不靠谱，所以在资金流上必然存在信任的问题。而使用支付宝服务，买家买东西先付钱，但是这个钱并不会立刻打到卖家账户上，而是进入中间账户支付宝。

支付宝收到货款后，通知卖家，钱已收到，可以发货。卖家看到钱到了，可以放心发货。买家收到货后，看到没有质量问题，确认后，支付宝就会将货款打给卖家，信任的问题就这样解决了。

淘宝采用支付宝，提升了电商的可信度，但是即便如此，到今天为止，线上销售的大多数商品还是金额低的品类，大额商品交易的主力还是在线下。

汽车是以万元为计价单位的商品，对于消费者而言是一笔大额的消费。交易信任的要求很高，汽车的线上销售是很难实现的。

3）从"物流"方面来看，就是商品供应的问题。线上最大的优势或者说电商最大的优势在于"一机在手淘尽全球",线上购物物流的跨度非常大。例如欧、美、日、韩当地的商品,通过电商海外购,下单后耐心等一段时间就可以来到消费者手里。

用户可以等待的商品,如洗发水这类的生活日化用品,或者平板电脑这样的标准化电子产品,线上的电商就占有优势。

而线下店的优势则在于可以马上得到,如瓶装水和饮料一定是街边的实体店销量好,对于这类产品,用户的需求特点是马上就要得到。

4)实体店的可信性、即得性、体验感这三个核心优势,就是汽车4S店实体展厅的销售优势。

汽车经销商管理者需要思考的是,在现实经营中管理者如何从这三点出发去做精心设计与细致的经营。

说起可信性,虽然也有不少消费者与汽车4S店的消费纠纷,但是相比其他渠道,消费者可以通过4S店与汽车厂家沟通,汽车4S店显然更靠谱。

消费者在其他渠道购车一旦发生纠纷,往往是投诉无门,维权艰难,风险很大。在汽车销售行业内这是一个常识,但是这类常识很多消费者却不知道,销售顾问在与客户沟通中也往往忽略了这一点,没有做重点说明。

这些年我辅导过不少汽车4S店,说实话愿意请老师来辅导的经销商都是非常重视一线经营的经销商,本身对其内部的经营管理是非常上心的。但很可惜,汽车4S店管理者很少在这三点上设计对应的经营策略,或者经销策略没能很好地贯彻到一线销售顾问身上。

线下实体销售的即得性是核心优势,但现实是很多一线销售顾问对于现车资源的重视度不足。我在和汽车4S店一线的销售顾问交流时,当问到具体某个车型、某个配置的库存情况时,并不是所有的销售顾问都可以回答上来。

现实的销售情景往往是这样的,客户进店后,销售顾问与客户的交流会先询问客户的意向车型,询问客户的具体需求,然后再做推荐。当客户初步确定车型后,销售顾问才会去查库存,如果没有库存,则会建议客户交订金订车。

这样的销售过程中,完全没有发挥出4S店即得性的优势。更好的方式应该是销售顾问先要掌握现有库存,在和客户沟通中积极推荐4S店库存的现车。

汽车4S店出于资金周转的需求,对于库龄久的车往往是要降价处理的,再加上库龄久的车往往不是畅销车型,所以很多管理者就有了"库存是万恶之源"的错误认知。久而久之汽车销售人员形成了这样一个存在于潜意识里的错误认知:库存现车是"负担"而不是"优势"。

线下实体商家最核心的优势是可以带给消费者良好的现实场景体验。例如竞争更为激烈的餐饮行业，就在场景体验上下足功夫。现在重在体验的"网红餐厅"就有"拍照修图半小时，吃饭十分钟"的说法，慕名而来就餐打卡的客户络绎不绝。这是线下商家以场景体验设计获得用户认可的典型案例。

汽车4S店在发挥线下门店实体体验感的优势上，要学习一下万达广场、银泰中心、太古里、大悦城这样的购物中心的客户体验设计。

这类购物中心的环境布置非常用心，特别是逢年过节更是要用心设计，精心布置，力求带给消费者无比愉悦的消费体验。

购物中心良好的环境、良好的体验让青年人把约会的地点都定到了这里，良好的用户体验甚至让很多消费者对逛商场这件事上瘾。

近年来汽车行业也有一些品牌的展厅布置非常有特色，体验感设计得非常好。但大多数汽车经销商展厅的布置依旧很传统，缺乏新意。

很多汽车4S店的展厅内除了主机厂品牌的元素、商品展车的自身吸引力之外，很少有其他的布置设计。4S店的展车不做装饰、不做布置，反而展厅里到处是降价促销广告。产品的动态展示、试乘试驾车的状况更是疏于管理，最基本的试乘试驾服务都无法有效保障，更不要说做"走心"的体验感设计了。

交易的本质是彼此的信任，而良好的用户体验是建立信任的途径，汽车4S店唯有做出良好的体验感布置，才能让成交变得更容易，使销售的效率更高。

分享一个真实的案例，多年前我曾经服务过一个汽车品牌商，其有一款小型车在全国各地卖得都不好，很是头痛。

通过对潜在客户进行数据分析，发现这款车的购车人群主要是女性，主要有两类客户：一类是年轻小姑娘，家长买来送她的；一类是比较时尚的年轻女士，有部分是自己喜欢自己买的，也有老公或是男朋友买来送她的。对于这两类不同人群，应该设计什么样的良好体验获得客户认可呢？

进一步分析发现，年轻小姑娘买车后很喜欢可爱的卡通装饰，所以我们将展厅的展车做了对应的装饰布置。展车车内的坐垫、脚垫、方向盘套、安全带套、车内抱枕，均使用粉色的HelloKitty套装，展车车身贴了卡通装饰贴纸，打造了一款HelloKitty版本的精装车。结果小姑娘来到展厅看到这个版本的精装车之后，就喜欢的不得了。

接下来我们又针对时尚年轻女士的喜好对试乘试驾车做了布置。试驾车内坐垫、脚垫、方向盘套、安全带套、车内抱枕，使用了豹纹内饰套装，试驾车车身贴了时尚炫酷的装饰贴纸，打造了一款时尚豹纹版本的精装车。结果喜欢时尚风格的年轻女士看到后马上好感倍增。等客户感受过我们设计的试乘试驾服务之后，很自然地产生强烈的购买意愿。客户大多是连车带装饰一起下单，成交量也更好。

通过用户体验感的精心设计，这款车销量上升很快，超额完成了销售任务，汽车主机厂也有额外的嘉奖，同时我们还帮助其他地区的经销商消化库存，利润也非常好。

汽车4S店的销售管理者应该做的是洞察客户的喜好，通过对"场"的体验感设计，为客户提供良好的销售体验。4S店的展厅是销售的"场"，展车是销售的"场"，试乘试驾车也是销售的"场"。"场"的体验感设计得越好，销售成交也会变得越简单。

5）线下有线下的优势，线上有线上的长处，那如果把线上线下相结合岂不是更好？百度创始人李彦宏很早就提出了线上加线下的O2O理念。

线上线下结合也是汽车4S店的主要销售模式，汽车主机厂与汽车经销商很早就非常重视线上的推广。汽车4S店与汽车垂直媒体合作并发展非常好的"网电销"模式，是汽车4S店利用线上数据赋能线下销售的成功案例。

在"场"这个维度，汽车4S店的经营模式依旧是高效的，只是在一些关键的业务节点上还需持续改善。

3．"人"——消费者维度

在汽车4S店经营管理中，意向客户的精细化管理是一个非常重要的管理项目。这个维度的改善本质是汽车4S店内部经营效率的提升。

提到效率管理，常被提及的是"坪效"与"人效"的概念，营业额与经营场所的面积比是坪效，营业额与员工人数比则是人效，这个并不难理解。

汽车4S店内部的运营管理是在"人"这个维度上的改善管理，目标则是提升整个经销商的运营效率。汽车4S店内部运营管理理念同样是先进的。

汽车不但单价高，而且与其他商品相比使用周期长，涉及的领域非常广，汽车用户的综合价值更高。在汽车全生命周期里蕴含着大量的商业机会，如图1-2所示。

图1-2 汽车消费的生命周期线

这一条汽车消费的全生命周期线具有非常大的商业价值。而致力于为车主提供全生命周期服务的汽车 4S 店，商业价值也在这里。汽车 4S 店目前的实际经营中，有非常多的商业机会还没有开始真正的有效经营。

互联网企业估值高的原因，在于互联网企业拥有大量的用户，掌握着大量的用户数据。汽车 4S 店通过销售与服务积攒了大量的保有客户，这些保有客户是经销商最大的财富，是真正的"金矿"。汽车经销商绝不能忽略保有客户的巨大价值而抱着金饭碗讨饭吃。

如何通过有效的经营，实现汽车全生命周期线上的商业机会，是汽车经销商未来经营应该考虑的核心问题。

通过以上理性分析，不难看出在汽车零售领域汽车 4S 店所具有的独特先进优势，以及未来巨大的发展机会，这都让我们对汽车经销商的未来充满了信心。

1.1.2 未来汽车经销商的定位

销售行业，经销商的成功来自于顾客的认同。如何更好地服务客户，获得顾客的信赖，是汽车经销商经营的关键。

客户满意源于客户需求被满足，客户满意的前提是要洞察客户需求的变化。消费升级其实不仅仅是消费者对产品的要求升级，还包括消费者对服务品质的要求升级。

消费升级源于技术的进步，在移动互联时代，智能手机成为生活的一部分，智能手机上各类服务于人类生活的商业 App 改变了人类的生活、消费方式。

互联网时代，终端设备是联网的电脑。网上信息服务更像是将传统的服务由线下搬到了线上，如在网上浏览新闻，可以理解成将报纸上的内容、杂志上的内容、电视上的内容用网页的形式呈现。打开网站首页，大家看到的内容都一样，然后再各自寻找自己感兴趣的部分，点击阅读。

移动互联时代，终端设备由电脑变成了智能手机。智能手机端的 App 是另外一个样子，如浏览新闻，不同人打开今日头条 App 首页的内容都不一样。如果你平时喜欢娱乐新闻，那么 App 就会更多地给你推荐娱乐类的内容，如果你喜欢军事，那么 App 就会给你更多的军事类内容。

在用户使用智能手机的时候，这些为消费者提供服务的互联网公司会不断地分析用户，给用户打"标签"，用户任何一个行为都有可能被它贴上一个"标签"。例如用户每浏览一条新闻，每搜索一个产品，每购买一个产品，都有可能被打上一个"标签"，不知不觉中用户身上就这样被打上了越来越多的"标签"。

互联网企业的智能算法机器就用这些"标签"来合成用户的画像，随着用户的使用、浏览、搜索、购物行为越来越多，这些"标签"也越来越多，"标签"越多，就越细化，那么智能算法机器为用户形成的这张用户画像的像素就越高，最终这个世界上最了解用户的会是智能算法机器。

随着时间变化，智能算法机器对用户的了解程度会慢慢超过用户自己的朋友、亲戚、家人，甚至是用户自己。

互联网电商的智能算法机器更懂用户，它能为用户推荐更喜欢、更需要、更适合的内容。今天如果我们一群人同时打开手机淘宝，就会发现大家的页面内容都不一样，这就是手机淘宝的"千人千面"。

外卖 App 同样如此，有人做过这样的实验，用户聚到一起打开外卖 App 后，大家在一起讨论吃什么，如果大家讨论小龙虾多一些，那么一段时间之后，就会发现外卖 App 上多了很多小龙虾的内容推荐。之后大家一起改变聊天内容，讨论火锅多一些，一段时间之后外卖 App 上多了很多周边火锅店的内容推荐。

智能算法推荐这种更懂得客户需求的定制化推送服务让消费者体验感变得非常好。在这种服务的影响下，消费者对服务的要求不知不觉也在升级。

如今很多让商家感觉到多少有些"奇葩"的客户抱怨与反馈，其中部分根源也是源于此。与使用智能算法绘制客户画像提供定制推荐的互联网企业相比，传统的汽车经销商无疑是落后的。

虽然汽车经销商很早就开始了数据化改革，但是汽车经销商在传统经营中的诸多壁垒，使其很难有效透过数据的整合而为客户提供更好的服务。

很多汽车经销商集团的 4S 店虽然建在一起，但店与店之间的数据并未打通，互动也不多，甚至由于考核等多方面的关系，彼此之间反而变成要严防死守的竞争对手。

很多汽车经销商 4S 店内部也存在深深的"部门墙"，部门与部门之间的数据信息就像一个一个"孤岛"，各部门之间的协作很少。

汽车经销商的数据化要实现的是打通各店各部门用户数据"孤岛"，实现资源整合。

我服务过的一家汽车经销商集团在内部数据资源整合协作方面做得非常好，同样是多家店建设在一起，但这家集团对外显露出的不是商家角度的汽车城形象，而是客户角度的汽车生活广场形象。

不只是外在形式，其内部经营也是围绕客户展开，比如说合资品牌的销售顾问在接待客户后发现客户的经济实力和使用需求更适合豪华品牌，有一套机制使得合资品牌的销售顾问可以转介绍带着客户到旁边的豪华品牌展厅看车。

同样，当豪华品牌的客户有购买合资品牌车辆需求的时候，也有一套机制使豪华品牌的工作人员会带着客户到合资品牌展厅来看车。

此外还有一个机制，当购买了合资品牌车辆的客户，有置换豪华品牌需求的时候，目前服务于他的销售顾问和服务顾问都可以带客户到豪华品牌展厅去购车。

这套机制的巧妙设计打破了集团内店与店、品牌与品牌之间的壁垒，是以客户为中心服务经营的体现。

这一套机制设计起来并不难，也不复杂。可惜很多汽车经销商集团，在传统的各自为战的管理体制下，店与店之间壁垒严重，甚至是严重内耗。这些不足之处也正是汽车经销商通过经营改善获得红利的机会。

最早的汽车市场是增量市场，供小于求，谁手里有车谁就能赚到钱。所以汽车经销商围绕着产品做经营。

汽车经销商关注的重点是产品，所有的经营动作都是从产品出发的，搞好公关拿更多的车，从而赚取更多的利润。

当汽车品牌越来越多、汽车经销商越来越多的时候，市场开始变得供大于求，汽车经销商之间的竞争变得更为激烈。市场稀缺资源不是车，而变成了购车的潜在客户，汽车经销商的经营重点也就必须由车转变到人。

从服务客户角度出发，分析客户的需求，变得更"懂"客户，能为客户提供定制服务，从而提升客户的服务体验，是汽车经销商经营的关键。

汽车4S店整天在和保险公司、银行、金融机构打交道。汽车经销商不妨去看看保险公司、银行、金融机构的盈利方式。

先看保险公司，保险公司的产品是保单，保单是客户付钱购买一个保险公司对未来万一发生风险的费用保障。对于客户来说最希望的是未来没有问题，是付钱后永远用不到理赔。例如保险公司的人身保险，没有哪一个人会因为买了大病保险后由于没有用到而感觉吃亏和心理不平衡。

再看银行，银行赚什么钱？银行赚的是贷款利息，而银行放的贷款并不是自己的，是储户的。简单地说，银行是在拿别人的钱来赚钱。

一直以来汽车经销商做的是车的生意，服务的是车，挣的是客户发生车辆使用需求而找上门来的钱。

汽车经销商销售的所有产品与服务都需要前期投入成本，本质上赚的就是销售的差价，商品车是这样，售后零件是这样，车险业务是这样，精品装饰是这样，汽车4S店售后部门的工时费收入也同样是需要经销商付给车间技术人员人工成本后"加价"卖给客户的。

汽车经销商销卖车要客户入店才行，售后修车同样也要客户回厂，汽车经销商所有的利润都来自于客户上门拿走产品后的成交差价和做完服务后的成交差价。

为了实现销售，汽车经销商需要进货，需要备有库存。不管汽车经销商有没有销售，销售了多少，这个成本都必须提前投入，永远要占用资金，也一直产生着资金利息成本。汽车经销商花大笔资金投入的场地、人力、商品车、配件、设备都在等着被利用。

随着时代发展，消费升级，汽车经销商未来之路需要向其他行业学习，要自我进化。

1）围绕消费者展开服务，并让消费者感觉到我们提供的服务是刚需的、体验感是良好的。

2）要学习互联网企业依照消费者的需求去整合资源设计定制的服务与产品形成高黏性的整体服务方案。

3）要学习保险行业为消费者提供权益保障服务，赚未发生的钱。

未来汽车经销商的定位应该是，实现信息化、智能化运营，服务于消费者本人，以消费者正在发生与即将发生的需求为导向，以代理产品结合自主开发设计的服务产品，为消费者提供私人定制般的个性化的关于"人、车、生活"的全生命周期服务体验交易平台。

1.2 销售业务经营战略图

1.2.1 销售经营的困境破局

汽车4S店作为销售商，以盈利为核心，核心指标是纯利润。而汽车主机厂作为生产商，最核心的要求是生产规模、销量规模，核心指标是市场占有率。在汽车市场处于增量市场的时候，矛盾冲突并不激烈。但是当汽车市场销量放缓，甚至销量出现负增长的时候，作为行业链条最后一段负责销售与售后服务的经销商就要面临巨大压力了，汽车行业的价值链如图1-3所示。

图1-3 汽车行业的价值链

在整个汽车行业的价值链中，汽车主机厂负责从产品研发设计到生产再到品牌营销及批发的整个环节，而汽车经销商则只负责零售及售后服务这两个部分。

在这样的商业模式下，汽车经销商存在共性问题，但是由于汽车主机厂经营策略的不同，汽车经销商又都有独特的个性问题。

汽车行业中生产与批发整个环节掌握在主机厂手里，行业的主导也必然是在汽车主机厂手里，不同的汽车品牌、不同的汽车主机厂所采取的经营策略差异极大，汽车主机厂经营策略差异使不同品牌的汽车经销商面临完全不同的经营环境。

汽车经销商需要对主机厂的经营策略有足够的洞察，制定有针对性的定制经营策略来，这也是很多汽车经销商集团都采取品牌条线管理的一个重大原因。

重点先看共性的问题，汽车经销商的利润源于价差，但是在巨大的销量压力下，很容易出现终端的价格体系混乱，经销商的盈利遭遇瓶颈，资金紧张，资金周转遇到困境。

这种情况下汽车经销商内部人员会变得不稳定，甚至出现流失现象。汽车经销商团队的动荡又会进一步影响企业内部的有效管理，对于市场的变化更加缺乏洞察力，更加难以应对激烈的竞争，这样的情况又会进一步加剧汽车经销商的盈利瓶颈，陷入"无限死循环"中，如图1-4所示。

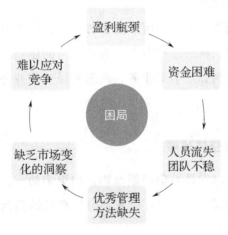

图1-4　经销商的恶性循环

面对这个困局，经销商的破局之道在哪里？

汽车经销商可以根据自身情况采取由内而外或由外而内的破局之法。

（1）由内而外的破局之法

对于汽车行业外部的市场环境，汽车经销商无从改变，找到效率更高的经营方法，提升对市场变化的洞察力，才能从容面对越来越激烈的市场竞争。

汽车经销商销售业务的核心资源是客户流量，汽车经销商为客户流量付出了巨大的成本，汽车垂直媒体的合作投入、新媒体与传统媒体的广告投入，都是汽车经销商经营成本的重要组成部分。

但在另外一方面，经销商花大成本换回的客户线索的浪费又无处不在，汽车经销商的流量转化率、成交客户的转介绍率、成交客户的复购率都相对较低。

汽车经销商的卖场布置毫无吸引力，展车、试乘试驾车疏于管理，除去车本身以外，缺乏提升客户体验感的设计与布置。

汽车经销商销售经营提升的根本是提升销售成交量。但是与成交密切相关的整个接待流程、服务又依赖于销售顾问的单兵作战，成交取决于销售顾问个人状态。销售成绩依赖于销售顾问个人，甚至销售顾问的心情都会影响最后的经营结果。

汽车经销商占用最大资金的是库存商品车，但汽车经销商库存商品车管理大多停留在简单的库龄管理上，效率低下。

汽车经销商需要用更优秀的管理方法，聚焦效能提升，在不增加成本的前提下提高销量，提升资金周转率。今天的汽车经销商真正需要的不是硬件的投入，而是在不增加成本的前提下，提升销售的经营效率。

（2）由外而内的破局之法

随着行业发展，市场竞争中往往蕴含着多种机会，消费升级会有新的客户需求出现。汽车经销商如果能找到新的客户需求，实现经营的创新，进入一个新的领域，则是另外一种破局的方法，例如二手车业务、汽车升级改装业务、金融购车业务、新能源车业务等。

1.2.2 经销商销售业务整体战略

从汽车主机厂的角度出发是希望经销商销售出更多的车，而从汽车经销商角度出发则是希望获得更好的利润收益。一直以来都有汽车经销商到底是应以销量为先还是以利润为主的争论。

从汽车主机厂与汽车经销商之间的关系思考，不难发现无论汽车经销商是采用以销量为核心的经营理念，还是以利润为核心的经营理念都是不够的。如果想做到真正的销售盈利，汽车经销商的经营目标是要做到利润与销量的双赢。

在这样的核心目标之下，汽车经销商应该围绕"量"与"利"去设计销售业务的整体战略图，如图1-5所示。

图1-5 销售盈利战略图

我们理解的销售盈利是这样一个乘法公式：

$$汽车销售业务的毛利 = 销售成交数量 \times 平均单车毛利$$

$$销售成交数量 = 意向客户数量 \times 成交转化率$$

从销售毛利公式，不难看出汽车经销商销售业务毛利提升本身就是一个销量与单车毛利都要做好的命题。而从销售成交数量公式出发，则可以找到提升销量的两个重点，即意向客户数量和成交转化率。单车毛利则重点在于销售车型结构的把握，以及水平衍生业务的经营。

在以量利双赢为核心的战略图中，需要从四个维度来支持量利双赢的目标。

第一个维度：客户流量的经营。我们的策略是建立客户维系体系与转介绍机制，开展广宣集客活动增加客户流量。

第二个维度：客户的成交管理。我们的策略是通过销售经营体系与销售流程体系的提升，促进成交效率。

第三个维度：资源的匹配。我们的策略是建立科学的商品车管理与人力资源管理体系。

第四个维度：衍生业务的提升。我们的策略是金融业务、精品业务、服务组合业务、二手车业务的精细设计。

1. 增流量

汽车经销商销售业务要解决的第一个问题是客户流量，增流量的核心是降损增效和开源。

潜在客户流量是汽车经销商销售业务的根基，为此汽车经销商租赁城市展厅、与汽车垂直媒体合作、做媒体广告。汽车经销商每一条客户线索的获取成本都不低，客户线索的有效产出却一直是一个问题。

潜在客户管理核心是两个KPI指标，即两个率：潜在客户转化率和潜在客户维系率。

汽车经销商可以通过潜在客户管理系统很容易获得这两个KPI指标，具体计算方式如下：

$$潜在客户转化率 = 成交客户数量/潜在客户数量 \times 100\%$$

$$潜在客户维系率 = 有效维系潜在客户数量/潜在客户数量 \times 100\%$$

汽车经销商往往重视潜在客户转化率这个KPI指标，却很少关注潜在客户维系率这个指标。汽车经销商一方面是为获取客户线索不断投入巨大成本，另一方面是客户线索由于经营不当浪费严重。

潜在客户维系率的提升可以有效地提高客户线索的利用率，降低客户线索的浪费。潜在客户的维系率是转化率持续提升的关键。

汽车经销商为潜在客户资源投入了巨大成本，管理者一定要把这两个指标抓好，这两个指标是汽车经销商销售业务的生死指标。

现实中潜在客户维系最大的问题是，汽车经销商维系效能低下，无法实现对数量庞大的潜在客户实施有效维系。因而，利用高效的客户维系工具，建立起高效能的潜在客户维系体系就是汽车经销商销售经营进化的首要任务。

成交客户是汽车经销商的核心资源，成交客户的价值不仅仅是在售后业务上，更重要的是对于汽车经销商的传播价值。

成交客户转介绍的投入产出比极佳，能否让已成交的客户为汽车经销商带来更多的流量，是一个非常重要的经营方向。成交客户的转介绍是汽车经销商增加流量的关键。

成交客户转介绍率是这个部分的关键KPI：

$$成交客户转介绍率 = 转介绍线索数量/保有客户数量$$

汽车经销商在成交客户转介绍中，往往只关注成交数量，激励政策也只涉及转介绍成交的部分，但从长期经营与实际执行角度分析，转介绍线索数量更有价值，也更容易落地。

2. 促成交

如何提升销售的成交效率一直是汽车经销商销售管理的核心。核心 KPI 指标是销售的成交率。

成交率的提升需要管理者思考目前销售经营体系和销售流程体系存在哪些不良状况，可以做哪些对应的提升。

销售经营体系提升，要围绕销售的核心岗位——销售顾问展开。通过对销售顾问工作数据的采集分析，设计了三种赋能销售顾问，减少销售顾问不良多工的组织形式。

1）对于销售顾问工作内容过多导致销售效率低下问题的解决方案：交车小组制度。这种设计的核心是在销售服务维度将客户服务与车辆交付服务分开，设立专职的车辆交付人员，把关于新车交付的整理准备等工作交给专人来做。

2）对于销售顾问专业程度提升缓慢导致销售效率低下问题的解决方案：分车型销售的专属小组制度。对于产品类型过多、跨度过大、产品目标人群差异大的汽车经销商，可以将销售顾问分组，施行专属销售制度，销售顾问所需要掌握的内容变少，所面对的客户更明晰，可以有效降低销售顾问的工作难度。例如分为两个组，一个组销售车价较高的商务车型，一个组销售车价较低的家用车型。

3）对于销售顾问成交能力不足导致销售效率低下问题的解决方案：销售小组制度。在销售顾问的队伍中做分组组合设计，挑选沟通谈判能力强的销售顾问为销售小组主管，设计小组协作机制，小组主管协助组内的销售顾问完成销售任务。

小组主管对整个小组赋能，帮助小组成员成交；小组成员负担小组主管本人接待成交客户的辅助服务工作，确保小组主管将更多时间用在展厅客户沟通成交工作上。

在销售流程体系上，则需要将之前的标准化顾问式销售流程升级为根据不同客户设计专属服务的销售流程。提供专属服务的前提是洞察客户的真实需求。在专属服务销售流程中重新定义客户类型，并依据客户类型提供定制的销售接待流程，提高成交效率。

3. 配资源

商品车是汽车经销商销售业务的核心资源。汽车经销商的商品车库存与销售的实际需求越统一，汽车经销商的销售运营越高效，流动性越好，销售盈利也越好。

虽然现实中无法做到商品车库存与购车客户需求一一匹配，但是经销商完全可以通过提升商品车的管控能力，在现有基础上做到更好的资源匹配。

这个维度的策略是汽车经销商要将之前简单地以商品车库龄为衡量指标的库存车

管理体系，升级为以流动性回报率为衡量指标的管理体系。

销售团队是汽车经销商的另一个核心资源。汽车经销商销售业绩是由销售团队来实现的。这个部分的策略是汽车经销商要以数据化思维建立销售团队的人力资源管理体系。

在整个汽车经销商的销售经营中，商品车、销售团队、意向客户这三个核心资源的匹配度越高，销售业务的效率就越高。

同样的条件下，能否实现经营效能提升，资源匹配是关键。汽车经销商管理者要建立结合供需定制经营策略的经营体系。

4. 提衍生

汽车经销商盈利战略图的最后一个维度是提升衍生收益。未来汽车经销商的定位是为消费者提供私人定制般的个性化的关于"人、车、生活"的全生命周期服务体验交易平台。很明显销售的衍生业务在未来将是汽车经销商服务于消费者的核心。

非常遗憾的是，在目前销售车价毛利"倒挂"的情景下，汽车经销商迫于压力，将诸多的衍生服务变成了"捆绑销售"，反而成为消费者反感的"套路"，严重影响了汽车经销商的整体口碑与形象。

在衍生业务有效提升这个维度，汽车经销商需要重新思考最核心的金融业务与精品业务，从客户角度出发去设计围绕客户需求与良好体验的对应的新金融方案与精品加装方案。

汽车经销商面对客户在购买汽车之后的服务需求，同样可以提前设计服务组合方案，将组合服务置于汽车销售的前端，为客户真正提供购车、用车、养车、换车一体化的服务。

整个销售盈利战略图从汽车销售行业的经营之"道"出发，通过对客户资源、商品资源（商品车及配套服务产品）、汽车经销商销售场景经营的效率提升，三者优化匹配，实现销售质量的提升，达到量利双赢的战略目标。

销售盈利提升的经营就是通过增流量、促成交、配资源、提衍生这四个维度制订进化改善方案，落地实施，逐步打造企业的服务力、营销力、产品力、品牌力。

战略方向确定了接下来就是现实中具体的应用与具体的操作，通过有效落地，取得销售经营成果，获得销售业务盈利能力提升。

1.2.3 销售盈利战略图的落地

一线经营落地为王，销售盈利战略图该如何有效落地呢？

汽车经销商管理者应聚焦于汽车经销商的一线销售团队。时代在变，市场在变，客户在变，一线员工的观念也在变。移动互联时代年轻员工接受新东西更快，具备更强的学习能力。如何让员工对工作更有兴趣，让员工的工作变得愉快，提升员工的获得感、成就感，从而激活员工，这是汽车经销商管理者必须要思考的问题。

游戏公司开发电子游戏的机制是很好的学习对象。电子游戏的设计目的是要让用户愿意主动参与，并乐此不疲。电子游戏本身就是由目标和反馈组成的强循环机制设计。

首先游戏会树立一个大的目标，然后会把这个目标拆分成小目标，然后玩家每完成一个小目标，游戏都会给予玩家一个强的及时反馈，同时吸引玩家马上去追求下一个目标，这样一次次循环，不断地强化目标，不断地建立用户成就，进而提高玩家主动参与的意愿。游戏的任务系统和成就系统是一个典型的简单显性应用。

游戏设计的两个关键点，就是任务系统与成就系统。游戏的任务系统和成就系统做得够不够好是能否成为好游戏的关键。

在任务系统上，游戏目标拆分颗粒度的设计是关键。太细的目标颗粒度会很烦琐，容易让用户放弃，太少的目标颗粒度又会导致缺乏挑战性，而目标颗粒度的设计其实也是体现游戏公司专业度的地方。

在成就系统上，反馈度的把握是核心。太轻的反馈其实很难刺激用户，而太重的反馈容易让用户一开始就感觉太"爽"，对后续"爽"度的刺激阈值大幅提高，增加整体的投入成本。而颗粒度和反馈度其实一方面源于对用户的足够了解和对系统设计的历史经验，另一方面也来源于快速敏捷的迭代测试。

当然，游戏成功还需要很多的内容支持，可借鉴到产品设计和营销的系统还有很多，成就和任务这两个关键点也只是冰山一角。

但是这两个体系却能带给4S店管理者很多的启发。

回想一下，在日常管理中目标设定、任务设计、给团队的绩效评估是不是目前团队管理的核心内容？日常工作中汽车经销商管理者为一线销售团队设计的任务体系和反馈体系有没有充分考虑过员工的体验感？

如果汽车经销商管理者可以将具体的工作目标与绩效评估进行优化设计，让工作像游戏一样充满挑战的乐趣，就可以激发起团队热情，更好地带领团队一起攻坚克难。

如果汽车经销商管理者可以把具体的工作改善，设计成"游戏装备"，根据实际工作中一线团队面临的实际状况，带领团队一起去设计各种赋能工具，如产品价值宣传图片、功能介绍视频、服务体验剧本，那么销售盈利进化战略在一线的落地实施就会更迅速高效。

汽车经销商整个销售盈利进化以销售盈利战略图为经营纲要，以具体化的销售效能、销售业务提升方案为经营指导。汽车经销商管理者通过如同游戏通关攻略的实际执行方案，让一线团队更好地完成执行落地，拿到最好的成果，实现销售业务量利双赢的目标。

本章重点

1. 汽车经销商商业模式的分析。
2. 汽车经销商的核心优势是体验场景。
3. 汽车经销商面临的经营困局及两种破局之道。
4. 汽车经销商销售盈利战略图。
5. 基于汽车经销商销售战略图，结合一线实际落地设计销售盈利落地执行方案。

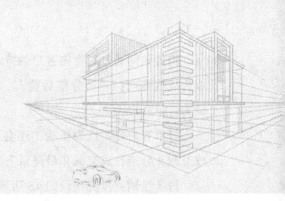

第 2 章 客户经营

汽车经销商销售盈利战略图里第一个经营维度是意向客户管理维度，汽车经销商销售业务流量为王，唯有确保足够的意向客户数量才能确保销量与利润的达成。对于汽车经销商的管理者，4S 店意向客户的经营是技术更是艺术。

2.1 潜在客户经营方案

2.1.1 成交漏斗与用户池

汽车经销商销售业务战略的核心是要做到量利双赢，提升成交客户数量一直是汽车经销商销售业务经营的核心目标。

一直以来，汽车经销商销售业务都采用成交漏斗的模型进行管理，如图 2-1 所示。

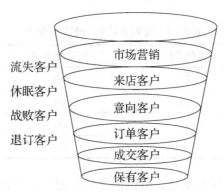

图 2-1 客户成交漏斗原理图

汽车经销商想要达成最后的成交，先要通过市场营销把客户吸引到店。销售顾问通过接待到店客户形成第一次成交漏斗分流，一部分成为流失客户，一部分成为意向客户。

销售顾问通过对意向客户的持续跟踪，成交漏斗再次分流，一部分客户不再考虑，成为战败客户；一部分推后购车，成为休眠客户；最后一部分达成交易，签订订单，成为订单客户。

订单客户并不代表成功，还会有一小部分客户由于各种原因退订。这是最后一次成交漏斗分流，成交漏斗最终留下来的是实际成交客户，成为汽车经销商的保有客户。

汽车经销商投资建设的4S店展厅成本（租金成本与建设成本）是非常高的，而且越是好的地段，成本越高。好的地段自然是人气旺，客户流量多，自然进店量高。好地段高出的建店成本本质上是汽车经销商在为客户流量买单。

汽车经销商另一个主要的客户流量的入口是与垂直媒体合作开展的网电销业务，现在4S店大多都会签约3家左右的线上垂直媒体，一年的垂直媒体投入费用要20万元左右。

汽车经销商每年在垂直媒体、展厅租金、市场营销上投入了大量的费用，且这个费用还是逐年递增的。如此巨大投入的直接产出是可以转化成交的潜在客户线索。

如此贵重的资源，汽车经销商销售一线是如何使用的呢？我们看一个实际案例：一家二线城市合资品牌的网电销部门有3名邀约专员、4名销售顾问，其网销漏斗数据的实际统计见表2-1。

表2-1 网销漏斗数据

	线索	有效线索	留档率	邀约到店	到店率	到店成交	成交率
漏斗分流	2500	1800	72%	180	10%	54	30%

网电销部门3名邀约专员的工作情况统计见表2-2。

表2-2 邀约专员电话呼出量统计

姓名	工作天数	每日呼出量	月呼出量
××	25	60	1500
××	26	60	1560
××	24	60	1440
小计	75	180	4500

该部门邀约专员的实际呼出量，可以满足每月的线索呼出需求的，以成交漏斗模型来经营，看起来是没有问题的。但网电销部门每月有1800个有效留档，当月成交54个，遗留线索达1746个。那么只要6个月的时间就会沉积下来一万多个客户线索。

这一万多个客户中间有一部分是已经购买其他车型的战败客户，但还有很多是休眠客户，或者是还在观望对比的客户。以目前4S店网电销部门一个月4500个电话呼出的能力,这部分客户线索已经是很难维系到了。

汽车经销商在这个问题上传统的对应策略有四种:采用交换打的方式,将这部分资源交给工作不饱和的销售顾问;采用新人打的方式,将这部分资源交给新入职的员工练手;采用客服打的方式,将这部分资源交给客服来联络;采用突击打的方式,销售部门通过团购等活动将客户资源重新清洗分配之后突击来打。

问题是在联络的时效性上,无论采取哪种方式都大打折扣,非常影响效果。

在成交漏斗模型的管理思维下,展厅的销售顾问追求快速成交,更愿意将精力放在自我判断认为意向高的客户身上。销售顾问个人的能力决定着客户线索最后的成交质量。

汽车经销商对于漏斗外的流失、休眠、战败客户传统的对应对策如下:休眠回访,销售顾问在判断客户休眠一周内,必须要有一次回访;战败交换,将销售顾问判定战败的客户分配给其他销售顾问。

但问题在于,现实中汽车经销商销售一线的客户线索维护都不一定能做好,这些举措又有多少是可以真实有效落地的呢?

经营思路决定管理动作,在成交漏斗模型的思维下,汽车经销商客户线索资源的浪费是难以避免的。

不妨看一下互联网公司的客户维系策略。只要用户下载了淘宝、京东、美团、拼多多这样的 App,互联网公司就会不定期地通过 App 不断给用户推荐各种各样的产品、服务,推送各类的活动卡券、消费代金券。

互联网公司使用的是用户池模型,每一位下载了 App 的用户自动进入互联网企业建立的用户池中。互联网公司通过不断的客户维系动作与智能推荐形成与客户高频的互动,高频互动保障用户黏性,实现成交,这就是互联网企业用户池模型的经营逻辑。

汽车经销商同样可以使用用户池模型,通过对客户资源的梳理整合建立用户池模型,如图 2-2 所示。

图 2-2 汽车经销商的用户池模型

汽车经销商可将店内的客户信息，使用用户池模型统一维系起来。客户信息包括线上垂媒的线索、销售现有的潜在意向客户、休眠客户、战败客户、保有客户、售后维修客户、续保客户、本品的车主，以及通过现有客户的关系得到的客户信息。

用户池模型建立后，根据客户的状态采取对应策略，高意向客户直接由销售顾问专属服务；低意向客户，则确保与客户一定频率的互动，保持经销商与客户的黏性。

用户池模型的落地实施障碍在低意向客户，这部分客户数量庞大，汽车经销商需要使用更高效能连接客户的工具，才能确保与客户的高频次互动。

案例中这个4S店网电销使用电话联络客户，3名电销员一个月可以有效呼出4500个电话，即使平均一位客户只拨打2次电话，整个网电销部门的电销小组一个月也最多维系2250位客户。这个工作如果由销售顾问兼职来做的话，销售顾问额外维系200位客户就可能会影响本职工作了。

汽车经销商用户池模型只有找到一个可以高效连接客户的工具，才能实现。互联网公司使用的连接工具是自己的App、微信等，汽车经销商连接客户的工具则首选微信。微信已取代打电话成为人与人沟通的主要形式。相比电话沟通，微信可以很方便地传递文字、图片、语音、视频，并且可以随时选择语音通话和视频通话。销售顾问在日常工作中与客户的沟通更多采用微信联系的方式。

腾讯已经在生活与商业领域形成微信生态的闭环：微信号（解决交流的问题）+微信视频号（解决认识的问题）+微信公众号（解决了解的问题）+微信朋友圈（解决认知距离的问题）+直播间（解决深度了解互动的问题）+微信电商小程序（解决商业购买的问题）+微信支付（解决成交支付的问题）+微信群（解决专属服务的问题）+企业微信（实现对用户进行管理的问题）。

微信生态这套全方位的生活与商业解决方案，正在服务着中国数亿微信用户。其中个人微信号可以添加到约1万人（企业微信号则没有上限），使用微信很容易实现对万级客户的管理。

只要成功添加客户的微信，汽车经销商就能实现与大量客户的高效互动。4S店的市场部编辑一条活动消息，在微信朋友圈里做传播也就只需要几分钟。

如果汽车经销商要把活动通知到每一位客户，则可以采取微信群发的形式发给客户，整个过程不会超过半小时。汽车经销商可以通过微信在半小时之内对数以万计的客户实现一次精准的消息推送。

如果汽车经销商使用电话联系的方式，专人打电话一人一天8小时可以打60个电话，联系1万人则需要166天、1000多小时。微信通知半小时对比电话通知1000多小时，效率提升2000倍。

使用微信连接客户不但效率高，且汽车经销商使用微信维系客户所花费的成本也几乎可以忽略不计。

微信生态中的企业微信是腾讯专为企业的客户经营需求设计开发的，企业微信和客户个人的微信无缝衔接，且功能更多，客户维系管理能力更强，非常适合汽车经销商作为客户维系工具来使用。

汽车经销商可以建立起以企业微信、微信公众号、官方微信号、个人微信号组成的客户维系管理矩阵，实现用户池模型。

2.1.2 客户维系体系的建立

用户池模型的关键在于高效能的客户维系体系的建立，这套体系的建立可分三步实现。

1. 微信维系矩阵的建立

4S店一线工作人员在与客户的联系时会发现这样一个现象，不论是网电销的垂媒线索呼出联系，还是客服部门的关怀回访、售后部门的回厂招揽，使用公司座机号码被客户拒接的概率很高，但如果用手机号码来联络客户就会好很多。

为提升电话接通率，很多4S店都以公司名义办理了供公司业务工作使用的专属手机号。汽车经销商可以直接用公司手机号申请微信，如用客服回访员和网电销的电销员使用的手机号申请微信，并将这个微信号设置为维系客户的专属微信号。

这两个岗位的微信号虽然是私人微信号，但对外展示的是4S店官方形象。如汽车经销商可以将其设计成销售端色彩的"销售店长号"、售后端色彩的"服务管家号"。

随着企业微信功能的不断迭代，特别是2018年企业微信与个人微信实现互通、2019年开通朋友圈与客户群功能、2020年开通群直播功能、2021年实现与微信视频号的连接，企业微信已成为企业与客户连接的首选工具。

企业微信对比微信更适合公司使用，具体见表2-3。

表2-3 企业微信与微信的对比

企业微信	微信
免费的虚拟账号	设立专门账号需要：工作手机卡、手机、维护
好友无上限（可扩容）	好友有上限
员工离职可分配其客户、客户群给其他成员	员工离职带走失去客户信息

(续)

企业微信	微信
客户信息、标签数据共享,到哪里都是"老客户"	"老客户"体验感知依赖员工个人
员工离职脱离企业微信组织风险可控	员工离职后隐患多
直接打通企业用户信息管理系统(CRM)	用户信息管理混乱
系统自动通过标签进行客户管理	人工手动管理
可生成永久有效二维码	二维码有效期7天
总部提供信息模板、一线维护、可追踪(管理闭环)	总部维护、消息群发(由上而下)
数据统计系统完成	数据统计人工完成

"微信之父"张小龙讲到,企业微信如果定位为公司内部的一个沟通工具,场景和意义就小很多,只有当它延伸到企业外部场景,才会产生更大的价值。

如今各行业使用企业微信的公司非常多,汽车经销商可以直接使用更适合企业维系客户的企业微信。

4S店只要全员开始使用企业微信,并用企业微信将店内各个维度的用户资源统一维系起来,就可以在店内建立起用户池模型。

另一个重要的客户维系工具是微信公众号,在很长的一段时间,厂家或4S店对市场部负责维护的公司微信公众号的粉丝数量没有考核。市场部会设计各种活动,引导进店客户先去关注4S店的微信公众号。

与来店客户的连接,最重要的是接待人员与客户的后续联络交流,所以应该是先请客户加销售顾问、服务顾问使用的企业微信号。

4S店的企业公众号真正的作用是为客户提供服务,汽车经销商很多服务功能如送券、预约、线上购物、活动报名等都是要通过4S店的微信公众号实现的。

特别在销售活动推广中,微信公众号的各项功能能够帮助汽车经销商更好地实现与客户的互动。只要4S店一直将微信公众号作为工具使用,微信公众号的粉丝和实际客户的重复度就会越来越高,自然而然每次公众号发布内容的阅读数和在看率都会上升。

微信群更多的作业是社群互动,运营难度高,对负责人的能力和精力要求高,所以微信群是否建立,取决于店内有没有能力与精力符合要求的员工来打理,如果有可以尝试运营微信群,如果没有则可暂时搁置。微信维系矩阵的分工见表2-4。

表 2-4 微信维系矩阵的分工

岗位	负责	类型	作用
邀约专员	店长号运营	企业微信、公司电话卡微信号	连接客户
销售顾问	本人微信	企业微信、公司电话卡微信号	连接客户
客服专员	服务号运营	企业微信、公司电话卡微信号	连接客户
市场专员	微信公众号运营	公司认证服务号	提供工具服务
服务顾问	本人微信	企业微信、公司电话卡微信号	连接客户
特定员工	客户微信群	企业微信微信群	社群互动

2. 客户连接与客户管理

汽车经销商完成微信体系的建立并通过微信工具大规模地连接客户后，与客户之间的信息传递的效率会大幅提升，汽车经销商可以将更多的内容传递给客户。

汽车经销商传递给客户内容的设计工作十分重要。在连接客户的过程中，不但要有产品内容的连接，更要有营销内容的连接。

产品连接指的是产品宣传、活动邀约、促销信息等基于对汽车经销商所销售产品的推广。产品的连接是汽车经销商最擅长的，也是最基础的。

而营销连接，则是从客户运营角度出发，不断地深化与用户的关系。想要做好营销连接，就要更"懂"客户，依据不同类型的客户需要提供对应的内容。

建立科学合理的客户分类是营销连接的前提，这项工作可通过实际的工作情况对不同类型的客户做规划、设计连接内容、设定连接频次，见表 2-5。

表 2-5 不同客户类型的维系策略

客户类型	备注标签	来源	是否到店	内容特点	连接频次
高意向客户	YA				
低意向客户	YB				
休眠客户	X				
战败客户	B				
流失客户	L				
成交客户	C				

店内工作人员在添加客户微信后根据客户的特点设置备注和标签，分类管理，当客户状态发生变化的时候，要及时更换新的备注标签。如果是使用企业微信，可以在后台直接设置客户标签，见表 2-6。

表2-6 企业微信客户标签

客户分类	标签分类	标签选项						
意向客户	性别	男	女					
	年龄段	60后	70后	80后	90后	00后		
	工作	个私经济	公务员	职业经理人	院校、科研工作者	银行等金融从业者	央企国企	互联网新兴行业	汽车及交通运输行业
	用途	家用	商务	代步				
	购车经历	首次	增购	置换				
	意向车型	两厢轿车	三厢轿车	大型SUV	中型SUV	小型SUV	MPV	
	兴趣爱好	运动健身	游戏	公益	电竞	摄影	美食	旅游
	客户性格	外向	中性	内向				
	客户满意度	满意	不满意	投诉				
成交客户	车型							
	购车年限							
	购车月份							
	保险公司	人保	平安	太平洋	人寿	大地	阳光	
	购车方式	置换	分期	全款				
	车身颜色							
	配置升级	车身	电子	底盘				
	里程	1万km	2万km	3万km				
	归属地							
	使用地							
	能源方式	燃油	混动	插电	纯电			
	驱动方式	两驱	四驱					
	事故维修	中	大					
	客户经理	×××	×××					
	保养套餐	双保无忧	套餐1	套餐2	套餐3			
	保险情况	本店投保交强	本店投保全险	代步车险	划痕险	小修保		

设计客户标签的目的是更好地为客户提供服务，这个部分要依据实际的工作情况，以及客户相关反馈，不断总结改进，作为接下来维系客户工作的指导。

3. 建立运营组织与运营机制保障有效持久落地

成交源于信任，用户池模型经营核心是用户关系的经营，不是简单地发广告、做促销，用户池的运营更重要的是用户的经营，做好内容。

一个企业所在行业的话题丰富度越高，用户的内容需求强度就越高。这也意味着，如果该企业的内容运营能力越强，用户的活跃度与黏性就会越高，最终所能发挥的威力和价值越大。

汽车行业是一个话题丰富度极高的行业，用户的内容需求强度是非常高的。内容制作这个工作如果放到一个部门或者一个人身上，显然都是很难做好的。

汽车经销商想做好用户经营就需要在组织内部做重新分工，做组织的整合，在汽车经销商内部组织中以前台、中台、后台不同的分工体系，形成一个整体，共同响应客户美好车生活的梦想。经销商组织内部的重新分工如图2-3所示。

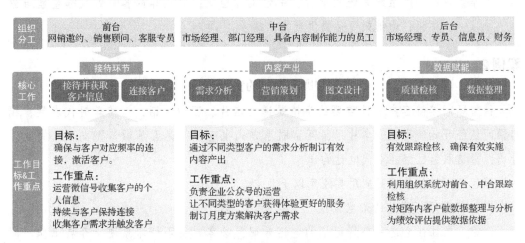

图2-3 经销商组织内部的重新分工

案例1　经销商潜客维系体系

汽车经销商应建立前台、中台、后台的组织架构。

（1）前台

前台的定义是与客户面对面做服务的一线人员，核心生产力单位为网销邀约、销售顾问、客服专员这样的岗位。

前台的工作核心在接待环节，接待并获得客户，依照维系策略连接客户。

工作目标：确保与客户对应频率的连接，激活客户。

工作重点：运营微信号收集客户的个人信息；持续与客户保持连接；收集客户需求并触发客户。

(2) 中台

中台的定义是为前台做内容服务的组织，中台由市场经理、部门经理、具备内容制作能力的员工组成，中台的核心工作就是内容的制订，包括需求分析、营销策划、图文（视频）设计。

工作目标：通过不同类型客户的需求分析制订有效内容产出。

工作重点：负责企业公众号的运营；让不同类型的客户获得体验更好的服务；制订月度活动方案解决客户需求。

(3) 后台

后台的定义是为整个组织提供数据赋能的组织，后台由市场经理、专员、信息员、财务组成，后台的核心工作是质量检核与数据整理。

工作目标：有效跟踪检核，确保有效实施。

工作重点：利用组织系统对前台、中台跟踪检核；对矩阵内客户做数据整理与分析；为绩效评估提供数据依据。

案例2　销售顾问微信的实际应用

销售顾问接待客户一件重要的事情是递交名片、互留电话，而随着时代发展，销售顾问已经开始使用电子名片了，互留联系方式也变成了先互加微信再发个人的电话号码，微信联络已经在取代电话沟通。

销售顾问微信的实际应用要注意以下几点。

(1) 销售顾问微信的形象设计

销售人员往往会选一个好记忆的电话号码，给客户留下好印象便于开展工作。同理，销售人员的微信也要做高大上的专业形象设计。

微信设计从头像、昵称、朋友圈背景、个性签名开始。

这四个地方可以设计出不同的展示维度：

头像——展示个人形象和个人信息。

昵称——展示品牌和个人名字。

朋友圈背景——企业形象和服务范围。

个性签名——展示企业与个人实力。

这里有一个小建议，销售顾问的微信最好由公司市场部统一制作。

(2) 销售顾问微信通讯录的管理

接下来是要管理好通讯录，特别是接待客户之后，加客户微信要通过备注做好客户的管理。

销售顾问接待结束后要对客户微信的备注名称、电话、描述、标签做有效划分：

备注名称——意向级别 YB、姓名、时间、报价。

电话——客户电话。

描叙——客户基本情况和沟通中的重点事宜。

标签——客户种类。

重点客户还可以标注为星标记。

微信的很多功能可以成为提升销售顾问效率的技巧，例如：

销售顾问可以把客户跟踪记录、意向单、拍照设置为聊天背景。其目的是一机在手，信息全有，沟通不愁，成交提走。

销售顾问可以把二维码设成手机屏保，方便客户扫码加微信，如果在户外，屏幕上的二维码会不太好扫码，那么可以在淘宝上定制带自己二维码的手机壳。

这里有一个小建议，对于销售人员微信中的客户管理，4S 店要做统一规划，将客户标签统一设置，以方便业务管理。

(3) 销售顾问微信的使用技巧

1) 销售顾问要掌握的第一个微信使用技巧是微信群发。微信群发功能最大的好处效率高，使用这个功能销售顾问用很短的时间就可以完成微信通讯录里所有客户的消息传达。如果前期能做好客户的分类标记，销售顾问就可以利用标记，将客户筛选出来设置群发组，做到针对性的群发。

微信群发有时候会让客户有被骚扰的感觉，所以销售人员微信群发时还可以使用以下技巧，让自己的微信群发像和客户一对一的聊天：

群发内容可由三条群发消息组成：第一个群发消息"您好，在吗？"一分钟之后发群发具体内容，再过一分钟之后群发感恩客户、表明服务态度的内容。

群发的内容建议：视频好于图片，图片好于语音，语音好过文字。将做好的视频先用微信收藏功能收藏，之后就可以用于群发了。

实际应用举例：给意向客户发送销售活动内容，邀约客户来店。

首先选择好适合内容发送的客户，建立群组后，开始使用群发：

第一个群发消息——您好，在吗？

第二个群发消息——发送销售活动的现场小视频。

第三个群发消息——周六、周日有厂家支持的专场活动，这是我们之前的活动现场，感谢您对××汽车的喜爱，恭候您的到来。

2）销售顾问要掌握微信交流的沟通礼仪。微信交流礼仪中要特别注意表情的使用，不建议多用表情，不同的人有不同的理解，还是发语音、发文字更好一些。

另外很多在电话沟通中正确的方式在微信沟通中也是不合适的。

比如，自报家门，在打电话的时候对方不知道你是谁，所以自报家门是基本礼仪，但是微信沟通时，客户看到销售人员设计好的微信头像就会知道你是谁，所以自报家门会让人家感觉疏远。

电话沟通时销售人员会问客户很多问题，但是在微信沟通中可以通过客户朋友圈了解到很多信息，所以很多问题就没必要问了。

2.1.3 广宣与集客方案

汽车经销商销售业务最核心的资源是潜在客户，汽车经销商每年都会在广告宣传上投入大额资金来获得更多潜在客户资源。

广告宣传是途径，集客是目的，汽车经销商在实际经营最大的问题是对广告宣传工作没有有效的成果评估体系。

汽车经销商花出去100万的广宣费用，到底有多少钱起到了作用？到底通过广宣投入集到了多少潜在客户？这个问题相信很多4S店的管理者都无法明确回答，其原因是没有将广宣集客做数据化的经营分析，没有做可量化的广宣方案设计。

具体广宣集客工作开展，见表2-7。

表2-7 广宣集客工作开展

环节	策略
1. 明确目的	从销售经营需求出发明确广宣目的
2. 明确受众人群	透过潜客数据做画像分析，找到主要潜在客户所在的群体
3. 明确广宣渠道	从主要潜在客户维度出发，选择广宣的渠道
4. 明确主题与内容	从客户和广宣的渠道出发，设计主题与内容
5. 时间节点效果评估	选择并明确恰当的时间，并对集客成果做数据评估
6. 复盘扩大战果	复盘改善、萃取成功经验，持续扩大战果

1）广宣集客方案设计的前期工作是从销售经营需求出发明确广宣目的。明确这个环节的关键是要有清晰的销售经营需求。这个需求来自于销售数据中潜在客户与店端可售车型数据的匹配差异。汽车经销商能否拿出精准的店端可售车资源数据（在库、在途、已做计划的具体车型数据）与现有的潜在客户意向车型数据匹配后的差异数据，是这个环节的关键。

例如某年销售目标为1000辆的4S店，店内A级轿车是主机厂今年的重点车型，目前在库30辆，在途10辆，且按照主机厂的计划月任务要销售40辆车。经过对店内目标车型潜在客户的统计，发现目前店内已有的该车型意向潜客已不足100。根据历史成交率测算，目前潜在客户数量无法支持该车型的销售任务，那么接下来4S店广宣工作的目标就是针对该重点车型潜在客户的集客。

2）接下来要做的是明确受众人群。这个环节的关键是透过客户数据做画像分析，找到主要潜在客户的明确受众人群。中国地域广阔，各地的经济文化有很大的差异，同样一款车型在不同的地区潜在客户差异很大。

例如某品牌一款A级轿车在某县级市（城市人口100万，人口流动性不大，农业和第三产业占比很高）的4S店经过统计分析店内这款车的成交客户数据发现，该车型潜在客户集中于城镇企事业单位的普通职工和乡镇从事蔬菜种植产业的农户。对应购车需求，单位职工是上下班代步，而农户是为子女购买（其中结婚购车占比40%）。

而这款车在某个位于南方的三线城市（城市人口800万，其中流动人口150万，工业和第三产业占比高）的4S店，统计店内这款车的成交客户数据发现，该车型潜在客户集中于本地的城镇用户，其中作为家庭增购的第二辆车占比30%。

同样的品牌、同样的产品但不同城市的两家4S店的客户差异化是很大的，透过店内客户数据做画像分析，找准主要潜在客户所在的群体是非常重要的。

3）明确广宣渠道。这个环节的关键是要从潜在客户群体出发来选择广宣的渠道。

例如从乡镇蔬菜种植产业农户这个客户群体出发做分析，这个群体主要活动的场所是当地的超市，传统媒体中接触多的是广播电视，由于客户从事蔬菜种植，销售农药、化肥、种子的农资公司则是比较好的异业合作渠道。

而南方那家4S店本地城镇用户这个客户群体主要的活动场地就比较分散了，可以选择城镇用户居住的居民区，把社区广告作为广宣途径。另外这个人群对于线上媒体接触多过传统媒体，所以要做线上的广宣投入。同时，由于家庭的增购占比大，家庭年轻成员为主要使用者，那么年轻人爱去的酒吧等场所就是比较好的异业合作渠道。

4）当确定好渠道之后，再结合客户体验来设计主题与内容就容易了。明确了渠道和目标客户，与汽车经销商合作的广告公司、垂媒网站可以有的放矢，也能给出更适合汽车经销商的具体集客方案来。

5）渠道和内容设计好之后，重点就是落实执行。在这个环节中关键的是要明确时间节点做好效果的评估。

集客数据的收集统计是非常重要的，只有这样才能做到可评估、可衡量。如果汽车经销商的广宣规划工作都是建立在具体且明确的数据分析上的,那么对应的集客数据的收集统计工作就会更为科学与严谨。

依照时间节点收集的集客数据是执行中及时改善的基础,汽车经销商的管理者可以结合实际执行情况进行事中改善。

6)最后一个环节是复盘扩大战果。通过事后的复盘找出不足,为之后的工作提供借鉴,同时对于成功的经验要萃取出来,逐步建立体系,持续扩大战果。

依照广宣渠道做分类,有电台、户外等传统媒体渠道,也有网站推广、微信推广、短视频推广这样的新媒体渠道。是选择传统媒体,还是选择新媒体,或者是传统媒体与新媒体一起做,取决于潜在客户所在的受众人群关注点在哪里,以及汽车经销商对广宣投入与产出的具体测算。

案例 1

传统媒体集客方案

××汽车4S店广告宣传推广方案

一、传播策略

××汽车4S店为××地区新开业的××品牌4S店,广宣的目标是对4S店整体的宣传。具体宣传工作把握以下原则:

1. 主题系列化

根据××汽车4S店的品牌形象,确定核心主题,根据不同阶段设计相应的主题,循序渐进。

2. 宣传新闻化

在营销过程中与主流媒体合作,使用软性炒作文章进行汽车4S店价值形象提升和信息发布工作。

3. 公关节点化

以××汽车的建设发展,不断递进重要事件的影响节点,通过清晰、鲜明的系列化公关、宣传等活动强化和提升汽车4S店品牌形象。

4. 宣传阶段化

配合不同的主题和节点,调整宣传的力度、途径以及具体方式,以高效的宣传组合实现品牌形象阶段性目标。

二、媒体策略

以网络宣传与新媒体宣传为主,扩大影响力。软文与新闻线并进,以汽车4S店的品牌升级与服务提速为新闻聚焦,形成媒体炒作的热点。结合户外及公关形象宣传,形成立体宣传效果，达成媒体热点聚焦。

三、主题推广语

采用××系列的广告语。

四、促销活动

1. 地面活动推广

通过地面推广活动，让消费者知晓××汽车4S店开业的信息，并在第一时间传达有关汽车4S店的最新销售活动信息。

活动内容规划：推广秀的活动内容将以娱乐和歌舞的形式全力传达××汽车4S店特色活动信息。通过抽奖领取小礼品、现场派发宣传单等辅助手段，对汽车4S店的品牌形象与服务做精彩的演绎，并在活动中穿插汽车知识介绍、汽车保修保养咨询。

活动地点：××广场，汽车4S店附近商圈。

2. 自驾游出征启动仪式

目前自驾游是一大热点，邀请目标客户参与，亲身体验××汽车的舒适性能，增强汽车4S店的品牌亲和力，活动内容与目的地待定。

3. 联合驾校举办××汽车体验班

4. 积极参加各种车展活动，提升汽车4S店品牌知名度

五、4S店开业前期广告推广

完成××汽车4S店的视觉形象识别系统。完成户外广告投放，在短时间内提高××汽车4S店的品牌知名度。

1. 启动时机

以刚刚开业为推广的契机，拉开本地区推广的序幕。

2. 媒体选择

××交通电台与户外媒体。

3. 发布策略

户外广告发布具体以占据主城区汽车销售大卖场辐射并拦截目标消费者。选择长年发布6~10块广告牌与短期临时发布相配合，可保证在节假日促销期间发布2000~3000平方米的临时广告，以提高××汽车4S店品牌的全面高关注率。

4. 位置选择

选择了××高速公路和××机场高速公路及候机厅，市区繁华地带和汽车卖场区域××汽车城、××汽博中心。

案例 2

新媒体集客方案

使用微信小程序在新冠肺炎疫情期间实现集客成交。

活动平台：魔轮小程序。

使用工具：魔轮集客报名功能。

活动背景：新冠肺炎疫情期间，客户宅在家，店内集客量低。

核心问题：如何能吸引客户进店。

活动落地：使用魔轮线上集客功能发布活动报名信息，客户报名后一个月到店看车可领礼包，解除客户不出门的后顾之忧。

店端促销：针对报名客户，进行全面回访，并抛出购车有特惠的引导，针对到店客户给到新车特惠礼包，引导客户下单

新冠肺炎疫情期间在其他店进店客户寥寥无几的情况下，保障了店端的新客入店量与新车成交量，为疫情期间的销售奠定基础，拓展思路。

2.1.4 汽车销售活动营销方案

"月月有主题，周周有活动"已经是汽车经销商的常态。汽车经销商定期举办限定时间与地点，通过各种促销包装实现订单的团购活动，是目前汽车经销商销售业务的主要活动形式。

不论是冠以"闭店""限时""品鉴""联动""抢购""特供""专享""钜惠""区域"等名词，内核都是"聚众成团"的会议营销。

无论是汽车主机厂和还是汽车经销商都陷于存量市场的争夺博弈中。在同一时间段内，某个区域内的客户群体有限，而且客户很可能会考虑多款车型，竞争对手多销售一台，意味着自己就损失一台，因而汽车经销商都纷纷选择通过团购活动聚拢客户，争夺市场份额。

汽车经销商团购活动的实施，越来越频繁。但如何让活动取得更好的效果呢？我们从活动设计、动员激励、客户邀约、执行监督、总结复盘五个维度分析。

1. 活动设计

团购活动开始之前，要根据活动目标、可用资源、本店现状和当前市场环境来做活动规划。不能只是由市场经理来提供活动的宣传方案、场地布置和实施步骤，更重要的是销售部要有对于竞品营销节奏的预估、对于下阶段经营节奏的设计，以及对于

厂家政策的预判。这就需要总经理牵头带领各部门经理开一次沟通会来实现。会议的内容包括以下几点：

（1）明确活动背景

要明确本次团购是由于"库存压力""区域车展""新产品上市""营销联动"等哪些因素而举办的。团购的背景不同，邀约和成交的目标也不同，需要做好定位。避免全员参与"一阵风"式团购活动，对于员工工作积极性造成过度透支。

（2）明确活动目标

一般的营销活动目标，可以设定为以下几种：品牌宣传类活动，用于提升品牌价值感（大型车展、试驾会、品鉴会等）；集客拓客类活动，用于提升潜客数量（区域车展、定展、巡展等）；销售促进类活动，用于客户转化成交（新车团购、水平业务促销活动）。

角度不同，团购活动的目标不同：在客户管理角度，有潜客成交、休眠客户激活、保客维系等；在销售节奏角度，有库存出清、任务冲量、新车预售等；在团队管理角度，有锻炼队伍、聚合人心、保持紧张感等。

汽车经销商管理者如果寄希望于通过一次团购活动，来实现所有的目标，很容易陷入"一锅烩"式的瞎忙中。

（3）明确活动内容

团购活动流程按照时间划分，包括团购前的邀约推进、二次确认，团购过程中的签到抽奖、政策公示和洽谈签单，以及活动后的追单。

团购活动按照组织主导的划分，有经销商自行组织的店头团购活动，以及厂家组织的区域联动团购。

团购活动有客户确认、签到、餐饮供应、伴手礼发放、互动暖场、签单收款、洽谈、抽奖，以及专家讲车和领导讲话等内容。具体工作按照分工，销售、售后、客服、行政、水平业务、财务各部门，都要提供人员协助完成。这其中销售部主要负责客户的接待和洽谈，保持活动到场率和活动现场的停留时间，其他部门负责服务支持、成交促进和突发事件应对等。

如果是厂家主导的团购，则要尽量争取到厂家的支持和指导，并了解同网经销商的营销节奏和内外促设计，不求先发制人引发连锁反应，但求洞察变化把握主动权。

（4）明确执行动作

每个流程中具体执行哪些动作，也要提前做好规划。

首先是内促激励政策的规划，例如是重奖重罚还是多奖少罚，是日结激励还是奖金摘牌等。根据目前人员能力和市场现状，要做好取舍，刺激销售顾问做好线索筛选、客户邀约和活动签单。具体制定原则是，符合销售漏斗 KPI 指标倒推后的意向金、到店量和签单量，有 80% 的员工能完成任务，有 20% 的员工能拿到阶梯奖励。

接着是外促销售政策的规划，例如是价格折让、礼品赠送，还是用水平业务做包装等，可根据当期库存、进销存节奏、任务进度，以及同城店本品和竞品的销售政策来做权衡。大原则是价格底线不变，对于滞销车做政策倾斜，对于畅销车做订单收集，对于紧俏车型进行各类抽奖，车价不变。

最后是活动内容传播的规划，包含了垂媒预热、自媒体宣传、店内气氛布置和全员推广等。尽管很多店的集中邀约都是从周一开始，考虑自然到店成交客户的观望心态，线上宣传（软文、公众号、短视频）和店内布置（门、墙、地、桌、椅的贴纸，台卡、展架、车顶牌），建议推迟到周三、周四做同步上线。在全员自媒体宣传时，建议删除往期活动的内容，并屏蔽近期的新增订交客户。

2. 动员激励

在团购执行的各个阶段，一线销售顾问的工作状态至关重要。很多时候，不管是什么类型的销售促进类活动，在销售顾问那里向客户描述的话语永远是"本周有活动"。对于团购的认知偏差，导致很多销售顾问对于团购活动的抗拒非常严重，这需要通过"启动会"，来统一认知，激发动力。会议的内容包括以下几点：

（1）做团购节奏讲解

这里不只是包含了首轮、二轮、三轮邀约及二次确认和追单的节奏，也包含了定巡展集客、上门走访签单的节奏设计。

（2）做任务分解

这里主要是根据活动的签单目标，分解到各组各人，并反推到店客户目标、诚意金目标，以及每天接待和邀约工作量目标。如果根据历史签单率、到店率，推算出潜客缺口数量较大，还要考虑将外拓集客、战败激活、保客营销等任务下发到各部门。

（3）绩效分析

团购绩效中，过程指标包括每日邀约工作量、诚意金收取、日常签单；结果指标包括客户到场和活动签单量。为了避免活动现场客户过于集中，导致销售顾问应接不暇的情况，建议做适当倾斜。最好是能带着做几轮试算，让大家知道具体达到什么程度，会拿到什么绩效等。

(4) 任务签署

通过有仪式感的任务签署完成团购会启动，诸如签军令状之类的动作，看似简单，实则能够提高全员的重视程度，不可缺失。

3. 客户邀约

对于定期的团购，一方面，通过提供一个购车理由，来缩短客户的购车决策周期；另一方面，给销售顾问一个有力的邀约理由，来邀请客户到店参加活动。在这里，邀约客户的数量和质量，决定着团购活动的最终效果。

团购邀约的过程中，普遍存在一种瞎忙的状态。整个团队做了很多工作，话术下发、集中邀约、二次确认、微信改头像、发朋友圈海报，但做完发现，并没有明显的效果提升。

这里有很多动作，都是任务压力之下的"瞎忙"。销售经理总是喜欢盯着其他店，看他们做了哪些动作，加班到几点，收了几个人的定金和诚意金。这就陷入了"内卷"竞争，进而形成了动作焦虑。

团购的本质，在于邀约客户到店，用氛围来促成交易。

在竞争充分，信息透明的汽车行业里，邀约话术的创新很快会被复制，任何管理动作的提升，带来的都是成本的提升。成本包含很多方面，有销售顾问工作时间延长，有邀约困难带来的工作积极性受挫，也有下发每日激励的奖品。隐形成本还有培训演练的时间占用、高强度邀约引起的人员异常流动等。

在团购的邀约竞赛中，裁判是客户。也就是说，做好对客户的把握是做好邀约动作的大前提。

对于客户来说，4S店的团购邀约动作，要从以下四个维度来吸引他们：

1）自然标签：基于文化和群体的特性。

2）信息素养：周边渠道的信息，影响个人认知。

3）行为模式：客户是什么角色，就要做对应的事情。不同的角色对于团购的理解也不相同。

4）收入层级：收入和资产会影响人的判断。购车预算的来源不同，团购的吸引力也不同。

按照客户挑选、购买、使用的几个阶段，团购的邀约主要切入点在需求唤起阶段、信息获取阶段和体验下单阶段。

在需求唤起阶段，客户对自己要买什么车没有具体的价格、参数等标准。一旦客户产生这些明确的需求，他就已经成为各店争夺的准成交客户，会自己进店看车。

团购活动的邀约客户是什么样呢？更多的是没有到店想法或有模糊的预期的客户。具体邀约的关键有以下几点：

(1) 邀约话术的内容

破冰：开场防客户"秒挂"，是提高团购邀约效率的要点，这里要注意和"保险代理""房产中介""少儿教育"等行业的开场白区别设计，以防被客户误挂电话。

宣讲：简明扼要说出团购活动的关键词以及客户利益，尤其是关于各项奖品和优惠促销的力度，向客户传递足够的信心。

指令：客户不需要被说服，只需被说动。邀约的最后，要用强有力的购买理由和行动指令，引导客户，不管是口头承诺参加，还是提供报名信息，或是交诚意金，乃至于转定金锁定抢单礼都可以。在邀约时，都要根据客户的类型，主动提出要求。

(2) 邀约话术的演练

光说不练假把式，背过话术但讲不好也是不行的。对于各轮次的邀约话术，和展厅收取诚意金的话术，都要从"手、眼、身、情"和语气、语音、语调方面熟练掌握。

例如可以让销售顾问模拟打电话邀约，两个人背对背，才会有"听声辨位"的感觉。

在高意向客户和活跃客户有限的情况下，销售顾问贸然一轮电话打出去，等到话术掌握熟练时，也没有客户可以再邀约了。所以多练几遍，总好过浪费邀约机会。

(3) 微信发朋友圈

在抖音、快手短视频风靡全国的大形势下，客户的耐心有限，对长篇大论会产生明显的排斥心理。

涉及团购的海报和文案，除了借鉴同行，或是用上次模板改几个字重发之外，也可以根据注意力法则，用关键字和色彩搭配，在社交平台转发的信息流中，吸引更多客户的注意力。

(4) 收单

客户的购买决策，都会经过"认知－情感－行动"这三个阶段。在与客户建立信任感之后，及时通过诚意金和膨胀金，取得客户的参加承诺，就是邀约阶段的收尾。

收单，可以达到锁客目的，也可以提升管理层对于参加活动客户的把控。

一般来说，客户保留随时退诚意金的权利。为了收取诚意金，而刻意强调这一点，销售顾问的收单也会有水分，需要通过录音抽检，把控收单质量。

4. 执行监督

在团购执行的邀约阶段，一线销售顾问的业绩进度管控，需要时刻关注。除了销售管理的日常晨夕会进度公示之外，也要用更多的直观可视化的形式，让每个人都能看到自己的达成情况，并引入竞赛机制，激发胜负心。

销售顾问大多都是20~30岁的年轻人，朝气蓬勃。严格制度高约束的同时，也要投其所好，给予更多乐趣，让大家工作热情高涨，效果自然提高。

（1）进度公示

对于实现签单和诚意金销售的员工，要立刻给予公开表扬，可以采取微信群唱单、接力鼓掌、领导发红包等方式。

（2）动作监控

以工作量和工作结果为依据，制定一个积分规则，按照订单、诚意金、上门走访、电话邀约等动作，制定不同分值。每天夕会后，按照积分累计，设定每个人邀约电话数量，让当天有收获的销售顾问可以早下班，减少摸鱼式邀约，让白天磨洋工的销售顾问无所遁形。不同的结果，自带驱动力。

（3）业绩对标

以签单数和诚意金的销售量为依据，制定一个可视化公告栏。对于有收获的销售顾问，要在公司群唱单的同时，立刻将其业绩进行誊写，并给予一定的符号荣誉。

例如，用王者荣耀游戏段位来设计一单青铜、二单白银、三单黄金、四单铂金、五单钻石、六单星耀、七单王者等。通过有趣的排名，既能让大家随时掌握自己的业绩进度，也能让员工为了晋级形成正向的竞争氛围，将单调的业绩看板，变成一种游戏，提高销售顾问的兴奋度。

具体形式，可以在夕会投影，也可以群内发排名，也可以在海报栏做张贴，只要能多频次出现在所有人的眼前就可以。

考虑到员工战斗力不同，业绩看板上把销售能力接近的员工放在一起，优秀员工对标优秀员工，新员工对标新员工，增加对抗的趣味。

如果是按组做对抗，建议设定战斗力均衡的三个组，既能激发团队荣誉感，也能避免业绩碾压。

（4）走动管理

团购集中邀约期间，每个销售顾问每天都要打很多电话，会遇到各种各样的客户拒绝，情绪难免低落。所以，主管经理要进行走动式管理，尽早发现工作抗性的积累程度，及时化解消极情绪。

例如，在集中邀约前，进行5分钟的话题激励，提高士气；按照集中邀约的时间，每隔1小时安排一次轮换，或是提醒喝水、起身活动等；提前准备头一天工作中的有趣话题或是成功案例,在邀约气氛低落时,进行话题分享,把枯燥的邀约变得更有趣味。参照网电销的解压技巧,适当配给零食和饮料,用高盐高糖的食品组合,在短时间内调整销售顾问的情绪,也是一个方法。

5. 总结复盘

活动后要做好总结与复盘,为接下来的工作做准备,具体工作如下:

(1) 表彰先进

员工的主观能动性,一直是销售达成的基础。在团购结束后,除了安排轮休、及时发放绩效奖励之外,对于表现出色的销售顾问,要给予额外的奖励和表彰。同时,精神类的鼓励也要落地,如新员工提前转正、老员工发放消费卡券等。只要大家感到付出就有收获,那么下一次团购活动实施时,配合度会提高很多。

(2) 案例分析

成交客户类型,也一直在迭代变化。根据邀约和洽谈签单的情况,选择有代表性的案例,作为后期培训分享的课题。这对于某些团队相对稳定、老销售顾问占比较高的公司,也是必做的动作。

(3) 经验总结

各个动作的执行有好有坏。根据执行效果要分析原因,争取下次做得更好。这里的动作包括前期筹备、活动宣传、集中邀约、现场活动和后期追单等。

例如,全员转发微信和抖音、快手,逐个检核成本高,可以在文案中使用"#活动主题",这样可以用话题搜索,直接查看发布的情况。

(4) 改善规划

在效率和效能的提升方面,也要从硬件设施和软件制度方面,做好改善的规划。例如,根据奖品堆头、红包墙、砸金蛋等适用范围,做好展厅的气氛布置,打造更好的活动感知;在需要从战败客户和休眠客户中"淘金"时,销售顾问常常心态打崩,灵活使用电销人工智能(AI)外呼做客户数据清洗,提高邀约效率,为下一轮团购做好工具准备;在团购结束后补休和调休,可能会导致销售节奏混乱,用多次的半天班,保持销售顾问工作状态,缓解类似情况。

最后,作为团购操盘手的管理者,埋头细节的同时,也要保持大局观。一方面,要设置合理的管控节点,充分调动公司内部资源步调一致,达成目标。另一方面,要有长期视角,在潜客挖掘和销售潜力上,保留余量和后备,保持绵绵不断的后劲,以便未来工作的开展。

案例 1

汽车会议营销执行方案

活动主题：××汽车"双11"返场周暖心专场活动

第一部分：活动前对潜在客户的邀约

第 一 轮：潜在客户唤醒

工　　具：微信联络、电话呼出

话术核心：

1. 分类现有所有微信客户
2. 将之前已发微信活动已经成交的客户昵称前缀添加 O
3. 将之前发过微信活动没有成交又未战败的客户昵称前缀添加 Z

目　　标：已添加微信，未成交客户

群发内容：×总/领导/老板/哥/姐（根据当地风俗习惯设定），您好！在忙吗？有点事麻烦您看到信息回复一下。

客　　户：在/怎么了？/你说/什么事？

【第一步】刚刚开完我们销售部会议，我们总经理讲厂家有大型"双11"延续巅峰让利活动，是××汽车"双11"返场周暖心专场，××厂家为了回馈新老客户的支持，特批了冬日特惠活动，名额有限先到先得，同时咱们公司合作供应商还带来了购车的补贴和非常丰厚的礼品，您如果要等优惠大的时机，这次活动机会肯定不能错过！我给您报个名吧？先抢个名额！

客　　户：好的！

【第二步】厂家本周的活动政策如下：

壹重礼：精美车用整理箱一套。

贰重礼：预售即可获得精品蚕丝被。

叁重礼：现场互动赢好礼。

肆重礼：精品装饰大礼包。

伍重礼：专属 VIP 金融贷款方案。

陆重礼：至高万元置换补贴。

柒重礼：订车金蛋礼随心意。

捌重礼：盲盒抽奖。

玖重礼：每天首订客户获得品牌暖风机。

拾重礼：现场多轮循环抽奖。

总之一共有10重大礼。当然，诚意金回执函会明确标明各项权益，肯定给到您的保障！

【第三步】发链接到客户微信，并配文：

本次厂家活动需要提前报名才能参加，给您提前准备礼品，报名费××元，我先帮您把名额占上，我给您发个链接，您直接在线上报名，您报完给我一个截图，就可以参加活动了。您完成了和我说，我们厂家这边需要审核。

【第四步】您放心，您如果您不买车了，报名费我退给您。名额有限，拿到名额就是拿到最低价。我帮您把名额先占上。您报名就能领取精美整理箱一套并参与现场多轮互动抽奖，没有任何损失。

【第五步】您的××元诚意金已收到，恭喜活动VIP资格已激活！××汽车"双11"返场周暖心专场——××站即将启幕。欢迎提前到店赏车试驾。活动时间是20××年××月××日（本周六）×××4S店参与活动。我是您的专属销售顾问：×××，手机号码××××××××，保持联系，谢谢！

（报名即送领取精美整理箱一套，现场专属购车抽奖等您来激活）

第二轮：诚意金收取

客户不回应或者对诚意金有犹豫的，根据实际情况采取电话呼出或者微信跟进。

【第一步】您这边不需要顾虑，您都看到了本次活动全程由厂家主导，报名就直接领取精美整理箱一套，并可参与现场多轮互动抽奖，礼品您照样拿走，同时您参与了这次活动也可以了解最新购车资讯，您说这种机会多难得！

【第二步】您最关注的是优惠，我非常理解！本次活动厂家指定在我们×××店，预存这个××元是厂家方便统计我们店客户参与人数，后续好支持这次活动的礼品以及购车优惠。只要报名，您就是属于本次活动的VIP购车客户，享受到跟往常不一样的购车待遇，您抓紧点击报名，活动名额有限，您信我没错！这次要是您成功购车了，您一定不要忘记我这么热情的服务，一定要多介绍几个朋友来买车，先感谢您了！您赶紧线上报名，我这边提取回执函发送给您，保障您的尊贵VIP购车权益。

异议处理

如果客户犹豫说等活动现场再交款，用以下步骤（采取电话呼出跟进）：

【第一步】您的顾虑我非常理解，这次活动全程厂家监督，厂家会根据您报名的信息进行核对，并且您本次购车将获得厂家特批的VIP购车特惠名额，享受10重豪华礼包，最主要的是所有支持都是厂家支持，您真的无须犹豫，我可以给您看下我刚刚客户报名的回执函，上面清晰标识，报名就直接赠送领取精美整理箱一套并参与现场多轮互动抽奖。您就放心吧！

【第二步】我们店是××汽车在××地区的旗舰店，并且我这边将我们公司的位置、名片、工牌也发送给您，你也可以查阅我的朋友圈，活动非常热闹，很多朋友一起共同参与。最主要的是目前我给到您的是实实在在的优惠，活动现场我们厂家领导将在现场公布政策，我是觉得您一定要过来看看。再说，对您来说报名到场直接领取精美整理箱一套并参与现场多轮互动抽奖没有任何损失，对不对？

【第三步】发送群里截图给客户。注意：一定要实时截图（已报名的审核截图）。

【第四步】拍"团购"活动负责人和销售顾问一起的视频发给客户，并配文：

您看，我们厂家领导亲自驻店！本次活动力度可想而知了，您放心。相信您这次购车体验一定会非常满意！您到时候真的要给我多介绍身边朋友。先感谢您了！您报完名后，剩下的交给我，到店之后我这边全部帮您安排好，礼品该拿的拿，价格该申请的申请，在合理范围之内的价格优惠我一定帮您跟领导沟通到位！

客户异议应对话术

A 客户：已经买车了！

（先询问购买了什么车，确认是否战败）恭喜您选中爱车，如果身边有朋友考虑换购或者增购可以推荐下我们这次活动，我这边可以给您申请转介绍福利，这个是我的联系方式，这次活动异常难得，感谢！

B 客户：不考虑了，目前不考虑！

您既然关注这款车型，证明您是考虑我们××汽车的，这次活动实属难得，尤其这次活动不管是价格还是尊贵体验非常给力，您真的不要错过这次机会，您要不要再考虑一下？

C 客户：你就直接告诉我价格，最低多少钱？

您关注价格这一块，那真的太好了！您肯定关注一段时间了，说实话价格方面你无须担心，因为活动现场我们厂家领导现场公布政策，我们现在只是通知客户报名。您放心，只要是合理的要求，我这边一定会帮您把所有的福利及补贴政策拿到手，并且让您消费得明明白白！到时候您只需配合好我，我该给您申请到手的绝对不含糊！

D 客户：这个价格能不能做，能做我就报名过去！

这个价格您也了解过，首先一款车型它的价格优惠跳动太大，往往不是好事！为什么这么说？因为关系到这款车保值率和口碑。这次是活动现场我们厂家领导当场公布政策。您这样，您先报名，然后按照我说的配合，我帮你争取到区域最给力的价格！我相信您是非常睿智的，不然我也不会跟您这么投缘！您就相信我，我这边会帮您争取到最合理的价格。只要您能支持和信任我，我肯定不能让您失望，您说对吗？

第二部分：活动现场具体的流程安排

时间	执行事项	内容	责任人
9:30	客户唤醒	各店销售顾问唤醒客户追踪动态	各店销售顾问
10:30	展厅值班	展厅接待留店人员	留店人员（名单发送群内）
11:00—12:00	轮流用餐	分批就餐	提前规划订车（市场部）
12:30—13:00	工作人员移动	辅助岗位先移动	辅助岗位提前到达
13:00—13:30	客户各店签到	客户各店分别签到，销售顾问负责统计、销售经理跟车	销售经理/销售顾问
14:00	大巴出发	各店务必同一时间，统一出发（销售经理组织，销售顾问负责）	销售经理/销售顾问
14:30—15:00	签到	引导客户签到	2人
	预售收取	发放简易合同、收取身份证（获取参加游戏资格）到场诚意礼整理箱（现场带走）	1人
	交完预售	1000元参与以下游戏	
	百万红包礼	抽奖（现场带走）	1人
	喜砸金蛋礼	抽取礼物（现场带走）	1人
	引导客户入座	销售顾问引导	销售顾问
	现场唱单播报	订车风云榜，促进预售	主持人
15:05	活动倒计时	全场倒计时5分钟	全场工作人员到位
15:10	活动开场	活动介绍	主持人
15:15—15:20	舞蹈预热	舞蹈表演	舞蹈演员
15:20—15:25	全场互动	全体起立，狂撒公仔	全场人员
15:25—15:35	领导致辞/政策移交	店领导/区域领导	主持人/领导
15:35—15:40	全体销售顾问致谢	鞠躬致谢	销售顾问/主持人
15:40—15:45	舞蹈	舞蹈表演	舞蹈演员
14:30—17:00	订车风云榜登记	工作人员	1人
15:45—16:05	循环抽奖	三轮抽奖：三等奖×××（15名）二等奖×××（10名）；一等奖×××（5名）	主持人助理1人
16:05—16:10	订车仪式	6位车主	车主+迎宾1人
16:10—16:15	舞蹈	舞蹈表演	舞蹈演员

(续)

时间	执行事项	内容	责任人
16:15—16:30	引导至收银处	预售转订/直签收款	财务人员2人
16:30—16:35	魔术	魔术	魔术演员
17:00—17:05	签单结束/合影留念	主持人播报结束语，工作人员、客户合影留念	领导/销售部全员/客户
17:10	中巴返程	各店组织客户和员工原车返回	

注：如果是多店联合，则最好选择一个全新的场地（酒店会场）；如果是单店，从成本角度出发，选择展厅即可。

案例2

汽车车展执行方案

××汽车××车展内部执行活动方案

一、活动背景

××城市大型车展

二、活动目的

以销量最大化为主要目的，××汽车上市的宣传为次要目的。

三、活动任务

	不及格	第一档	第二档	第三档
数量	2台以下（含2台）	3~5台	6~8台	8台以上

任务分解：

1. 展厅累积交车客户，活动现场交车（1台以上）。
2. 展厅积累意向客户，活动现场订车（2台以上）。
3. 非预约客户，活动现场订车客户（2台以上）。

根据上述分解，可以至少确保第一档任务的完成。

四、人员分工

组别	工作职责	人数	责任人	组员
总负责人	协助各组工作正常开展、把握时间节点	1		
联络组	1. 组办方沟通协调 2. 各组人员工作督促 3. 各组人员调配	1		

(续)

组别	工作职责	人数	责任人	组员
销售组	1. 产品介绍 2. 价格谈判	3		
接待组	1. 客户邀约 2. 销售协助 3. 客户登记 4. 展区形象维护	2		
车辆组	1. 车辆安全运输 2. 洗车	3		
宣传组	1. 现场宣传单页发放 2. 人偶表演 3. 现场活动执行	4		
后勤组	1. 物资管理与发放 2. 物资采购 3. 交易支持	1		

五、活动流程

1. 前期准备

项目	内容		执行人
客源完成	1. 通知所有意向客户车展促销信息 2. 活动3天每天邀约5组保有客户，前来领取纪念礼品		
物料完成	展场物料	地毯、横幅、拱门、促销政策易拉宝、××汽车上市易拉宝、接待桌椅	
	车辆物料	车贴、车顶立牌、报价单、前后牌、相关表格	
	发布会物料/人员	背景画、桩桶、警戒带、幕布、礼花、主持人、乐队、车模	
培训完成	针对性卖点培训	性价比、后轮驱动、非承载式车身、底盘	
	销售话术讨论	汽车销售中遇到的难点罗列出来，大家共同制定针对性话术	

2. 车展流程

项目	目的	时间节点	执行组	备注
××月××日				
入场、布展	以最快的时间进入销售状态	12:00以前	销售组 接待组 车辆组 宣传组	
午餐时间 12:00—13:00				
气氛营造	宣传单页发放	13:00—14:00	宣传组	必做
	卡通人偶走秀	14:00—15:00	宣传组	必做
	车展广播宣传	15:00—16:00	宣传组、联络组	选做
	试驾送礼	16:00—17:00	销售组	选做
××月××日				
销售整备	1. 展区及车辆卫生 2. 当日工作梳理	8:30—9:30	全体人员	
气氛营造	卡通人偶走秀	9:30—11:00	宣传组	必做
	车展广播宣传	11:00—12:00	宣传组	选做
午餐时间 12:00—13:00				
发布会准备	揭幕车辆准备并保证安全	13:00—14:00	宣传组	
	礼炮准备			
	背景画安装跟进			
	主持人、乐队和车模到位		沟通组	
	发布会小礼品准备		后勤组	
上市发布会	炒作人气，宣传促销方案	14:00—15:00		流程另起
气氛营造	卡通人偶走秀	15:00—16:00	宣传组	必做
	试驾送礼	16:00—18:00	销售组	选做
××月××日				
销售整备	1. 展区及车辆卫生 2. 当日工作梳理	8:30—9:30	全体人员	
气氛营造	卡通人偶走秀	9:30—11:00	宣传组	必做
	车展广播宣传	11:00—12:00	宣传组	选做

(续)

项目	目的	时间节点	执行组	备注
	午餐时间 12:00—13:00			
气氛营造	宣传单页发放	13:00—14:00	宣传组	必做
	卡通人偶走秀	14:00—15:00	宣传组	必做
	车展广播宣传	15:00—16:00	宣传组、联络组	选做
	试驾送礼	16:00—17:00	销售组	选做

3．××汽车上市发布会流程

时间：××××年××月××日下午 14:00—15:00

地点：车展现场主舞台

物料：小礼品 20 份、新车幕布 1 条、纸礼花 1 对

人员：乐队 1 组、走秀车模 1 组

时间	项目	内容	备注
14:00—14:10	热场	乐队表演热场	聚集人气
14:10—14:15	热场	主持人热场，派送小礼品	
14:15—14:20	新车揭幕	新车上市揭幕	领导揭幕，同时放纸礼花
14:20—14:30	模特走秀及产品介绍	主持人产品介绍	模特走秀的同时进行产品介绍
14:30—14:35	红包派送	抓住人气，派送小礼品	
14:35—14:50	促销政策宣读	主持人宣读促销政策	
14:50—15:00	乐队表演	开始接受车辆预订	

注：礼品为盖有公章的礼品券，装入红包内。可凭礼品券到××汽车 4S 店展区换取磨砂杯一个。

六、促销政策及人员激励

1．以市场行情制订车展期间具体的促销车型与促销价格计划。

2．制定车展期间的员工内部激励政策。

2.1.5 私域流量时代经销商的经营思维

2020 年是私域流量营销的爆发之年，各行业的各大品牌纷纷开始下场试水；而 2021 年是趋势确认之年，私域流量营销从之前的可选项变成了必选项，从营销新玩法变成了行业标配。

在汽车经销商领域，私域流量是相对于垂直网站的公域流量而言的，汽车经销商

建立私域流量的主要方式是企业微信、各类社群、微信公众号、视频号、微信朋友圈，也不乏有一些大的汽车经销商集团自建App。

私域流量经营是客户流量经营的重要板块，越来越多的汽车经销商也已经意识到了私域流量营销的重要性，那么如何才能做好私域流量经营呢？

首先私域流量的获取和公域流量的获取是两种不同的方法。公域流量的获取，无论是在垂媒上直接竞价买线索还是算法推荐，说到底就是广告费用的投入。而做私域流量拼的却是运营能力和场景化营销能力，没有搞清楚这个区别，就很容易"踩坑"。

例如，在4S店里很多销售顾问会把自己感觉靠谱的成交客户和潜在客户拉一个微信群，方便更好地服务客户。销售顾问用心打理，微信群里氛围也很好，这就是一个很典型的私域流量。

但是很多汽车经销商建的客户的微信群，却很难做到这一点，甚至是起到反作用。曾经有店负责人问我这是为什么？我的答案是他们没有搞清楚私域流量和公域流量的本质区别。

销售顾问自己的微信群的内容与汽车经销商建的微信群的内容是有很大区别的，前者是一个私人的"圈子"，呈现的是社交场景，而后者具体负责人往往将之定位为一个具体的工作，销售的目的性很强，更多的是发广告和发红包，更像公域流量的获取广告费用投入的做法。

其实能不能做好，不在于这个微信群由销售顾问自己建立还是由经销商专门的负责人建立，而是在于运营上是采取更注重社交性的场景化营销还是依旧用投费用打广告的公域营销。

私域流量社交性的场景化营销重点在于场景化的精心设计。分享一个来自互联网公司的场景化设计案例。

当年很多互联网公司都采取用地推的方式来推广自己的App，地推大多采用雇人发传单的方式。这其实也是投费用打广告的方式。

效果如何呢？有人做过调研，发出去一万张印着促销优惠信息的传单，最后会扫二维码下载App的人一般不超过50个，也就是说转化率不超过0.5%。

而当时大众点评网的地推转化率却达到了惊人的20%。大众点评网的地推用的就是场景化设计。

大众点评网的地推活动是只要客户微信扫码，就可以参加大众点评网的"5元爆款团购"，花5元看场电影或买个好吃的蛋糕之类。

这个事情用社交性的场景化营销思维，可以把路人接受传单的场景分成三个：第一个，伸手接过传单；第二个，低头去看传单；第三个，按照指示扫码。

第一个场景，怎么让人接受传单？一般的做法，公司会为地推人员准备一套话术，如"您好，我是××公司的。现在下载我们这个App看电影只要5元啊，您扫一下这个二维码，然后这样操作……"，可能还没等地推人员说完，路人早就不耐烦地走了。

这个场景大众点评的设计是，地推人员直接走过去，情绪饱满地微笑着说："你好！送给你5元的快乐！"然后递上传单。这时候，路人往往还没反应过来，但听到"快乐"这个关键词，就会下意识地接过了传单。

第二个场景，阅读传单。一般的做法，传单上会密密麻麻印了一堆优惠信息，这时候路人并不在购买场景下，而可能是在匆匆忙忙上下班的路上，对密密麻麻的优惠信息完全无感。那么重点来了，传单上要印什么，才能让他在一秒钟内决定扫码呢？

这个场景大众点评的设计是，传单上只写了两句话："5元的快乐是什么？微信扫一扫，揭晓答案。"之后下面印上了大大的二维码。对于路人而言能够在一秒钟之内触发行动的，不是一个理性的理由，而是情绪和好奇。

第三个场景，扫码下载。这个场景是在大街上，路人的手机是没有WiFi的，这就要使用流量。路人很可能会因为心疼流量就不下载了。

这个场景大众点评的设计是，扫码进去是关注他们的本地生活微信公众号，在公众号里揭晓答案，告诉用户是5元看电影的优惠，同时给用户发送一个下载App的链接。路人既可以选择当时下载，也可以等有了WiFi再下。

路人加了公众号就有了链接途径，大众点评后续可以给他推送各种活动信息提醒下载App。

场景化设计，把三个具体场景下的转化率都提高一些，那么最后的转化率就可以提升几十倍了。

私域流量时代汽车经销商的经营思维，必须从"广告人思维"转变为"产品经理思维"，从"花钱买流量"转变为"用心设计场景"，从"流量为王"转变为"场景为王"。

2.2 保有客户营销方案

2.2.1 成交客户转介绍效能提升方案

真正的销售在成交之后。只有在成交之后还惦记着顾客，顾客才不会忘记汽车经销商，更大的业务也由此开始！汽车销售之神乔·吉拉德的这句话，是典型的用户思维,同时也为汽车经销商揭示了以长期服务成交客户的价值。

与传统销售企业不同,互联网公司网络营销所遵循的客户成交理论是沙漏模型,这个模型就像计时的沙漏一样,如图2-4所示。

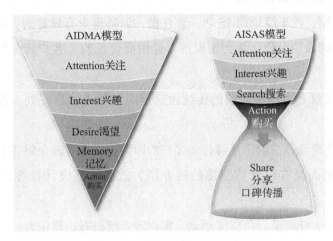

图2-4 网络营销的沙漏模型

这个模型强调的是与用户的足够互动,通过一系列的用户经营动作,让用户成为分享者,通过用户的分享,建立口碑传播,实现用户裂变。

用户传播、用户裂变,是互联网企业重要的营销模式,典型的案例是拼多多。拼多多最初通过"拼的多、省的多"这样的游戏化策略,让用户主动去分享,去转介绍,从而吸引更多的用户进来,拼多多因此实现了奇迹般的用户增长。

乔·吉拉德的销售神话就是在这样的思维模型之下诞生的。

成交客户是经销商最宝贵的资源,这个资源除了能带给汽车经销商售后服务的商业机会之外,还能带动销售业务的再度增长。

乔·吉拉德成为传奇的另一个原因是乔·吉拉德所处的时代,他的这种模式是很难复制的,听过乔·吉拉德故事的人都会明白当年的销售顾问是很难像他那样来进行销售工作的。

移动互联时代,乔·吉拉德的用户思维却成为互联网公司的基本模型。

移动互联技术让以前不可能大范围散播的转介绍变得非常简单。想想看,以前张先生买了一辆车,只有当他的邻居、他的朋友见到才会知道。但是今天只要张先生发个微信朋友圈,就可以把这件事情告诉他的所有微信好友。如果张先生拍个短视频发个抖音,可能会让更多人知道他买车了。

1. 转介绍方案要解决的问题

汽车经销商4S店如果能够引导每一位成交客户都这样做的话，客户的传播必将会带给汽车经销商更多的销售机会。

老客户转介绍，汽车经销商4S店一直在做，但是很少有做好的。对比分析互联网企业用户转介绍的成功经验，就会发现汽车经销商传统的老客户转介绍方案存在以下几个问题：

1）汽车经销商老客户转介绍的传统做法是成交后送客户好处，客户的积极性并不高。

2）汽车经销商没办法给出足够打动客户的回馈，客户对转介绍并不上心。

3）汽车经销商没有设计更便捷的转介绍方式，没有设计让客户自发转介绍的情景。

4）汽车属于大件商品，价格波动大，客户转介绍会有心理压力。

汽车经销商想把转介绍做好，就要解决这些问题。

2. 转介绍方案的设计

1）汽车经销商首先要解决客户转介绍心理压力的问题和积极性的问题。如果是以成交一辆价值很高的车为目标，客户会认为成功概率低，因此积极性不高。同时高价值的商品需要客户信任做担保背书，转介绍压力比较大。

要提高客户转介绍的积极性就要降低转介绍业务的奖励门槛，让客户更容易拿到奖励。车辆成交的前一步是获得潜在客户线索，汽车经销商在做转介绍的奖励设计的时候，不妨将原来的成交奖励分开设定为提供与新客户接触机会的"信息奖"和实现销售成交后的"成交奖"。具体操作方法如下：

汽车经销商可以将以往的转介绍奖励投入拆开，将20%的奖励投入设计成"信息奖"，将80%的奖励投入设计成"成交奖"。同时，把整个转介绍业务提升的核心放到如何提升转介绍信息数量上来。

2）在客户转介绍分享传播中，客户的体验和反馈的及时性是重点，从这点出发可以将转介绍分享得利机制设计成让新客户和老客户同时获得"好处"，并且是第一时间获得这样的"好处"。汽车经销商转介绍方案在"信息奖"的设计中，要同时给分享者和参与者设计奖励并及时发放。

3）汽车经销商要设计好老客户转介绍的触发情景，如在新车交付的情景下触发，还可以考虑在线上做触发，例如在微信上设计游戏化、趣味化的活动，让老客户可以以游戏的心态参与到转介绍活动中来。

对于拥有多家4S店的汽车经销商集团，特别是既有国产品牌、合资品牌，又有豪华品牌，形成品牌矩阵的汽车经销商集团，如果能打破各店之间的"墙"，将各品牌多店的保客资源链接起来，形成整个集团的保客营销方案，那么这个业务方案将会给汽车经销商集团带来更大的变革收益。

案例1

汽车经销商自店老客户转介绍方案

××汽车"老带新"活动方案

把最好的车推荐给最好的朋友

在微信端定期给老客户发送"好礼转送券"，老客户可以将"好礼券"转送给他的亲朋好友，好友接收到"好礼券"后，到展厅激活礼品券可获得来店实物礼品，且同时老客户会收到系统自动发放的"回馈礼券"。

奖励机制如下：

老客户介绍新客户到店，新客户获赠送精美礼品一份。

老客户介绍新客户到店，老客户可同时获赠工时代金券×××元。

老客户介绍新客户成功购车，老客户可获赠×次常规保养。

案例2

汽车经销商集团客户转介绍方案

××汽车集团网上商城推荐机制

1）××汽车集团将集团内部各品牌车型维护到网上商城中，并依照各品牌各店经营情况定期推出特价车等促销活动。

2）公司各店的员工注册为推广员，将集团网上商城产品链接、活动促销通过微信推荐给客户。

3）客户点击链接手机认证后即可领取"××汽车客户购车福利券"享受购车优惠。现集团内品牌车主进行车辆认证后可领取"××汽车客户增换购福利券"等多项福利。

4）客户领券后，对应发券店形成销售线索，由系统分配到对应销售顾问，为客户提供专属服务。

5）分享链接员工在客户领券后获得分享积分（购车福利券积××分、增换购福利券积××分，积分由系统自动发放），客户购车后通过核销所领用的福利券获得优惠福利的同时，分享员工获得成交积分（购车福利券积××分、增换购福利券积××分，积分由系统自动发放）。

6）员工可凭借对应积分获得销售线索奖励。

2.2.2 老客户的口碑传播

汽车经销商客户转介绍规则的设计并不复杂，但是为什么在汽车经销商的一线总是做得不够好呢？客户转介绍业务真正的难点不在于规则内容的设计，而是执行落地，需要具体解决实际落地中遇到的障碍。例如销售交车后，销售顾问为什么就不愿意花时间去维护客户去做转介绍？

"聪明"的销售顾问紧盯销量，往往会选择见效更快的事情来做，那么显然把精力放在主动上门来的进店客户身上要好过把精力放到一切还都是未知的成交客户转介绍上。

如果汽车经销商把转介绍这个事情当成任务交给销售顾问去做，执行中很容易跑偏。

互联网转介绍案例可以给汽车经销商管理者带来这样的启示：如果汽车经销商想真正把转介绍做起来，不能以成交为核心，而应以客户口碑传播为核心。因此，转介绍落地的核心是要引导消费者去展示自己。

转介绍的真正主角应该是消费者本人，产品只是配角。消费者真正愿做的事情是"秀"自己，讲自己的故事。消费者只买不推荐，其实不是不愿意推荐，而是没有觉得"值了"，没有眼前一亮的感觉，没有去"秀"、去"晒"的冲动。

汽车经销商在转介绍方案落地中，需要解决的三个问题。

第一个问题是：分享时刻在哪里？

找出客户分享动机最强烈的场景，找到客户感觉"值了"的时刻，并在这个时刻去设计眼前一亮的感觉，让消费者感觉产品可以代表他自己的某种心情，那么这个分享就会自然而然地发生。

汽车经销商最佳的分享时刻是新车交付的时刻，在新车交付的场景中去做可以打动消费者的设计，让消费者自然分享。客户购买车后的3个月内，对车辆的关注很高，在这个时期内邀请客户参与转介绍的活动也比较合适。

第二个问题是：消费者如何推荐？

汽车经销商在设计客户转介绍方案的时候要换位思考，如果客户就是你自己，你会分享些什么？为什么要这样去分享？

要找到汽车经销商销售这辆车以及提供给客户的服务中，有哪些具体的客户体验是能够在客户心中留下深深的印记，并让客户愿意分享出去的。

例如海底捞的服务，给客户留下深深的印记，让客户牢记，每到说起用餐体验就不由自主地想到海底捞。

第三个问题是：谁的推荐力度最大？

汽车经销商要搞清楚到底哪些客户会推荐以及哪些客户推荐的力度最大。

汽车经销商转介绍的重点客户也是意见领袖型的客户，这类客户在自己的圈子里有一定的影响力，如企业领导、汽车发烧友、论坛达人等。

汽车经销商在转介绍方案落地中的关键点是：到底让消费者分享什么？

车主自发分享的动机是要透过这台车告诉别人"我是谁"。转介绍传播在落地的时候，就是要放大消费者分享的动机，让消费者更愿意、更主动去分享。

汽车是一个非常适合做用户传播的商品，汽车可以成为车主个人形象的展示。汽车经销商要做的是将之放大，并融入经销商自己的信息。

汽车经销商需要准备好素材，让消费者在使用产品的过程中有内容去分享。这个地方给大家一个提示，没事可以看一看小红书App里的达人推荐内容，会获得不少启发。

老客户口碑传播往小讲是汽车经销商获得客户流量的有效经营方式，往大讲则是打造汽车经销商差异化、获得竞争优势、获得品牌优势的不二之选。

汽车经销商客户口碑传播在具体的落地实施层面可以考虑以下几点：

1）长期坚持的 $N+1$ 微信群工作。
2）设立一个1000客户/人的配置的用户关系部门。
3）设计出精彩的不一样的交车活动，如可以为客户提供定制的交车活动。
4）更关注于用户的回访。
5）定期的用户关怀活动。
6）保持与客户互动，为客户提供迅速的服务响应。

2.2.3 汽车经销商私域流量经营

随着汽车市场竞争的激烈，缺少客户、没有足够的客流已成为经销商经营中最大的问题。汽车经销商之间的竞争也是对客户流量的竞争。

回顾汽车经销商客户流量的历史，经历了广域流量到公域流量再到私域流量三个时代的发展历程。

第一个时代是广域流量为主的时代。在那个时代，报纸、电视是人们娱乐获取信息的中心，一部优秀的电视剧可以创造出惊人的收视率；广域流量为主的时代造就了中央电视台的"标王"神话。

广域流量为主的时代，品牌厂商必须要做电视广告。品牌厂商一般都会在电视广告上投入重金，还会找来一位家喻户晓的明星做代言人，最后再想一句能代表自己特点、便于消费者记忆的广告语。这三招是那个时代厂商广宣的"三板斧"，只要这"三板斧"下去就能实现良好的产品传播，获得大量的客户。

广域流量宣传面对的是所有有可能购买产品的用户，宣传的目标是建立起消费者对产品和品牌的最基本认知。广域流量的投入可以触及更多更广的用户群体，解决的是宽度问题。

汽车主机厂每年都会在线上和线下做大量的广域广告投放。广告的目的是提升用户认知、用户兴趣，保持品牌活跃度竞争力，维护品牌的生命周期。

汽车经销商该如何做好广域流量呢？重点思考两个问题：用户是谁？哪里能连接到用户？

汽车经销商广域流量的投入要先通过细致地前期调研，明确所在城市的区域划分、城市的人口分布、城市的行业分布，找到自己销售具体车型的核心购车群体以及用户的核心购车需求。根据这些前提条件，再去选择广告投放的渠道和投放的内容。

汽车经销商在广域流量的人力和资金投入需要长期坚持，广域流量缺失会降低汽车经销商在当地的影响力，影响到汽车经销商展厅的自然进店。

第二个时代是公域流量为主的时代。在这个时代电脑和互联网成为人们工作、生活、娱乐的重要组成部分，是人们获得资讯信息的中心。人们习惯于通过访问门户网站去获得自己想要的信息。

公域流量就像是从大海到各家门口的河流，在公共范围内每一个用户都能通过公开渠道购买或对接获取到客户流量，所有的来源入口流量都属于公域流量范围。

实体店铺在对外租赁的时候都会宣传自己的位置好、客户流量大，是"旺铺"。位置好、客户流量大就是这个店铺可以要高租金的原因，选择"旺铺"开店的商家等于用租金购买了好位置的客户流量。

公域流量中线上的各类付费渠道，贩卖的同样是客流。例如汽车垂直媒体，用大量的汽车信息内容吸引客户，聚集了客户流量，然后将这个流量导入其合作的汽车经销商，获得收益。

汽车垂直媒体的受众非常精准，汽车经销商可以通过它直接找到意向客户，并且客流是持续不断的，在彼此合作中汽车经销商也加大了自身的曝光度。

汽车经销商该如何做好公域流量的经营呢？重点在于汽车经销商需要及时高效挖掘公域流量线索，实现迅速成交。

汽车经销商公域流量最主要的入口是汽车之家、易车等垂直媒体，汽车经销商通过向汽车垂直媒体付费即可获得公域客户流量，从而实现销售成交。

2004年易车开创了车易通服务，2008年东风日产汽车经销商开始了汽车经销商的DCC（线索呼叫中心）业务，2010年汽车之家开通车商汇业务。接着全国各地的汽车经销商纷纷启动网电销业务，成立网电销部门，很快4S店进入"双店（电）"时代。

从全国数据来看，很多4S店网电销业务的成交量都占到了整个店头成交量的半壁江山。汽车经销商通过网电销部门的实际运营，高效地实现了公域流量到店端的快速引流。

公域流量时代汽车垂媒更高效精准的引流，对应的是经销商定巡展等广域引流的放缓。汽车经销商代理品牌和产品的影响力越强、所在地经济越发达、人们的生活节奏越快，就越占据更大的公域流量优势。

当然汽车垂媒发展到今天也存在着一定的问题，如用户黏性并不高，多数用户在未确立明确的购车计划时或购车后，对汽车垂媒关注极低。

汽车垂媒作为信息搜索时代的产物，和百度、58同城一样，在移动互联时代必然也面临着新的挑战。用户黏性相对低的汽车垂媒容易被一些用户黏度更大的渠道所代替，如字节跳动系的懂车帝就有着后来者居上的态势。

在公域流量为主的时代，汽车经销商纷纷建立起网电销业务部门。网电销业务部门的业务与展厅销售有着很大的区别，更像电子商务。

汽车经销商网电销业务核心逻辑是公域曝光拿流量、私域留存作变现，这一点和淘宝卖家、天猫卖家是一模一样的。

汽车经销商网电销管理中最核心的三大指标分别是有效线索率、邀约到店率、到店成交率，见表2-8。

表2-8 汽车经销商网电销的三大核心指标

指标	定义	行业数据
有效线索率	垂媒总线索中有效线索的占比	45%~60%
邀约到店率	有效线索中网销邀约到店客户的占比	10%~30%
到店成交率	网销到店客户中成交客户的占比	20%~30%

汽车经销商网电销业务有一套相对成熟的管理方式。网电销部门比较常见的组织架构是结合这三个指标建立起三段式的网电销管理，网销员、电销员、直销员各司其职，分别着力于线索、邀约、成交三个维度的提升。

由于汽车垂直网站"一客多推"的订单推荐机制，导致流量规模更多是"虚胖"，流量质量越来越差，严重浪费网电销的团队资源，汽车经销商网电销业务的客户转化率也越来越低。

一方面是汽车经销商销售盈利在降低，另一方面是汽车垂直媒体流量价格提高、流量质量却变差。在2019年初，汽车垂直网站汽车之家宣布提高经销商会员业务价格，就引来以中升汽车为首的汽车经销商集团的集体抵制。这个日益突出的矛盾是汽车经销商网电销业务面临的最大问题。

受此矛盾的影响，依赖于汽车垂直网站流量的网电销模式也遭遇挑战。本来在市场下行的大背景下，由于门店集客日渐式微，汽车经销商的投资人和职业经理人对网电销业务寄予了厚望，却无奈"理想很丰满，现实很骨感"。

"买流量不如做流量"，私域流量营销成为汽车经销商的一个新的营销方向。私域流量指的是汽车经销商通过自己的用户经营来吸引粉丝，建设起自己的客户流量体系。

私域流量就像自己家建设的"鱼塘"，用户可以反复利用，无需或少量花费，可以随时触达，这个流量为汽车经销商私有。移动互联时代，汽车经销商完全可以通过自媒体以较低的成本通过用户池的思维建设起自己的"鱼塘"来。

汽车经销商可以在微信公众号、微博、博客社区等平台自有账号的内容发布区域做私域流量的经营，也可以在抖音、快手、小红书等自媒体上做私域流量的经营。一些实力较强的汽车经销商还可以使用自有的用户系统，如自建的微信小程序、自己的用户App等。

私域流量对于汽车经销商有着巨大的价值，主要包括：

1）私域流量池可以直接降低汽车经销商的营销成本，汽车经销商可以直接触达自己的用户。

2）私域流量池在维护老客户方面优势突出，汽车经销商可以通过活动渗透，建立与用户的情感关系。同时借助于私域流量的传播力量，塑造汽车经销商品牌，让用户近距离感受特约店服务，增强口碑和对品牌的认知，形成叠加影响。

3）汽车经销商可通过精细化用户运营的方式来绑定品牌与用户的情感关系，促进用户消费、复购、推荐。

4）与广域流量相比，私域流量更多是精细化与场景化的用户服务，私域流量的经营可以解决深度的问题。

私域流量虽然价值巨大,但由于需要经销商自己去建设"鱼塘",且以实体零售为主的汽车经销商往往缺乏私域流量运营的人才,难度不低,能做好的也不多。

经过汽车行业20多年来的快速发展,中国的汽车普及程度大幅度提升。市场保有量提升,二手车交易量上升,新车销量下降,中国汽车市场整体由增量阶段进入存量阶段。

汽车4S店经过了20多年发展历程,有10年以上历史的老店非常多。拥有多家10年老店的汽车经销商集团也比比皆是。很多汽车经销商、汽车经销商集团都已经积累了数以万计甚至十万计的保有客户资源。

私域流量的建设本身就是用户关系的管理,显然汽车经销商从保客入手做私域流量客户池的建设更为容易。

很多汽车经销商保客维系工作是由客服部负责的,但是在主机厂为经销商设计的组织职责中,客服部更多的定位是经销商内部工作的"监督者",最早工作重点是客户满意度:销售满意度(SSI)和售后服务满意度(CSI);后来又加入了售后端客户流失的部分,保客维系工作成为客服的工作内容。

要从保客维系发展到私域流量建设,客服部相应要升级到客户运营中心。

汽车经销商的客户运营中心可以根据自身情况设计4S店内部小循环以及经销商集团跨4S店大循环两种作业模式。

4S店内部小循环模式,即鼓励保有客户置换升级,例如A0级车的车主升级为A级车、B级车,A级车车主升级为B级车、C级车,轿车车主升级为SUV车主。

举例一家宝马品牌的4S店鼓励保有客户置换升级:3系升级为5系,X1升级为X5,3系升级为X5。

经销商集团跨4S店大循环模式,即经销商集团将处于汽车品牌金字塔底端品牌的4S店保有客户向上一级品牌的4S店推荐,为客户提供置换升级服务。例如集团可将奇瑞4S店的保有客户提供给大众4S店,大众4S店的保有客户提供给奥迪4S店。

在集团内部可以尝试设计"游戏规则"。例如处于低端的自主品牌、中低端合资品牌向处于顶端的品牌提供"线索流量",顶端的品牌则向低端的自主品牌、中低端合资品牌支付"线索费用"。

借鉴欧美汽车市场的情况,不难发现二手车业务将是中国汽车行业未来的发展重点。

对于客户车辆的置换升级，4S店在销售新车的同时，也极有机会产生大量的二手车车源。与当下二手车行业的主力业态——二手车市场相比，4S店的最大优势就在于可以通过置换获得大量的二手车车源。

为促进车辆的销售，主机厂也给予汽车经销商很多关于二手车业务的支持政策，如二手车置换补贴、认证二手车销售补贴、本品二手车金融贴息等。

二手车市场的特点是一地一价、一车一价。同样一辆车，南方和北方地域不同，中间的差价非常可观，如一辆合资越野车在广州值13万元，到了甘肃就值15万元，而一旦进了新疆就可以卖到17万元。

当前，二手车电商巨头纷纷依托网络覆盖全国的优势，推出了"全国购"业务，即瞄准二手车地域价差来实现效益最大化，这与美国二车车商CARMAX的做法如出一辙。

很多国内汽车经销商集团的"巨无霸"们在全国各地开店，也同样具备网络地缘优势，足以支持其推出自己的二手车"全国购"业务。

经销商集团如果可以把主机厂的返利政策用足、把自身的网络地缘优势用起来，那么二手车业务的车源收购、资源调配、二手车销售三个环节将彻底打通。

汽车经销商集团可以通过客户运营中心、二手车业务中心双轮驱动，鼓励集团的各店跨品牌置换获得二手车车源，尤其是优质二手车车源，这将成为汽车经销商集团全新的业务增长点。

在售后服务维度，客户运营中心可以围绕售后服务以汽车俱乐部的形式开展工作。

汽车经销商售后维修业务一直以来主要依赖于三点：一是与保险公司合作，通过扩大保费规模，以保费换送修，但是受困于保费投入提高以及保费送修比的下降；二是"以养代修"，用养护产品渗透率提高实现客单价、毛利率提升，但会有适得其反、造成客户不再回厂的风险；三是推出"保养套餐"，如保养买三送一、买五送二，结果又会降低毛利率。

如果可以通过汽车俱乐部开展形式多样的车主活动，增加与车主之间的接触频率，形成良性的互动，那么就更容易实现车主的认同。

同时，开展形式多样的车主活动也可以直接提高车主的用车频率，增加车主的行驶里程，带动售后维修入厂的数量规模，进而提升售后维修产值。

销售行业经营之"道"的"人""货""场"，首当其冲的便是客户的运营与管理。客户运营中心，将会成为"以客户为中心"的理念落地的组织保障，也将是汽车经销商实现客户价值最大化、应对市场下行的最有效手段。

本章重点

1. 汽车经销商销售业务中客户流量是核心经营重点,能否通过有效的落地方案提升这个关键点的经营效率与投入产出比,是汽车经销商能否实现盈利的关键。
2. 客户转介绍方案的核心目标是转介绍线索量,而不单单是成交数字,这也是销售盈利战略图中将转介绍业务归到客流提升领域,并做重新设计与思考的原因。
3. 汽车经销商在潜在客户成交中使用的销售漏斗模型已不能满足汽车经销商经营的需求,汽车经销商应该去借鉴学习互联网公司的用户池模型。
4. 汽车经销商客户流量管理应从广域流量、公域流量、私域流量这三个维度进行思考。
5. 私域流量时代汽车经销商的经营思维,必须从"广告人思维"变成"产品经理思维",从"花钱买流量"变成"用心设计场景",从"流量为王"到"场景为王"。
6. 汽车经销商的客户运营中心可以根据自身情况设计4S店内部小循环以及经销商集团跨4S店大循环两种作业模式,从而实现汽车经销商私域流量经营模式落地。

第 3 章 经营管理

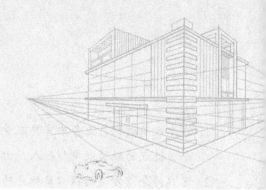

3.1 汽车销售效能提升

汽车经销商销售盈利战略图里第二个经营维度——促成交，指的是成交转化率的提升。汽车经销商能否通过经营管理实现成交转化率的提升是销量与利润达成的关键所在。汽车经销商销售经营目标是要实现更高的经营效率，对于汽车经销商的管理者而言，4S 店成交转化率的提升是其首要的思考课题与改善方向。

3.1.1 销售顾问的成交管理

促成交提销量这个维度，要回归到汽车经销商的销售一线。汽车经销商销量的提升，重要的是要研究如何提升一线销售顾问的成交转化能力。

在这个课题上，汽车经销商的管理者实施了很多针对销售顾问个人能力提升的措施，如销售顾问个人能力培训、销售顾问个人的工作检查等。

这种提升销售顾问个人能力从而提升整体销量的方式，是汽车经销商管理者最常用的方式。

汽车销售行业是一个"勤"行，汽车经销商销售团队的管理者要想带出一支优秀销售团队，必须下苦功夫，不但要如同"陪练"一般带着大家做技能训练，更要像"教练"一样带着销售顾问通过对成功成交客户的复盘以及对战败客户的分析，找到自己接待中的问题，从个人短板出发作刻意练习。

汽车经销商销售团队的负责人，往往会从优秀的销售顾问中选拔出来。这样的团队负责人可以发挥自己的业务能力，用自己的经验去培养新人，带动整个团队。

汽车经销商销售的最大特点是每一个销售顾问都是一个独立成交体系，每一个销售顾问都有自己的特点，汽车经销商销售能力的提升需要对销售顾问的工作效率做针对性提升。

汽车经销商管理者对销售顾问做针对性提升的前提是先将销售顾问的实际工作数据统计出来，做销售顾问的个人工作效率对比分析，见表3-1。

表3-1 销售顾问工作效率分析表

销售顾问		××		××		××		××		合计
	目标									
	达成									
	项目	接待	成交	接待	成交	接待	成交	接待	成交	
客户来源分析	自然来店									
	来电									
	老客户转介绍									
	亲友介绍									
	置换									
	增购									
	外拓									
	陌生拜访									
	小计									
车型分析	车型1									
	车型2									
	车型3									
	车型4									
绩效分析	值班次数									
	接待客户数									
	留档数字									
	有效接待率									
	试乘试驾人数									
	试乘试驾率									
	二次邀约进店数									
	二次邀约进店率									
	成交台数									
	成交率									

通过这张表，管理者将销售顾问某一个时间段的工作数据做汇总，如果要看销售顾问整体的一个表现，可以将时间段拉长，如定为一个季度或半年。

根据销售顾问工作效率分析表中最为核心的两个指标——接待客户数量和成交量，就可以将销售顾问分为四个类型，如图3-1所示。

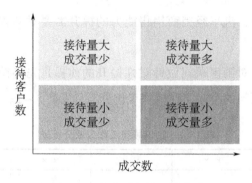

图 3-1　销售顾问的四种类型

销售经理只要统计销售顾问半年来的月均接待客户数量和月均成交数,就可以做出销售顾问的矩阵分类,如图 3-2 所示。

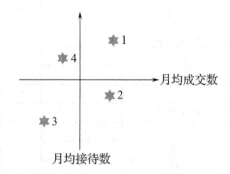

序号	销售顾问	接待数	成交数	成交率
1	××	105	17	16%
2	××	86	16	19%
3	××	52	5	10%
4	××	100	12	12%

图 3-2　销售顾问的四种类型

第一类销售顾问接待量小,成交量少。这类销售顾问的热情度和技能水平都不高,主要包括没有进入工作状态的新员工,在工作中遇到挫折、遭遇销售瓶颈的员工,以及对工作失去兴趣的员工。

要提升这类员工的战斗力,首先需要解决的是心态问题。对于没有进入状态的新员工,要调整其心态,让其敢于接待客户,主动接待客户;而对于遇到挫折遭遇瓶颈的员工,则需要及时解决其问题、多与其谈心,必要时可以进行转换岗位等调整;如果是对工作完全失去兴趣的员工,就要及时淘汰,以免其行为和言论在团队中产生负面的影响。

第二类销售顾问接待量大,成交量少。这类员工的工作热情较高,但成交技巧不足,缺少相应的工作经验,主要包括销售经验缺乏的新员工和"慢半拍"的销售顾问。

这部分销售顾问有良好的心态与学习的动力,他们缺乏的是业务知识与专业技能。这部分销售顾问是销售团队中最需要业务知识培训的群体,所以提升他们的战斗力的方式是培训。

通过培训,先牢固销售顾问的产品知识,再进行销售技巧的强化,针对他们的培训要具有持续性和实战性，使他们逐渐成长为销售团队中强有力的业务骨干。

第三类销售顾问接待量小，成交量多。这类销售顾问工作经验丰富，但工作热情度不高。主要包括自恃才高的资深销售顾问和自扫门前雪的销售顾问。

这部分销售顾问能力相对成熟，且形成了一定的套路，提升其战斗力更多的是要通过感性的激励，而非理性的教导。激励要更多地体现在精神层面，让他们感觉到受重视、受尊重，激发出他们的潜力来。

销售培训对于这部分销售顾问的提升不仅没有什么明显的效果，有时还会适得其反。因为，对于自恃才高的销售顾问来说，他们会觉得培训太过"小儿科"；而自扫门前雪的销售顾问，则会觉得培训会耽误他们的时间。

第四类销售顾问接待量高，成交量多。这类销售顾问有着丰富的工作经验，并保持着强劲的工作热情。这样的人员是销售团队中为数不多的佼佼者。这类销售顾问在心态和能力上都已非常优秀，提升他们战斗力的方法就是为他们设立更高的目标让他们去挑战。

汽车经销商的销售经理还应当对销售顾问个人数据进行逐月的统计，分析销售顾问的具体情况，见表3-2。

表3-2 销售顾问成交率统计表

××	4月	5月	6月	7月	8月	9月	平均
接待+跟进数	65	100	75	60	75	140	86
成交数	13	18	15	15	15	22	16
成交率	20%	18%	20%	25%	20%	16%	19%

销售经理要统计店里销售顾问每个月的接待、跟进客户数量和当月的成交数以及成交率，并做汇总分析。

销售顾问个人的时间精力是有限的，每月接待和跟踪客户与成交之间存在着最佳比例。如果当月接待跟踪的客户量少，意味着销售顾问人力的浪费。但如果当月销售顾问当月接待跟踪的客户量过多，则意味着客户资源的浪费。

销售顾问并不是接待的客户越多越好，从效率的角度来看，成交率最高的月份，销售顾问的接待跟踪的客户数量并不是最高的。

销售经理需要定期做这样的数据分析，从而找到销售顾问的最佳值，然后做好客户资源的匹配，减少客户资源与销售顾问人力的浪费。

汽车经销商销售管理者在做成交转化效率改善的时候，除了关注销售顾问个人成交能力提升之外，还应当在销售团队的组织架构与工作分工上做优化。

我本人在做4S店销售管理工作之前做了五年的售后工作，其间从一名维修技师做到了售后站长，再做到集团售后线条负责人。4S店为客户提供的售后服务需要多人多岗位配合才能实现，售后出身的管理者会习惯于用整体组织的思维来思考问题。

在做销售管理的时候，我对销售业务管理与售后业务管理做了比对分析。

汽车经销商4S店销售、售后两大业务各有着一个核心的生产力单元，即销售顾问与维修工组，销售与售后业务都是围绕着他们来开展。

销售业务的核心生产力单元是一个单独的销售顾问岗位，售后业务的核心生产力单元则是一个小团队——维修工组。

作为核心生产力单元，他们都承担着大量的工作，销售顾问岗位将他的日常工作罗列下来，大概要做11项工作，按照对成交结果的影响做判断，其中直接影响成交的不超过5项，剩下来的则都是一些对成交影响不大的事情。

售后维修工组将其日常的工作罗列下来，也大概要做11项工作，按照对维修产值结果的影响做判断，其中直接影响产值的也不超过5项，其他也都是一些辅助的工作。

两者最大的区别在于销售顾问是一个人工作，而售后维修小组则是小团队的形式，小组内部会自然地对工作内容做出分配，最重要的技术性工作（维修诊断）往往是组长在做，如去库房取个零件、去前台送个单子这种辅助性质的工作则往往是由组员去做，小组是分工合作的状态。

汽车经销商销售端的销售顾问则往往是单兵作战，大量的时间都被一些与成交关系不大的工作所浪费。销售顾问与维修工组的工作分析如图3-3所示。

序号	销售人员的工作	序号	机修工组的工作
1	客户接待	1	车辆诊断
2	客户跟进	2	车辆维修作业
3	交车 交接上户	3	试车
4	提报按揭	4	领配件
5	办理保单	5	取送工单
6	整理展车 整理洽谈区	6	上下举升机
7	展厅值班	7	准备维修工具 值班等待
8	清洗商品车	8	车辆清洗 整理维修区域
9	提交客户资料 单据签送	9	与服务顾问沟通
10	整理客户档案	10	与客户沟通
11	精品确认取送	11	专用工具的取送 单据签送

图3-3 销售顾问与维修工组的工作分析

汽车经销商管理者从组织分工维度去提升销售成交效率，就需要解放销售顾问的生产力，把一些与销售成交关系不大的工作从销售顾问身上分出去。让销售顾问将更多的时间、更多的精力放到客户跟进邀约和客户接待上显然是更合适的，管理者通过组织设计重新分工，把销售顾问有限的工作时间高效利用起来，将会是一种非常有效的改善方式。

这种方式一旦建立实施就可以迅速赋能销售顾问，例如一位优秀的销售顾问一个月可以销售15辆车，但该销售顾问要交付15辆车给客户就是一个耗时耗力的巨大工程。这15辆车的车辆准备以及交车服务会占用该销售顾问大量时间，只要将这个时间解放出来，销售顾问就可以接待更多的客户，做更多的客户跟踪邀约，从而有了创造更多价值的机会。

分享一个我本人的实际经历，来说明这个课题。

很多年前我到集团一家新建4S店主持工作，当时这家新店的品牌力和产品力都很好，店的位置也不差，客流很好，销售工作面临的最大问题是在新店刚组建的销售团队中资深销售顾问数量不足，团队的整体销售能力比较低。

无论是高薪招聘资深销售顾问，还是培养销售顾问，都是远水不解近渴。

店内销售团队中能力较好的销售顾问有4名，有过工作经验但是能力不足的销售顾问有2名，新入行但已有开单的销售顾问有3名，还有3名销售顾问尚在试用期内。

我将之前销售顾问各自为战的组织形式，改为以4名资深销售顾问为组长的销售小组制度，将资深销售顾问和普通的销售顾问进行组合，通过小组内部分工解放资深销售顾问的工作时间，让他去赋能整个小组的销售工作。

这个改革结果令人满意，不但月成交量大幅提升，而且还培养出4名优秀的销售管理干部。

当然汽车经销商做这样的组织结构设计需建立在对一线销售数据的统计分析上，汽车经销商要根据自己的实际情况来做选择。

3.1.2 三种小组制方案

汽车经销商管理者在做经营数据分析时，如果发现存在销售顾问由于组织分工的原因，制约销量提升的情况，汽车经销商的管理者就应该做组织架构的优化设计。

汽车经销商管理者在销售经营管理中可以从三个不同维度出发设计三种不同的小组制解决方案。

第一种是交车小组制度,可解决由于销售顾问工作内容过多导致销售效率低下的问题。

这种设计的核心是在销售服务维度将客户接待服务与车辆交付服务工作分开,设立专职的车辆交付人员,把新车交付中关于车的整理准备工作交给专人来做。

案例 1

××4S 店交车小组

××汽车公司于××年×月成立交车组,旨在提高销售顾问工作效率,提升终端满意度。

(1) 交车小组成员构成

交车顾问 3 名,分别服务于展厅 1 组(销售顾问 6 名)、展厅 2 组(销售顾问 6 名)以及网销组(销售顾问 5 名),由展厅经理与网销经理直接管理。

(2) 交车顾问选拔、培养方式

1) 直接招聘新人培养,用 1~2 个月的时间培训、试岗、转正。

2) 原有销售顾问、销售助理转岗。

(3) 交车小组工作流程

1) 预约交车:销售与交车顾问负责。采用一对一的服务形式,"预约登记表"管理登记。交车前车辆准备要求提前、齐全、整洁。

2) 工作交接:交车顾问正式与客户见面。

3) 流程说明:使用"交车流程图"看板工具,说明交车服务流程

4) 车辆外观确认,车辆配置功能讲解,提升满意度。

5) PDI(出厂前检测):更改车辆模式,预约车辆绿色通道,专人服务。

6) 收款、保险:与财务对接,与保险对接。

7) 新车文件清点手续:水平业务铺垫,采用"水平业务服务工单"管理登记,提升目标综合产值。

8) 装潢、VIP 服务(增值水平业务):与精品装潢对接,与客服对接。

9) 交车仪式:销售顾问、专属服务顾问参加。

第二种是分车型销售的专属小组制度,可解决销售顾问专业程度提升缓慢导致销售效率低下的问题。

汽车经销商所代理品牌产品线不足固然不好,但如果产品类型过多、跨度过大,那么销售顾问所需要掌握的内容就多,销售顾问的培养周期长。此外产品类型多,

价格跨度大,产品目标人群的差异也极大,销售顾问要把握不同的人群,工作难度也大。

通过对产品的分析做好产品分类,分类后将销售顾问也做对应分组,施行专属销售制度。例如把销售顾问分为两个组,一个组销售车价较高的商务类车型,另一个组销售车价较低的家用类车型,这个时候销售顾问所需要掌握的内容变少,所面对的客户类型更明晰,可以有效缩短销售顾问培养周期,降低销售顾问的工作难度。

案例 2

××4S 店分车型销售

(1)人员分组

小车组:7 名销售顾问,负责展厅小车型意向客户的接待。

大车组:5 名销售顾问,负责展厅大车型意向客户的接待。

(2)接待流程

1)客户进店展厅礼仪前台客服人员首次接待。

2)展厅礼仪前台客服人员根据客户需求安排销售顾问专属接待。

3)销售顾问接待客户并维护客户信息建档。

4)客户意向车型转变,由展厅前台客服人员做再次安排。

第三种是销售小组制度,可解决销售顾问成交能力不足导致销售效率低下的问题。

这个设计的目的和展厅销售经理介入谈判机制是一样的。销售经理介入谈判机制的问题在于,4S 店实际工作中销售经理往往会有很多具体的工作要去做,很难有足够的时间保障销售谈判介入的渗透率。

销售小组机制是直接在销售顾问的队伍中做组合设计,挑选沟通谈判能力强的销售顾问作为销售小组主管,设计小组内部协作机制,销售主管协助组内的销售顾问完成销售任务。

销售小组主管就像是作战部队的"老班长"。每 3~5 人为一个小组,选一位小组长出来,面对客户时以销售部门领导的名义出现,如挂一个"展厅经理"之类的头衔,对其设置小组任务奖励。

小组长对整个小组赋能,帮助小组成员成交。小组成员负担小组长本人接待成交客户的辅助服务工作,作为小组成员对组长的回报,同时也确保小组长能有更多的精力与时间用在客户沟通工作上。

案例3

××4S店销售小组制度

××店销售小组展厅工作分配

职位	邀约工作	成交洽谈	客户分析
销售顾问	首次邀约	负责成交洽谈	建档并做客户分析
小组经理	未成功的补位邀约	依需求参与洽谈	夕会参与客户分析制定策略
展厅经理	未成功的补位邀约	补位小组长	主持夕会复盘工作

以下介绍小组经理洽谈介入时机及话术。

(1) 销售顾问出现竞品对比难点，感觉无法搞定时

负责人：小组经理。

销售顾问应对话术：您这个问题问得特别好（算是问对人了），我们经理对××车了解很深（以前在××公司干过/他朋友开的就是这个车），要么我让我们经理来直接和您介绍一下吧！

向经理介绍客户：经理，这是××先生/女士，他最近也在看××车，想请您为客户做个对比介绍。

(2) 销售顾问出现成交困难时

负责人：小组经理。

场景1：销售顾问感觉成交困难，客户不愿意讲，原因不明确。

销售顾问主动给经理发信号（如向经理做请示申请试驾名额），经理到来后，销售顾问：经理，这是我接待的客户，对××车型感兴趣，我想向您申请一个试驾名额。

经理：几位大哥/美女，大家车看得怎么样？销售顾问服务得还好吗？有遇到什么问题吗？（根据需要决定是否加自我介绍：我是这个店的销售经理×××，买车的时候遇到任何问题都可以找我。）

场景2：销售顾问遇到明确的价格困难时。

负责人：小组经理。

销售顾问应对话术1：大哥，您谈判的水平确实高，刚才我报给您的价格真的是我能给的最大优惠了。您今天是诚心想订车吗？如果您真的想诚心订车的话我把经理请过来直接和您谈！（面对首次来店客户）

销售顾问应对话术2：大哥，您确实太厉害了，一下就给我出个难题，就知道我的

售价底线满足不了您。不过您也来我们店也好几次了，我也找领导申请过了好几轮，刚才还被经理训了。相信您也知道我们的确把能给的价格和政策全都争取到底了，如果您诚心要买那我请我们经理和您谈。（应对正常谈价还价遇到问题）

销售顾问应对话术3：大哥，您也来我们店也好几次了，我也找领导申请过了好几轮，刚才还被经理批评了。相信您也知道我的确把能给的价格和政策全都争取到底了，再要优惠只能我自己给您贴钱了！现在我是不敢向领导再申请，上次有一个这样的客户，我软磨硬泡和我们领导要到优惠，结果客户又说他没确定，我们领导认为我没服务好客户，把我好一顿骂。如果要申请的话我得和您确定几个问题，您还需要回去和家人商量吗？您有没有带订金？今天能不能订？如果您能确定今天订，我就厚着脸皮再去和领导申请一次！（配合逼单话术）

场景3：销售顾问发现客户预算有限，且对分期推荐有偏见。

销售顾问应对话术：×哥/姐，分期的方式有很多种，而且政策这些都变得很快，这方面我们的××经理最专业，我去请他根据您的实际需要为您设计一个最适合您的方案。

3.1.3　销售机会匹配方案

成交的基础是买卖双方的信任，销售顾问与客户之间信任关系决定成交质量。但不同人之间的个体差异很难做到让每一位顾客都可以遇到他认可的销售顾问。

例如，在汽车销售的一线，某个销售顾问判断只是随便逛逛的客户，在另一位销售顾问那里却很快下订了；某个销售顾问判断为休眠的客户，结果却很快在其他地方购买了，这样的例子数不胜数。

在这个销售管理者习以为常的现象背后，真正的问题是汽车销售接待中销售顾问与客户之间的"错配"。

在销售一线的销售接待工作是销售顾问与客户一对一进行的，本质上就是一个封闭的状态。客户信息完全由销售顾问个人掌握，销售顾问误判认定客户为休眠客户，就很容易放弃客户，造成销售的损失。

一线销售管理中常见的对策是，在初次接待时不容许销售顾问自行降级，销售顾问接待完客户之后要一律认定为高级别，以确保足够的后续跟进，避免浪费。

但这种对策在现实执行中效果并不好，销售顾问一旦主观认定客户价值不高，那后续的跟进往往会敷衍了事；销售顾问还会为避免考核，干脆选择不录入系统。这种对策显然不是好的解决方案。

在一线销售管理中常见的另一个对策是，培训销售顾问使用设计好的客户需求分析工具，实现客户管理的量化管理。这个对策可以有效提升销售顾问的工作质量，但"封闭"的问题并没有彻底解决。

多数的汽车4S店都设立有网电销部门，网电销部门实行的是分段管理的机制，以网销员、电销员加直销员的形式将线索、邀约、接待、成交分段管理，多人协作的方式就打破了销售顾问单人接待带来的工作封闭问题。

汽车经销商展厅销售，也同样可以采取这样的思路进行对应的组织变革，以客服专员加销售顾问的形式建立销售机会管理体系，如图3-4所示。

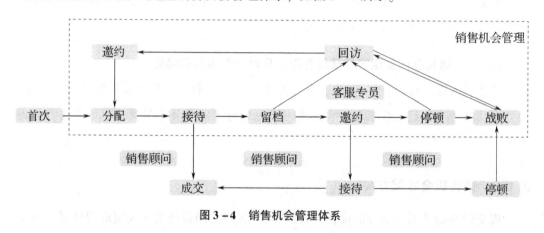

图3-4 销售机会管理体系

1）客户首次进店，由客服专员接待并记录信息（系统录入）后分配给销售顾问，销售顾问负责接待客户。

2）销售顾问根据首次接待客户的情况，可将客户分为当日购车客户与意向客户。对于当日购车客户，销售顾问直接完成后续工作；意向客户则由销售顾问依据客户需求分析工具，通过量化指标与评核规则做好客户意向分类后录入客户系统建档管理。

3）对于高意向客户，由销售顾问维系邀约，实现销售成交。

4）对于低意向（休眠）客户，则由客服专员在次日做客服回访，并依回访内容，发掘客户价值，创造邀约回店的机会。

5）销售顾问在高意向客户的后续邀约跟踪中，如发现工作停顿，则该客户由客服专员在次日通过客服回访，询问客户原因，发掘客户价值，创造邀约回店的机会。

6）如销售顾问跟踪的客户战败，则由客服专员次日完成战败回访。

7）销售机会管理的关键是客服专员的及时回访，只有及时对休眠、停顿客户进行回访，才能判断出休眠、停顿客户的真实状态及其处于此状态的原因。回访内容可包括以下 10 点：

①是否记得销售顾问？
②对于服务是否满意？
③是否接过跟进电话？
④是否已经购车？
⑤（如已购车）未在我店购车的原因是什么？
⑥（如已购车）购买了哪个品牌？
⑦（如未购车）是否愿意再次来店？
⑧（如未购车）是否愿意由原销售继续跟进？
⑨（如未购车）还有哪些疑虑？
⑩（如未购车）还在考虑哪些品牌？

客服专员通过对客户的回访可以了解到客户的真实情况，实现二次邀约回店，避免客户线索的浪费，同时根据客户对销售顾问的评价可执行销售机会的再次分配。

4S 店销售管理者对销售一线休眠、停顿客户实际的回访数据分析会发现，很大比例的休眠客户，往往都表示已经购买其他车辆，这部分已购车客户显然并非真正的休眠客户，说明销售顾问在判断客户是否为休眠客户时并不准确。有可能正是因为销售顾问误判之后没有及时回访，客户才去购买了竞争品牌的车辆。

在回访中未购车的休眠客户很大比例都表示愿意再次到店，这就给了客服专员顺势邀约客户再次到店的机会。

客服专员掌握准确的休眠客户下次跟进时间节点，可以有效地帮助汽车经销商增加销售机会。

8）客服专员在对销售线索做分配的时候，可以依照销售顾问的工作情况实现"优化派单"。具体方法如下：

①设定每一位销售顾问的最佳负荷量，通过对销售线索的分配控制好销售顾问持有的意向客户数量，降低由于销售顾问跟踪客户太多、无法有效维系造成的损失。

②制定销售机会周期管理机制，设定客户的跟踪周期，客服专员对于超出周期未邀约回店的客户信息做回访，探寻客户停顿的真正原因，助力销售顾问实现销售成交。

③通过客服专员实现销售机会的统筹管理，设定"循环补单"规则，及时向客户资源不饱和的销售顾问分配客户线索。

3.2 网电销业务经营

网电销业务是今天汽车经销商销售目标达成的重要渠道,特别是一些地理位置相对偏僻、自然进店量低的汽车4S店,网电销业务的销量占比可达到60%以上。

回顾国内汽车经销商网电销业务的发展历史,2000年6月,汽车垂直网站易车正式成立,2004年7月,易车首次面对汽车经销商推出网络营销平台产品"车易通",也就是后来常说的"经销商会员业务"。2010年,汽车之家同类产品"车商汇"也正式推出,互联网开始深度介入汽车经销商的营销领域,汽车经销商的广告投放逐渐由纸媒、平面媒体转向互联网媒体。

2008年,东风日产顺势率先在经销商体系中导入了网电销模式,之后上汽通用、宝马、大众等大批知名车企纷纷效仿,汽车经销商销售体系开始了大的变革。

今天网电销部门已经是经销商销售组织的核心,网电销部门下设网销员、电销员、直销员岗位,人数众多,也成为汽车经销商组织架构中的"大部门"。

易车依托互联网流量红利,通过百度"阿拉丁计划"进行推广,汽车之家则侧重于通过强化论坛、增加内容的形式来提高阅读量。殊途同归的引流方式,来自汽车垂直媒体的"订单量""电话量"等客户线索爆发性增长,为4S店网电销部门提供了源源不断的潜在客户资源。

汽车经销商自此进入了"双店(电)"驱动时代,即展厅销售依靠"进店客户"、网电销售依靠"电话客户",形成了"分庭抗礼"的竞争局面。"要想销量好,必做网电销"成为行业共识。

具体网电销业务经营的环节与策略,见表3-3。

表3-3 网电销业务经营的环节与策略

环节	策略
1. 前期搭建	通过数据化分析,构建适合的组织架构,明确责任,合理分配工作
2. 网络营销	优选垂直媒体合作,做好网站营销,提升线索量
3. 线索筛选	接听呼入与留资首呼,筛选出有效线索
4. 邀约维系	围绕核心目标邀约客户到店改善提升
5. 接待洽谈	围绕核心目标到店客户成交改善提升
6. 业务进化	从呼叫中心向客户资源中心方向发展

3.2.1 网电销的前期搭建

网电销的前期搭建工作包括数据分析、工作量测算、模式选择、组织架构搭建、明确岗位责任、分配具体工作等内容。目标是要构建适合汽车经销商实际经营情况的组织架构。

网电销业务的运营步骤与核心指标如图 3-5 所示。

图 3-5 网电销业务的运营

网电销业务运营分为网络营销、线索筛选、邀约客户、接待洽谈四步，分别对应网销、呼入、呼出、直销四个工作环节。根据网电销客户转交的次数，网电销组织架构可以分为一段式、两段式、三段式。

一段式：由一个岗位独立完成网络营销、线索筛选、维系邀约、接待洽谈的全部流程，无客户转交（适用于新建或规模极小的店）。

两段式：由两个岗位协同完成网电销的全部工作流程，有一次客户转交环节（适合人员有限、业务体量小的店，或作为经营过渡）。网销、呼入、呼出、直销四个工作环节采取不同分配形式，可以设计为三种形式，见表 3-4。

表 3-4 两段式的三种形式

	岗位 1	岗位 2
形式 1	网销 + 呼入 + 呼出	直销
形式 2	网销 + 呼入	呼出 + 直销
形式 3	网销	呼入 + 呼出 + 直销

到底应该以怎样的组织架构来完成这些工作呢？可以从两个维度的数据来做分析。第一个维度是团队成员工作特点的考虑，第二个维度是工作量的考虑。

1）从团队成员工作特点考虑。形式 1 适用于团队内有客户洽谈能力强的直销员和客户管理能力强的网销/电销员；形式 2 适用于团队内有邀约能力和客户管理能力均衡的直销员；形式 3 适用于团队内有才艺突出、喜欢演绎、对摄影和直播平台有研究的网销员。

2）从工作量来考虑，先确定各工作环节的工作时长，见表 3-5。

表 3-5 网电销工作时长计算标准

网络维护 （每个平台）	线索筛选 （每条）	平均电话回访（每条）			接待 （每批）	交车 （每台）
		回访频次	信息准备	回访通话	记录录入	
1 小时	0.5 分钟	4 次	1 分钟	3 分钟	2 分钟	45 分钟	1 小时

接着可以设定每个员工每天有效工作时长，如 4.5~5.5 小时（270~330 分钟），然后就可以使用工作量计算器来衡量到底采用哪种方式更为合理，见表 3-6。

表 3-6 两段式工作时长计算器

类型	业绩统计	工作量	一阶时长	二阶时长	是否适用
网络平台数		形式 1	网销 + 呼入 + 呼出	直销	
月线索数量					
有效线索量					
部门接待数		形式 2	网销 + 呼入	呼出 + 直销	
部门交车数					
网销员人数					
直销员人数		形式 3	网销	呼入 + 呼出 + 直销	
电销员人数					

三段式：由三个岗位协同完成网电销的全部工作流程，有两次客户转交环节（适合人员以及业务体量达到一定规模的店）。网销、呼入、呼出、直销四个工作环节采取不同分配形式，可以设计为三种形式，见表 3-7。

表 3-7 三段式的三种形式

	岗位 1	岗位 2	岗位 3
形式 1	网销 + 呼入	呼出	直销
形式 2	网销	呼入 + 呼出	直销
形式 3	网销	呼入	呼出 + 直销

到底应该以怎样的组织架构来完成这些工作呢？要从三个维度的数据来做分析。第一个维度是工作便利维度，第二个维度是团队成员工作特点的考虑，第三个维度是工作量的考虑。

1）从工作便利维度，考虑各阶段的工作内容是否符合岗位性质，如规定电销员需对首次邀约进店客户进行接待，并引荐给直销员，因此电销员和直销员都会出现不在座机旁的状况，仅网销专员可持续在办公室，故可采用形式 1。

考虑客户的转交阶段划分，能最大限度地利于开展后续工作，如电销员为新人，电话沟通表达能力不足，易导致客户来店后洽谈内容与电话沟通不符，客户满意度下降，这时可让直销员直接进行呼出工作，确保客户沟通内容一致性，故可采用形式3。

2）从团队成员工作特点考虑，其岗位基本需求要求网销员要了解网络推广规则；电销员要熟知电话沟通流程及技巧，直销员沟通促进的能力要强。能力补充调配要求网销员拥有较强记录分析能力，可兼职呼入；直销员邀约能力强，可兼职呼出。

3）从工作量来考虑，采取与两段式同样的方式做测算即可，设计成三段式工作量计算器来做衡量，见表3-8。

表3-8 三段式工作时长计算器

类型	业绩统计	工作量	一阶时长	二阶时长	三阶时长	是否适用
网络平台数		形式1	网销+呼入	呼出	直销	
月线索数量						
有效线索量						
部门接待数		形式2	网销	呼入+呼出	直销	
部门交车数						
网销员人数						
直销员人数		形式3	网销	呼入+呼出	呼出+直销	
电销员人数						

案例

三段式网电销组织架构

××汽车经销商组织架构

岗位内容工作以及人员配置

部门12人，月销售目标160辆，月成交率目标30%，月邀约到店率目标25%。

专职网销员1名：负责6个网络平台的维护，核心考核指标为网站排名与得分。

电销员5名：负责线索呼入与呼出工作，核心考核指标为邀约到店指标。

直销员5名：负责到店客户的接待，以及之后的维护、交车，核心考核指标为成交指标。

网电销经理1名：负责网电销经营数据测算与分析，电销员、网销员工作量调节，重点监管部门客户转交，核心考核指标为部门预算目标达成指标。

3.2.2 网电销网络营销

网电销业务依托于网络线索展开后续销售业务，而网络线索量的大小取决于市场对品牌和产品的关注度的高低。

品牌力、产品力强的汽车品牌网络关注度高，线索量大。例如在汽车垂媒上合资品牌中，南北大众、两广两丰这样的一线合资品牌其网络线索量往往是其他合资品牌的数倍。

汽车主机厂每年都会在网络媒体上做大量的投入，汽车经销商网电销部门的网络营销工作是汽车主机厂网络营销的重要组成部分，很多汽车主机厂为此都设置了严格的考核要求。

垂直网站公司也会对其网站平台做大量的宣传，以确保其浏览量与留资量数据。

很多计划购车的客户之所以花时间浏览网站，是由于购车目标不明确，要"货比三家"，而从汽车垂直网站上获得信息的效率更高，更便于客户快速了解对比。

汽车垂直网站的信息有的是来自于用户的反馈，但更多的是汽车主机厂品牌方和4S店商家的维护经营。汽车经销商网电销部门的网络营销工作需从以下三点推进：

（1）站在用户角度根据用户上网的行为做对应维护工作

1）针对客户搜索网站的行为，汽车经销商要不断寻找可开通的潜力网站，不拒绝新网站的免费会员邀约，并确保按网站要求进行及时维护。

2）针对客户访问网站的行为，汽车经销商要结合网站积分规则和首页曝光规则，设置发文时间及频次，增加特约店的曝光度。

3）针对客户了解对比的行为，汽车经销商发文时需重视文章开头和结尾的内容，凸显本店特色及在本店购车的优势；上传的照片确保清晰无变形；网站销售人员的展示需统一服装和背景，4S店的展示干净整洁；同时，要重视客户评价、车主论坛的维护并在论坛施加引导。

4）针对客户咨询留资的行为，保持排名靠前会获得更多留资，来电转接号码要准确无误，特约店地址定位要确保准确。

5）针对网站维护，付费垂直网站保障签约两个或两个以上，同时保持网站得分满分且排名前三；网站内容要做到及时更新（至少每月更新一次图片内容）。

(2) 网络论坛的维护

垂直网站除常规页面维护外，论坛也是客户了解车型和品牌的常见途径。论坛是车友公开讨论的公共平台。就像淘宝购物，买家会关注用户评价，还会提出自己的问题。

客户希望获得车辆真实评价时，会选择利用论坛浏览或发帖的方式获取信息。

网销员要关注论坛发帖，帮助论坛客户解决疑问，扩大自身在论坛的影响力，同时从专业角度分析问题，适度引导话题方向。

例如发一些常见的求助帖子：预算×××，应该选××还是××？同时在帖子的回复中用竞品对比的方式回复，做引导宣传。

网销员要定期在论坛发布非广告类的公关文章，如产品的独特技术解析、提车作业、自驾游日记、车与生活等内容，提升品牌力和影响力。

提车作业文字是其中的重要内容（可自行编写或设置回馈机制鼓励提车客户发文）。在文章中要加入1~2张能显示店名的照片，除了车辆介绍还可有一些对汽车经销商销售人员的服务好评，引导客户来本店购买。

网销员做论坛维护，每周至少要有1篇提车作业帖，每月至少1篇精华帖，并成为2个以上的论坛认证版主。

分享一个我自己的案例，多年前我由售后转向销售，对汽车技术的了解是我的优势，所以当时我坚持每天利用晚上的时间"泡"论坛，与网友做交流。那个时候喜欢"泡"论坛的人很多，很快就有很多客户与我交流，并实现了线下到店成交。

(3) 自媒体的维护

自媒体包括微信、微博以及各短视频直播平台（抖音、快手等）。自媒体能以更多的形式展现宣传内容，以良好的传播性实现汽车经销商宣传集客的目的。

移动互联时代自媒体的发展变化非常快，所以这个部分建议汽车经销商安排专人通过专业的培训，掌握自媒体具体规则，在传播形式、内容、发布时间及互动性等维度提升自媒体粉丝量、阅读（播放）量、点赞转发量，并保持与粉丝的黏性。

一个企业所在行业的话题丰富度越高，用户的内容需求强度就越高。这也意味着，该企业的内容运营能力越强，用户的活跃度与黏性越高，最终所能发挥的作用就越大。

汽车行业就是一个话题丰富度极高的行业，汽车经销商的内容运营能力越强，最终自媒体传播所能发挥的作用就越大。

网络营销的关键要靠内容运营，如果把所有的工作都放到网销经理和网销员身上是很难做好的。

这就需要汽车经销商进行组织的调整变革，搭建起前台、中台、后台的组织架构，以组织的力量来做好面向用户的内容运营工作。

3.2.3 网电销线索筛选

网电销线索筛选指的是客户呼入接听与客户留资的首次呼出，采用电话沟通的形式，根据沟通内容对客户做筛选分类。

具体可分为工作准备、首次联络、客户类型判断、邀约复述、互留信息、建档六个环节。

（1）工作准备

电销员在工作之前准备好车辆相关的信息，如车辆相关知识、促销信息、竞品对比、自店广宣政策。电销员要有一定的知识储备，如用车类的知识、当下热点话题等（这些内容可以提前写到即时贴并贴到工位上）。每天开始工作前把电脑、耳麦、计算器等硬件设施要准备妥当。

（2）首次联络

销售留给客户的第一印象非常重要，会直接影响客户对4S店的评价和信任度，进而影响4S店的销量。首次联络要做话术训练，统一问候语、面带微笑、吐字清晰、语速适中，且有正确的断句节奏。

（3）客户类型判断

对于客户类型，可以使用前文讲过的潜在客户的分类方式，如果受限于电话沟通很难获得足够支撑客户分类鉴定的信息，可以按照客户对车辆的了解程度做以下简单分类并进行应对：

1）对车不了解、没明确目标的客户：这类客户刚开始在网上看车，判断力较差（易受影响、人云亦云），当此类客户在比较竞品时，应合理利用竞品网络负面消息，抢先树立购车标准。

2）基本了解、目标犹豫中的客户：这类客户能正确了解和比较车辆性能，但容易被专业人士引导（如竞品的销售顾问），可以通过实际案例以及大数据对此类客户进行引导。

3）非常了解、有明确目标的客户：这类客户主观意愿强烈，很难给予建议，对于此类客户仅需做好洽谈邀约和后续维系工作。

（4）邀约复述

确认客户具体到店时间、到店人数、关注车型，其目的是给客户留下深刻印象，并再次确认客户信息及意向级别。

(5) 互留信息

获取更多联系方式并与客户互加微信，重复自己的名字以加深客户印象；了解客户住址，给出到店路线建议。

(6) 建档

汽车经销商依照客户的购车周期、上牌区域、身份、咨询事宜以及自身的工作强度，进行建档规则设计：

1）购车周期：客户购车时间在近2~3年，则视为无效客户，无须建档。

2）上牌区域：客户的家庭、工作、用车都在南方，网络询问在北方的车型信息，则视为无效客户，无须建档。

3）身份：二网经销商"黄牛"来电咨询车源或价格，转交本店负责二级经销商的人员，则视为无效客户，无须建档。

4）咨询事宜：客户投诉、预约保养、找人等非车辆销售相关事宜，则视为无效客户，无须建档。

5）自身的工作强度：汽车经销商的传统做法是，若店内人手不足，则需要对上述筛选范围进行缩小，将购车周期从1年内调至半年内，区域从邻省调至本省等。若店内线索不足，则需要对上述筛选范围进行扩大，将购车周期从半年内调至1年内，区域从本省调至临近省份等。

在这个部分中，如果汽车经销商建立高效线索维系体系，则可以实现针对客户线索以用户池模型进行管理，即汽车经销商可以根据客户的状态采取对应策略，高温客户直接由销售顾问专属服务，迅速联系；常温客户，保持与客户的黏性。

案 例

电销员话术训练手册

一、×××电销员接电话话术要求

1．统一问候语

您好，××汽车××店销售顾问×××很高兴为您服务，请问有什么可以帮您？

2．面带微笑

工位前放置化妆镜，随时保持微笑，通过声音和语气向客户传递出积极、友好、坦诚、自信的态度。

3．吐字清晰

吐字发音符合普通话标准或者使用当地方言。

4. 语速适中

用1秒说：您好！

用3秒说：××汽车××店销售顾问×××很高兴为您服务，请问有什么可以帮您？

5. 断句节奏

您好——××汽车××店—销售顾问××—很高兴为您服务——请问有什么可以帮您？（横线部分代表断句，线长短代表断句停顿时间的长短）

二、交流训练剧本

客　户：你们店有××车卖吗？

A 电销员：是的，您好，请问怎么称呼您？

B 电销员：不好意思！先生，我们是××品牌的店，没有您问的这款车，不过我们的××车和××车的价格差不多。不知道您购车的需求是什么，要不我花几分钟简单地给您介绍一下我们的这款车，您可以和××对比一下。买车的时候多了解一些信息总没有坏处，对吧？

客　户：那你简单地跟我说说。

电销员：先生，您好，请问怎么称呼您？

客　户：我姓王。

电销员：王先生，您好！××和××的动力操控非常相似，但××是最新推出的车型，外观更时尚大气。请问您是首次购车，还是置换或增购呢？

客　户：之前有一台车，现在想换个新的。

电销员：王先生，我想了解一下您对新车的具体要求，或者说您的车辆用途有哪些？

客　户：以前的车太小了，现在有了小孩，想换大一点。车也就是日常代步，偶尔开个长途什么的。

电销员：哦，看来您换车主要是为了家人考虑。不知道您一般出行是几个人乘坐呢？（听懂需求）

客　户：平时送爱人和孩子，周末要是出去玩，偶尔会带上父母。

电销员：那××的乘坐空间在同级是很有优势的，毕竟周末出去的时候车上要坐5个人呢！（专业建议）

客　户：嗯，我在网上看了××这个车，网友评价还是不错的，坐5个人也没问题，而且家人和孩子都喜欢××的外观，我也挺喜欢××的配置的。

电销员：您刚才说的几点都非常对，购车要考虑的地方非常多，就像您的购车需求，既要满足周末全家出行的乘坐空间也要满足爱人和孩子的喜好，还有您自己对车辆配置的需求，××这款车基本能满足您的需求。

但是买车除了这些还要考虑后期使用，××品质会更好一些，而且差不多的价钱，肯定是买新不买旧，您说呢？（树立标准）

A 客户：嗯，是这么回事。

B 客户：我还是感觉××好。

电销员：王先生，买车是个大事。咱们××店××年来一直为××地区的客户提供一站式购车的服务。我们这个月正好有二手车置换和分期购车的活动，您看您什么时候方便，把您的车开过来评估一下，旧车可以直接抵首付款，前期不用多少投资就能获得一台适合自己的车，剩下的预算还能用来理财获得额外收益，何乐不为呢？看您啥时候方便，确定一下时间，我在店里等您？

客　户：好，我后天下午有空。

电销员：好的，后天是×日，星期×。您大概几点到？一个人来还是带家人朋友一块来？

客　户：3点吧，我一个人来。

电销员：好的，我记录一下，王先生您是后天×日下午3点到，一个人来，我安排好二手车评估的同事，和您关注的××车型的销售顾问。王先生，您手机号是微信号吗？我一会加您微信，我把我们店的位置发您。

客　户：好的。

……

注意：通话结束要注意请客户先挂机，挂机前不要有议论客户的声音，挂机后加客户微信并把预约到店信息发送给客户。

3.2.4　网电销邀约维系

网电销邀约维系指的是电销员通过与线索客户的电话/微信沟通，成功将客户邀约到店。

其具体可分为工作准备与客户联络、客户类型确认、邀约确认三个环节。

（1）工作准备与客户联络

邀约维系的工作准备，除线索筛选中需准备的内容外，重点在于回顾上次沟通记录、制定回访策略。

1)设定回访目的,即回访想要达到的效果,如帮助客户将之前待选车的选择范围确定下来。

2)设计好话题切入点,即从客户需求或疑虑出发找到话题切入点,如客户上次担心轿车空间小,可提前拍摄几张实车内部空间展示的照片。

3)明确探寻信息,提前准备好探寻信息的问题,例如:您关注的车外形都是运动款,您对车辆动力的要求是不是也很高啊?

4)规划核心内容,即这次沟通主要是要说明什么,例如树立驾驶感受与乘坐舒适性是选车的重要标准,请客户来店试乘试驾。

5)客户联络的要点主要有以下三个方面:

①规划适宜的电话回访时间,见表3-9。

表3-9 电话回访时间表

回访时间	上班族	公务员	私营业主
上午	10:30—11:30	10:00—11:00	不建议回访
下午	15:30—16:30	15:00—16:00	13:30—17:00

②采用合适的回访方式。

电话回访:邀请客户参加活动,为表示对客户的重视和活动规模大,电话告知客户。

微信回访:对于白天繁忙,或意向较低没有时间回访的客户,可在晚上使用微信回访。

信息推送:店内大型活动需告知所有客户,可将促销信息群发至客户微信,告知客户店内将有大力度活动举办。

③规划合理的回访顺序:高意向客户优先回访,确保用最好的状态,回访高意向级别客户;热销车型客户优先回访,降低回访拒绝率,提升回访信心;活动车型客户优先回访,设计统一话术,节约回访时间。

(2)客户类型确认

客户类型确认的目的是再次判定客户级别,同时进行客户邀约。不同级别客户的关注侧重点不同,回访目的不同,邀约话题也不同,简单可以分为咨询比较阶段(低温)客户和议价阶段(高温)客户。

1)咨询比较阶段(低温)客户。

客户关注点:车型选择 > 价格 > 优惠信息。

回访目的：消除客户疑虑和担忧，促进车型确定，推进客户级别。

邀约话题：车型体验类、品牌体验类、特约店服务体验类等促进活动。

2）议价阶段（高温）客户客户。

客户关注点：优惠信息＞价格＞车型选择。

回访目的：争取面谈机会，可邀约到店，可上门拜访。

邀约话题：促成类活动邀约。

（3）邀约确认

与客户约定客户到店后，要做好邀约的确认工作，工作要点如下：

1）约定到店前一日联系客户，确定客户是否能如期到店及具体到店时间。

2）客户到店前1小时再次与客户确认是否能准时到店，并告知已做好相应接待准备。若有客户转交流程，需在前台等待迎宾，并将客户引荐给对应直销员。

3）客户转交完毕后，完成相关报表以及系统维护。

网电销邀约的核心目标是客户到店，邀约话术的设计一定要紧紧围绕这一点开展。

在这个工作环节中，一线电销员面临最大的挑战是电话或微信"报底价"的问题，客户坚持不报底价他不来，而在实际工作中电销人员报的底价很可能会成为客户与其他渠道的比价工具，也不利于客户邀约到店。一线电销员必须掌握应对客户"报底价"异议的处置能力。

案 例

电销员邀约话术训练手册

一、高温、低温客户的回访策略

1. 议价阶段（高温）客户客户

电销员：××先生，和您通过几次电话，感觉您都挺忙的。最近天气很热，所以我们公司提供上门试驾服务，我们公司的试驾车正好也是您关注的那个配置，明天您是否方便？我跟领导申请一下，过去拜访您，也可以节约您的时间。

电销员：××先生，今天中午我和我们大客户经理一起吃饭，他说这几天要去签个大客户，我请他帮忙加两个名额，您如果最近买车最好抽空来确定配置颜色，到时大客户订单签订了，我把您名字加上，您直接来交定金就行。

2. 咨询比较阶段（低温）客户

电销员：××先生，您上次说要对比的三款车型，都看了吗？看车也是个体力活啊！其实您可以先定个方向，如动力、安全、舒适、空间、配置、操控这几个方面，您按重视度排序，再逐一筛选排除，就轻松很多了。我们经理是××大学汽车专业毕业，他是专家。看啥时候您有时间来店，我约好他的时间给您好好参谋参谋。

电销员：××先生，这次厂家举办的"驾悦体验营"活动，机会非常难得，××汽车的全系车型都能体验到，同时会有专业的讲师介绍车型，还有专业的车手带您体验。您之前讲的那些疑虑都能得到专业的解答，我给您报个名，您可一定要来参加呀！

二、客户"报底价"异议的应对话术

电销员：您好请问是×××先生/女士吗？早上好/下午好！我是××品牌××店电销专员×××，本店收到您在××网站对××车的咨询，请问您现在接电话方便吗？

客　户：方便，我想问一下××车现在多少钱？

电销员：好的，××先生/女士您真有眼光，您刚才询问的××是该品牌的明星车型，细分市场排名第一，车型合计分为××个配置，价格在××万到××万之间。请问您是咨询哪个配置？

客　户：×××配置。

电销员：×××配置目前是最热销的配置，性价比极高，请问您到实体店实际体验过这款车吗？

客　户：还没/去过了，最低多少钱？

电销员：×××先生/女士，非常理解您想知道××车优惠价的心情，但是，影响车辆价格的因素有很多，比如说车辆颜色、库存时间、是否已升级配置，以及您购车的付款方式和是否愿意购买本店提供的优质车辆升级精品，都直接影响了您这款车的最终优惠价格。所以我邀请您今天来我们店，为您安排专业的顾问为您量身定制一套最优惠的购车方案。今天您能过来吗？

客　户：我问你优惠多少钱，你就告诉我最低多少钱就行了。

电销员：××先生/女士，车辆的销售是没有最低价的，根据情况不同本店会做出最大的让利。如果您执意要最低价的话，您可以将我们网站的综合优惠报价作为参考，实际还是要到店详谈的。请问您今天有时间过来吗？

客　户：你不告诉我最低价我就不过去了。

电销员：××先生/女士，建议您还是到就近的4S店实际了解一下车辆和此车的市场优惠行情，买车毕竟不是一件小事，建议您实际到店货比三家，才能得到一个属于您的最低价，我相信这个最低价一定是我们店给出的。请问您什么时候有时间来店里详谈一下？

客　户：你都不告诉我优惠多少钱，我凭什么相信你家能给出最低价？

电销员：这我帮您分析一下，首先我店在省会城市，厂家政策支持就比地级市大，而且车辆资源也比地级市多，这也是周边城市客户都来省会城市买车的原因之一。

客　　户：你不实在，绕半天也不告诉我最低价，我去××店买，他报给我×万元的优惠。

电销员：据我了解，您说的这个优惠金额不在目前的市场行情内，如果给您这个优惠应该有其他消费条件。4S店竞争激烈，价格非常透明，行情我还是非常了解的。

其次，我们店是××厂家×级别经销商×星级4S店，销量全国排名第×，拿的是厂家最高标准的政策支持，所以，我们的让利空间是优于同城店的。我还是建议您能来店里详谈，请问今天/明天/后天/周末有时间来店里坐坐吗？

客　　户：现在去不了，你帮我算一下分期落地多少钱？

电销员：这款车有×××金融分期政策，您有其他分期的需求吗？比如首付比例、贷款年限？

客　　户：……

电销员：好的，我这边记录了您的需求，因为我主要负责电话联络，只会计算最简单的分期方案，而且也只能给您算个大概，仅供参考，您的首付大概是×万×千元，月供是×千多元，如果您需要更详细地了解分期购车，您今天能来店里吗？我为您引荐专业的顾问和金融专员，为您提供性价比最高的贷款方案。

客　　户：好吧，去了也不找你，你不实在，不告诉我价格。

电销员：我是为了让您得到最实际的优惠，才不会信口开河给您一个价格，再说，我给您报的价您相信会是最低价吗？况且，底价决定权怎么会在我一个普通员工手里呢？还得您实际到店才行。悄悄地说，我们领导对我工作是有支持的，出示我的邀约信息到店买车要比您自然进店随便找个顾问买车优惠得多哦。啥时候能过来，咱俩约个时间吧！（周几？上午？下午？大概几点？几个人？什么交通工具？价格合适能不能定下来？提车时间大概3小时，如果价格合适能不能当天提车？）

客　　户：如果能优惠×万元，我就考虑订车。

电销员：好的，您的期望我会反馈给销售顾问和我们领导的，非常希望能和您达成一致，只要您诚心买我们的车，我们会给您出一个合适的方案。我们不见不散！

3.2.5 网电销到店成交

网电销售的到店成交部分，虽然与展厅自然进店一样，也是由展厅接待、需求确认、产品说明、试乘试驾、议价成交、欢送客户六个步骤组成的，但是网电销的客户在前期已经和我们有了沟通，甚至也达成了一些具体的共识，所以在具体的工作内容上要有所侧重。

1. 展厅接待

接待前对客户信息、需求及回访记录进行回顾分析，根据客户需求及疑虑，制订的接待计划如果有电销顾问和直销顾问之间的客户转交过程，则需设计引荐话术。

2. 需求确认

采用复述需求的方式，进行再次破冰，同时确认电话需求探寻是否全面且准确，通过补充问题和观察客户肢体语言发掘深层问题，重新评估客户意向级别，便于开展后续工作。

3. 产品说明

1）围绕客户关心且简单了解的话题介绍：肯定客户所知，加强好感度；专业知识超过客户所知，加强信任度；构建使用场景，描述客户利益，加强客户拥有感。

2）围绕客户关心但是质疑的话题介绍：对客户的质疑点，不抨击不妥协，避免客户反感；以同理心和类比法等技巧，淡化客户忧虑；以品牌、产品、售后等优势，化解客户疑虑。

3）围绕客户有需求但不了解的话题介绍：预先准备贴近客户需求的产品优势话术，加强惊喜感；介绍水平业务，引导客户思维方向，助力洽谈环节；介绍售后服务及日常注意事项，加强购买意向。

4. 试乘试驾

确认客户通过网络对产品的了解程度，强化客户对产品的认知，确认客户是否受网络负面信息误导，利用试驾澄清负面信息，营造拉近客户关系的私密空间，构建客户购车后的驾驶感受。

5. 议价成交

在一线实际工作中，网电销客户相比较展厅客户对价格更加敏感，对水平业务较为排斥，喜欢直奔主题，因此在议价成交中的难度相对较大。直销员在洽谈时，需具备良好的应对心态和方式。

1）应对心态：看淡客户砍价的必然性，聆听确认客户的价格诉求，判断客户砍价的真实原因，思考实施促成方案。

2）应对方式：逐一解决客户问题，避免集中解决，可按先易后难顺序处理问题，报价和成交价中间留有一定余地。

6. 欢送客户

成交客户按销售流程进行新车交付及客户维系，而当日未成交客户则要为下次维系邀约做好铺垫，后续按网电销客户维系方法持续跟进。

1）约定联系时间。根据客户未成交原因约定回访时间，如客户去竞品展厅看车，则需保持紧跟。

2）诚心送别客户。不因客户未订车而转变态度或威胁客户，避免客户网络恶评。

3）总结反省不足。结合往期回访内容，回忆接待过程，看客户是否有未解决的疑虑和担心。

4）登记并录入洽谈内容。重新评估客户意向级别，并将接待内容进行登记和录入。

5）制订回访计划。按照与客户约定的联系时间及店内活动安排，进行回访计划的制订。

6）再次电话邀约。根据客户需求和上次未解决的疑虑，进行邀约回访。

案例

网电销话术训练

电销员和直销员之间的客户转交引荐话术

电销员：××先生，之前和您提到过，我们在不同环节都有专人为您服务，接下来就由××主管为您服务，之前向您介绍过他，他非常专业，请您放心，您的购车需求，我已经转达给他了，一定会为您提供周到的服务。

直销员提前介入邀约的对应话术

直销员：上次和您通话，您想要白色外观，对吗？（复述需求）

客　户：嗯嗯，是的。

直销员：这款车型主打年轻运动，其实颜色还挺多的，都很时尚动感，需要带您再看看吗？（补充问题）

客　户：是吗？可以啊。

直销员：好的，那我们边走边聊，您当初因为什么原因，想要白色呢？（补充问题）

客　户：我爱人喜欢白色。

……

3.2.6 从呼叫中心到客户资源中心

网电销业务做得比较好的汽车经销商在组织架构上往往会采用分工更细的三段式。这种组织架构的最大特点是有一个由网销员和电销员组成的客户呼叫中心。

有这样的公式：汽车经销商网电销业务销量＝线索量×建档率×邀约到店率×到店成交率。网电销业务管控如图 3-6 所示。

线索收集	网销	线索量	线索来源	平台评估
建档	电销	建档量	建档率	
到店	电销	到店量	到店率	回访量
订单	直销	成交量	成交率	邀约量
销量	网电销	线索转化率	工作量	总销量占比

图 3-6 网电销业务管控

在汽车经销商网电销业务的实际经营中，线索量更多是受品牌与产品的影响，到店成交率各店的差距一般并不是很大，往往各店拉开差距的主要指标是邀约到店率。由网销员、电销员组成的呼叫中心的邀约能力决定着汽车经销商网电销业务最后的成交水平。

从业务数据管理的维度去分析，潜在客户掌握在销售顾问手中，展厅客户数据源于销售顾问自己的维护，很多数据其实是在销售顾问的"黑箱子"里的。而采取三段式组织架构的网电销业务，潜在客户数据是更透明的。

网电销业务呼叫中心是以电话沟通为主要方式来完成与客户的链接，与目前主要做客户满意度回访、售后潜在客户维系的方式相同。

本书第 2 章中，讲到过客服部未来做组织进化升级到客户运营中心的设计，汽车经销商管理者也可以选择将网电销的呼叫中心向客户运营中心的方向升级。

呼叫中心升级的第一步，可以把销售端休眠客户线索维系起来。例如可以对展厅销售顾问手上的休眠客户线索做二次激活，把之前在展厅销售顾问"黑盒子"里的数据放到"桌面"上；实现销售部门潜客线索的数据化管理，提升潜客线索的利用率。

呼叫中心升级的第二步，可以把保客营销以组织的形式运营起来。客户运营中心可以通过整合汽车经销商的客户资源，实现汽车经销商在新车销售、二手车销售、售后服务三个主营业务方向的全面升级进化。

3.3 大客户业务经营

大客户通常指的是一次或多次大量采购，对销量有重要影响并具有战略意义的客户。政府机关、企事业单位及各类经济组织如网约车公司、租赁车公司都可能成为大客户。

大客户的汽车消费包括生活性消费和生产性消费两个方面。汽车经销商的大客户业务，也是提升汽车经销商在当地的形象及影响力的重要手段。

3.3.1 大客户政策制定

各品牌的汽车主机厂基本都有关于大客户的政策，汽车经销商在开展大客户业务之前要依据汽车主机厂的商务政策，提前做好大客户政策的制定。

1. 大客户的意义

大客户由于自身特点往往会有特殊需求，因而大客户开发与管理工作需要总经理来协调汽车经销商各部门密切合作。

大客户业务开展会为汽车经销商带来更多的利润与市场机会，同时与知名大客户的合作还可以迅速提升汽车经销商在当地的形象及影响力，为企业品牌做背书。

汽车经销商经营中要树立起大客户的经营理念，发展大客户并加强大客户营销和服务工作。提高大客户忠诚度应成为汽车经销商的经营战略。

大客户销售不同于"二网"销售，是真正意义上的重要客户开发及销售渠道开发，优秀的大客户销售可为汽车经销商持续发展提供动力。

2. 大客户的范围

1）机关单位客户：指海关、税务、部队、党政机关、政府采购部门等单位，以及由政府财政预算支付购车款的各类单位。

2）事业单位客户：指学校、医院、社会团体等，其组织机构代码证标示为事业法人、事业非法人、社团法人、社团非法人、工会法人等事业单位。

3）行业客户：指银行、电信、邮政、石油、水利、电力、航空、铁路、公路、钢铁、烟草、租赁、保险、运输等大型企业单位。

4）汽车厂家直销客户：如归国留学人员等。

3. 大客户分类

在汽车主机厂商务政策中，大客户会因开拓渠道和销售端口的不同，分为汽车经销商端口上报的批量采购和厂家直销车两种类别。

（1）汽车经销商端口上报批量采购

这是汽车经销商自主开拓洽谈的政府采购、企业、行业、机关单位等购车的销售方式。一般情况下，同一单位、同一合同销量大于厂家商务政策规定的数量，就可以向主机厂申报大客户。

对于所有批量采购的意向客户，汽车经销商须提前按照汽车主机厂大客户管理审批流程进行报备。获得汽车主机厂审核通过，才能享受汽车主机厂相关大客户商务政策支持。

如果当地有多家经销商均向汽车主机厂报备同一家大客户，汽车主机厂一般会从客户意愿、报备先后时间，以及经销商过去有无开拓痕迹三个维度进行授权的评判。这一点经销商需要额外重视，做好周全准备工作。

如果大客户订单涉及汽车主机厂的紧俏车型时，需要特别注意，要提前向汽车主机厂申请，协调好资源，确保大客户业务的顺利交车。

此外，很多汽车主机厂对授权有效期有明确的要求，汽车经销商要及时与汽车主机厂沟通报告具体的业务进度情况，提前做好工作安排。

（2）厂家直销车

由主机厂直接销售并开具车辆销售发票给终端客户的车辆。例如符合国家发布的留学生购车免税政策的归国留学生购车以及公安部购车等。

这类业务，在汽车经销商一线被称为"代交车"。汽车经销商要做的是积极协助汽车主机厂按时将指定直销车交付给客户，做好客户服务，设计好衍生售后服务产品，如精品套餐、保养套餐等，从而发掘直销车后续的服务盈利机会。

3.3.2 大客户开拓

大客户开拓是大客户业务的关键，大客户开拓的环节与重点工作内容，见表3-10。

表3-10 大客户开拓的环节与重点工作

环节	重点工作
开拓准备	多渠道信息收集、开发目标信息获取、客户开发准备工作
开拓执行	大客户目标确认，建立关系
跟踪促进	设立专人，注意细节，持续跟踪
谈判成交	招标竞标、商业谈判、总经理出面、合作共赢

1. 开拓准备环节

大客户销售信息获取是大客户销售的第一步,可通过政府单位采购信息公示、大客户走访、保有客户内部挖掘等方式来获取。针对已锁定目标客户,需根据其背景设计开拓方法,明确具体采购信息及偏好,才能有助于大客户的开拓工作。

(1) 信息收集渠道

1) 政府单位或部门收集政府公务车采购信息:各地财政预算部门、各地车辆定编办、各地车管所、各地政府采购中心、各地政府采购中心网站。

2) 通过营业活动收集:通过接待的来店(电)客户中,发掘大客户;关注近期来店较集中的同一集团客户,该集团有可能在进行"车改";在做各类宣传活动或调查报告时,从客户留下的资料中发掘大客户;在基盘客户中寻找;日常走访、客户转介绍中获取;通过零售金融平台获取;与其他汽车经销商联系获取,尤其是要和原行业系统内部的汽车经销商加强联系。

3) 分类排查收集:对集团客户按行业类别、重要程度进行分类,并编制潜在集团客户明细表;与当地客户所属行业协会建立联系;通过互联网搜索查找大客户负责人联系方式。

(2) 开发目标的收集内容

开发目标的主要收集内容见表3-11。

表3-11 开发目标的主要收集内容

项目	具体内容
客户关键人与决策人	家庭状况及文化程度;喜欢的运动、餐厅和食物;喜爱的娱乐项目、宠物;喜欢阅读的书籍;在机构中的作用及同事之间的关系;今年的工作目标;个人发展计划和志向
客户资料	客户组织架构;客户各种形式的联络方式;客户公司车辆的使用部门、采购部门、支持部门;客户公司车辆具体使用人员、维护人员;客户公司车辆的使用情况;客户的业务情况;客户所在行业的基本状况
竞争对手	竞争车型的使用情况;竞争车型的优劣对比分析;客户对竞争车型的满意度;竞争对手销售顾问的名字和销售特点;竞争对手可提供的差异化服务;竞争对手销售顾问与客户的关系
项目资料的收集	客户最近的采购计划;通过整个项目要解决什么问题;使用者(采购人)、决策人和影响人;采购时间表;采购预算;采购流程

特别注意：获取到的大客户信息需要经过多方检核和验证，确认无误后才能作为参考资料，若出现模棱两可、难于判断的情况，则不予采纳。

（3）客户开发准备工作

大客户开发清单是一个很有效的工具，可以提升大客户开拓效率，见表3-12。

表3-12 大客户开发清单

序号	项目	是	否	应对策略
1	客户的需求是否清楚？			
2	客户的组织架构是否清楚？			
3	决策群体是否清楚？			
4	竞争对手可能是谁？			
5	客户具备购买的条件吗？			
6	我们的计划是什么？			
7	如何提问？			
8	我们希望客户了解的优点是什么？			
9	通过提问引导客户明白哪些优点？			
10	客户的异议会是什么？			
11	展示工具准备好了吗？			

根据客户开发清单中的项目，逐一制定应对策略，做到有备无患。

此外在开展大客户销售之前，针对客户情况准备物料工具，可以给客户留下深刻印象，提升客户好感。这些物料主要包括老客户推荐信、品牌介绍产品介绍资料、竞争对手分析比较资料、小礼品、重要客户成功案例、合同、销售流程介绍资料、售后保证承诺书等。

2. 开拓执行环节

（1）大客户目标确认、大客户信息核实

1）利用多种渠道（电话、网络、人脉、实地考察）对获取信息进行核实（核实过程应避免与购买方的正面接触）。

2）了解客户潜在需求，依据购买信息初步判定客户购车与用车需求。例如，购车用途为日常工作用车，后续可准备完善的服务保障类的谈判信息。

3）确认客户真实需求，与客户初步沟通以确认购买方向性为主，并重点关注客户购买意愿的强烈程度，以及大体的购车与用车需求。

4)注意初步沟通中应避免透露过多成交敏感信息。销售人员对应话术：您本次的购买计划我公司非常重视，具体细节我们将上报公司领导研究，然后给您一个最完善的购买方案。

5)初步沟通中，重点判断车型产品匹配程度、服务要求应对、资源时间对标、招标资格标准等内容。

6)初步沟通后，判断是否拥有成交机会，有机会则进入下一阶段，无机会则保持联系。

大客户目标确认环节是大客户开拓工作的前提，通过确认发现汽车经销商如无法满足客户真实需求，则以维系关系为原则，不强行推荐产品，以免产生反感。

(2) 建立关系、走访大客户

大客户的上门走访，是展现产品优点和服务优势的机会，要深入了解客户的需求和喜好，依托客户喜好，迅速与客户建立良好关系。走访大客户工作要点如下：

1)了解车辆采购主管部门及负责人情况。

2)向大客户采购主管人员，呈送产品样本、产品资料、价格政策等。

3)先从个人喜好入手，建立联系与好感。

4)介绍产品概况，可提供客户需求目标车型，方便客户试乘试驾。

5)了解相关政策背景，从客户内部的政策和经营环境找到双方共同的话题。

6)了解操作流程，包括采购流程、付款程序及特殊规定。

7)了解大客户车辆保有情况、使用情况，获取新车关注点。

8)了解大客户以往车辆采购的习惯方式及渠道。

9)了解大客户近期车辆采购信息。

10)争取获得客户内部宣传的机会，如内部网络优惠信息发布、举办车辆静态展示，或邀请意向客户到店开展闭馆活动。

大客户专员应与客户共同解决客户在实际工作中的问题，即了解需求背后的真实需求，以提升经销商在客户心中的可信度和认同度，建立继续合作的良好基础。

3. 跟踪促进

大客户的跟踪促进不同于个人客户，不能寄托于产品力。在众多竞争对手和政策易变的环境下，积极主动的跟进是大客户开拓执行中的关键，可以使用"大客户月度拜访计划"来监督跟进成效，见表3-13。

表3-13 大客户月度拜访计划

计划拜访内容							拜访后结果				
序号	时间	大客户名称	客户地址	拜访人姓名	联系电话	拜访目的	预购车型	商谈内容纪要	级别判定	预订台数	是否试驾
1											
2											
3											
4											

大客户跟踪促进执行要点如下：

1）优先保证大客户的车型资源，保障大客户需求，同时借助车辆资源优势与竞争对手形成差异化服务。

2）充分调动大客户中的一切与销售相关的因素，以热情和亲密度捕捉各类主观、客观因素，与客户进行沟通，保持客户。

3）关注大客户的一切动态，并及时给予支持或援助，及时满足客户需求或给客户额外帮助，获取客户好感。

4）安排高层领导参与大客户的拜访工作，增强对客户的重视程度，赢取客户认可。

5）根据不同的大客户，设计促销方案，结合不同客户单位的特点，迎合客户喜好，为客户营造专属感。

6）征求大客户对营销人员的意见，保证渠道畅通，充分考虑和执行客户意见，赢得客户认可。

7）保证与大客户之间信息传递的及时性、准确性，严谨对待与客户之间的信息传递，时时关注，及时纠偏。

8）定期或不定期组织大客户与特约店之间的交流座谈会，保持与客户之间的沟通频率，及时掌握客户新需求。

9）举办大客户座谈会或产品说明会，介绍产品卖点，伺机向客户展现最新的产品特点，保持客户对产品的认可度。

10）与客户交朋友，关心他们的工作和生活，适时举办双方联谊活动，扮演多重角色，淡化利益关系。

11）提供样车给客户进行试乘试驾，以增强其信任度。通过试乘试驾的机会展现车辆动态优点，加深客户印象。

12）了解客户的需求特性，针对客户最关注的项目进行准备并列出应对措施，针对客户需求制订营销计划，投其所好。

13）摸清主要竞争对手可能采取的举措，并事先做出应对方略，知己知彼，在竞争中扬长避短，向客户展现自信。

14）团购客户可集中数约到店进行专场促销活动，为客户举行专场团购会，增加仪式感，提升客户好感度。

15）集中在客户单位举行试乘试驾活动，争取更多上门服务，提升曝光度，扩大品牌能响力。

4. 谈判成交

大客户最后的谈判成交阶段，分为大客户采购招标竞标制和商业谈判制，应根据不同的成交方式，运用相应的成交技巧。

（1）招投标现场技巧

1）演讲开始：在讲话之前，应与现场人员进行目光交流，确保自己在每个人的视线之内，如果听众中有熟悉的客户或者重要来宾，应点头示意。

2）吸引注意力：以一个精彩的开场来抓住现场人员的注意力，可以讲一个意味深长的故事或者提一个问题。

3）表示感谢：引出主题之后，对现场人员的参与表示感谢。

4）意义和价值：简明扼要的阐明产品的价值、服务或者解决方案。

5）内容简介：可以帮助客户了解重点，使呈现更易于被听众理解；介绍时需特别注意开始时的内容介绍和结束前的总结，并且强调自身的特点与优势。

6）呈现主体：在呈现中，尽量将内容归纳成 3～5 个要点；如有更多的内容，可在此要点下展开并通过数据、精彩的故事来证明这些要点。

7）总结：再次重复呈现重点，并很自然地将话题转换到最后一个重要的部分。

8）激励购买：在结束呈现前，满怀信心地使用具有"煽动性"的语言鼓励客户立即做出正确的采购决定。

（2）谈判成交商业谈判技巧

1）谈判目标：大客户谈判共同的关注点是促成车辆的成交，成交是双方共同的目标。

2）互相信任：谈判中信任的表现要贯穿始终，信任的建立需要良好的关系作为基础。

3）承担风险：要敢于在谈判中拒绝客户的一些要求，承担失败风险的同时也给客户压力。

4）充分准备：对谈判设计的部分需要做充分的工具与信息准备。

5）具备实力：普通大客户谈判，销售经理出席；重要大客户谈判，总经理出席。

6）决断能力：出席谈判的人员需具备在现场确认问题的权限与能力，每一次谈判都会出现不同的变化，所以能确定的问题尽量一次性确认。

7）实现共赢：最终的成交方案要以双方共赢为基础制订。

3.3.3 大客户维系

大客户维系是大客户业务持久发展的重要后续工作。汽车经销商在完成大客户销售后，大客户专员应分阶段与大客户保持联系，主动维系关系。

（1）交车后维系

1）当天回访了解车辆使用情况，传达后续服务内容，给下次接触创造机会。

2）七天后回访了解车辆行驶公里数，询问使用环境，预估首保时间，提醒客户首保。

3）一个月后回访预约拜访时间，上门拜访加强沟通，寻求再次合作机会。

（2）日常维系

1）建立大客户档案，每月至少联系一次，并将大客户跟踪执行情况完整记录，及时向管理展反馈大客户情况。

2）定期开展集团购车客户服务培训讲座，根据不同季节或不同车辆使用阶段，提醒客户车辆使用注意事项，需定期检测维护的项目应特别关注。

3）对于集中购买分散使用的大客户，在适当的时机将车辆使用的良好状况与我们所做的工作向购买决策者进行通报，使推荐者在客户内部获得更多的正面评价。

4）对于大客户中反对采购产品的人应特别关注，加强沟通，争取客户认可。

5）定期举办大客户联谊活动。

6）在大客户方便时，邀请客户体验特约店的优质服务。

（3）特殊时期维系

1）客户生日、车辆年检到期日、保险到期日、节假日，致电客户表示关怀。

2）针对恶劣天气，提醒客户用车注意事项。

3）当有新产品上市时，及时向大客户通报新的产品信息。

4）新车优先向大客户提供试乘试驾服务。

特别注意：当大客户专员岗位有人员变化时，必须将大客户跟进维系情况进行交接，同时新的大客户专员应在第一时间与所有大客户进行沟通，告知岗位人员变化。

本章重点

1. 销售顾问是汽车销售的核心生产力单元，以组织赋能的方式解放销售顾问，提升销售顾问的工作效率与有效产出。
2. 销售机会匹配机制是解决汽车经销商客户资源利用效率的有效落地方案。
3. 汽车经销商网电销业务的重点是组织搭建与业务经营提升。
4. 汽车经销商大客户业务的重点是如何开展与经营提升。

第4章 流程管理

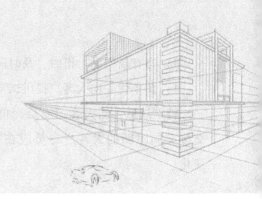

4.1 销售流程的升级管理

在汽车经销商销售领域，顾问式销售流程使用了很多年。顾问式销售流程以为客户提供专业的顾问式销售服务为核心，获得客户认可，从而达成成交。

顾问式销售流程确保了汽车经销商销售接待的标准化，在客户心里树立了汽车经销商专业的服务形象。

早些年汽车刚进入人们的生活，消费者对于汽车品牌、产品特性、使用技巧等方面了解得很少，需要有专人为其提供专业的服务，顾问式销售流程就是基于这种情况设计的。

整个顾问式销售流程总体设计是一个与客户关系递进的过程，顾问式销售流程会让顾客先认可为他服务的销售顾问，再认可产品。流程的重点是销售顾问为客户做需求分析，为客户做六方位的产品展示，带客户通过试乘试驾体验产品，消除客户顾虑，再为客户做产品具体的销售服务方案。

随着汽车行业的发展，以及移动互联信息的爆炸式传播，今天的消费者对于汽车的认知和之前相比，已发生很大的变化。很多购车客户本人更是汽车发烧友，他比汽车经销商的普通销售顾问知道的还要多。在这样的状态下，客户更在意的是最后的成交条件。

这就不难理解，为何在汽车经销商的一线销售中，销售顾问会更关注于价格谈判这个环节了。现实工作中很多销售顾问都怀着急功近利的心态，在工作中让价格谈判变成了客户接待的主要内容。

原本由初次接待、需求沟通、产品服务展示、获得客户认可、实现成交（意向晋级成为成交客户),这样一个递进的直线流程逐渐变成了一条价格谈判的曲线流程。

销售一线展厅接待中,客户的需求分析、产品的静态展示交流、产品的动态体验(试乘试驾)被一带而过,销售顾问迎接客户之后就直奔成交而去。销售顾问用的是"套路化"的逼单曲线,客户则是"反套路"讨价还价。

当整个销售流程以价格谈判为主要内容时,销售顾问提供给客户的服务感受就会严重下降,销售顾问所做的任何动作都会让客户感到是别有用心的"套路",整个销售流程已经由服务变成了博弈。变形的销售流程如图4-1所示。

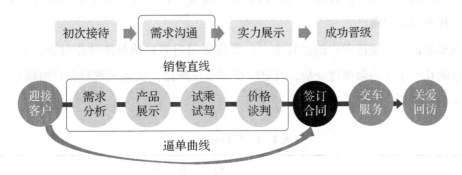

图4-1 变形的销售流程

顾问式销售流程原本的设计是针对当初用户对汽车了解很少的情况,需要由销售顾问为客户提供专业服务。但如今客户发生了很大的变化,客户的类型多样,既有对车辆了解非常多的客户,也有对车辆了解并不多的客户,不同类型的客户具体需求是不同的。

汽车经销商销售秉承从客户出发的理念,那就要从不同客户的具体需求角度出发做销售流程的设计。

汽车经销商销售流程的进化,要将之前的标准化服务升级为专属化服务。实现专属化服务的前提是要洞察客户的真实需求,做好客户的分类。汽车经销商目前使用的意向客户分级是以成交预估时间为评判标准的,具体分为H级(7天内有订车可能)、A级(15天内有订车可能)、B级(30天内有订车可能)、C级(2~3个月内有订车可能)。

在以首购为主的汽车增量时代,这种定义方式是可行的。但是在以置换、再购为主的汽车存量时代,这种定义方式就不是很适合了。汽车经销商需要根据客户的成交要素去分析思考,建立新的客户分类标准。

商家与客户达成成交需要回答客户的三个基础问题,即为什么要买?为什么要在你这里买?为什么要现在买?

从汽车经销商与客户的成交要素中则可以总结为以下五个内容：客户明确购车需求；客户认可汽车经销商的品牌与产品；客户认可汽车经销商；客户接受成交的价格；打消客户风险顾虑。

在客户分类上，可以使用客户画像的思维，客户画像是互联网公司普遍采用的大数据用户分析法。互联网公司利用大数据，通过收集客户行为数据为客户打上一个又一个的"小标签"。"标签"越多，形成的客户画像的像素就越高。

客户画像技术最终使得互联网公司非常了解客户，对客户的了解超过客户的亲朋好友，甚至是客户自己。

汽车经销商在接待客户的过程中，只要收集门店客户的具体动作行为，从客户成交要素的几个维度去做整理分析，就可以获得客户画像，从而实现对客户的精准分类，见表4-1。

表4-1 客户分类分析

级别	行为标签分类				
	明确需求	品牌认可	产品对比	价格异议	风险疑虑
H级 （交易型客户）					
A级 （机会客户）					
C级 （咨询型客户）					

如果客户的具体行为标签表明，客户有明确需求并对产品认可，对经销商也认可，那么这个客户的意向度就高，属于交易型客户。如果一个客户的具体行为标签表明，客户还未有明确的需求，客户对于品牌一知半解，那么客户的意向度明显低，客户属于咨询型客户。

从实际应用出发，显然用这样的方式来做判断更全面也更有依据。在意向客户分级规则上，可将以成交预估时间为评判标准的分级方式改变为以成交要素满足程度为评判标准的分级方式。

汽车经销商定制式的接待流程设计思想是，使用成交要素满足状态的方式去识别客户，通过客户画像分析客户需求，为客户设计专属定制的服务方式，以达到快速获得客户认同，实现成交的目标。定制式的接待流程如图 4-2 所示。

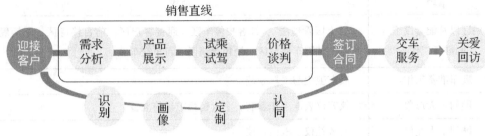

图 4-2 定制式的接待流程

依照这样的设计思想，可以将目前汽车经销商普遍采用的销售接待流程升级为以客户体验为核心的七步销售流程。每个流程都要设计出销售人员应做到的服务精神及对客户的承诺（即要留给客户的核心体验），具体内容见表 4-2。

表 4-2 以客户体验为核心的销售流程

流程	留给客户的核心体验
1. 销售准备	销售顾问有能力并且已经做好准备为客户服务
2. 信息获取	给客户留下不错的第一印象
3. 接待引导	销售顾问热情、专业、周到，把事情讲得很清楚
4. 定制服务	认真对待客户，把客户顾虑的和客户没想到的都告知客户
5. 跟进成交	销售顾问非常重视客户
6. 新车交付	销售顾问非常在乎客户的感受，很细致很用心
7. 客户维系	销售顾问很珍惜客户希望客户可以一直接受销售顾问的服务

4.1.1 销售准备流程

销售准备流程指的是汽车经销商在销售工作开展之前要做的准备工作，这些准备工作最终要给客户留下销售顾问有能力并且已经做好准备为其服务的核心体验。

销售准备主要包括经销商硬件设施的准备与销售顾问个人形象与技能的准备，见表 4-3。

1. 经销商硬件设施的准备

1) 好的环境准备是一切的开始，展厅以及配套设施用分区的方式来管理，会给客户井井有条、专业有序的感觉，赢得良好的第一印象，特别是在同城多店的竞争中，环境对客户感受的影响直接关系到企业的利润。

表4-3 销售准备的事项与要求

事项	要求
展厅以及配套设施的准备工作	"七区管理法",即客户停车区、迎接客户区、前台接待区、车辆展示区、试驾车停放区、销售洽谈区、新车交车区
展车准备工作	展车卫生与展车规范
顾问个人形象	仪容仪表、工作着装、个人销售工具的准备
顾问个人礼仪	商务礼仪、电话礼仪
顾问个人知识	顾问知识的拓宽与积累

"七区管理法",即客户停车区、迎接客户区、前台接待区、车辆展示区、试驾车停放区、销售洽谈区、新车交车区,就是依照服务客户的需要来设计的,基本要求如下:

①客户停车区:车辆停放整齐、标识明确,地面标线清晰,地面保持平整干净;通道畅通,专区专用。

②迎接客户区:大门干净整洁无杂物,玻璃门明亮通透无水印,地面清洁无污垢,地毯清洁无沙石,雨具架摆放整齐。

③前台接待区:前台设施设备完好干净,前台桌上物料摆放整齐。

④车辆展示区:展车摆放间距确保相邻两车同时开门,地面干净清洁、无轮胎印;宣传物料配合车型位置摆放、确保时效,产品单页整齐置于产品型录架上、车型齐全、单一车型数量不低于20份。

⑤试驾车停放区:试驾车停放区专区专用,车辆停放合理,车头朝外、不压线;试驾车停放区标识明确,地面标线清晰,地面干净、整洁;试驾车停放区畅通。

⑥销售洽谈区:洽谈区干净、整洁,洽谈桌面物品摆放整齐,吸烟区放置烟灰缸,禁烟区放置禁止吸烟牌;洽谈区使用后,及时恢复初始状态,方便后续洽谈。

⑦新车交车区:新车交车区专区专用;新车交车区标识明确,地面整洁、干净;新车交车区物料齐备,保洁用品收拾得当;新车交车区畅通。

2) 展车是客户体验最核心的部分,进入展厅的展车要进行必要的装饰与装潢,基本要求如下:

①展车卫生:车辆表面、车窗无指纹,车辆内部无杂物,座椅清洁,地毯整洁;轮胎胎面干净上蜡,发动机舱保洁。

②展示规范:车窗玻璃前开后关闭,天窗车型将遮阳板完全打开;座椅、头枕调

整至最低位置，方向盘调整至最前位置，前后座椅间距至少 30 厘米，前座椅背交角 105 度；确保展车电量充足；预先设置音响与时钟，设定音质效果最佳的收音机频道，并备有展示用的电影和音乐；展车不上锁，钥匙由专人管理；展车驾驶座侧的左前方 0.7 米处，放置最新技术参数牌；轮轴标志向上垂直地面；车内使用专用地毯（360 度软包）；车辆内外无保护膜、无刮痕（漆面美容）。

2. 销售顾问个人形象与技能的准备

销售顾问的个人形象非常重要，必须提前做好准备，着装按照主机厂和公司的具体要求执行。

销售顾问的礼仪行为则需要进行对应的礼仪训练，针对微笑、站姿、蹲姿、坐姿、走姿进行对应训练。

同时，对工作部分也要提前做好对应的礼仪训练与要求，如迎接客户的礼仪、向客户点头、和客户握手、引领客户、持物递物、送客离开，以及电话微信沟通的礼仪。

最后，销售人员如果想服务好客户必须要有一定的知识储备，个人知识的更新、拓宽与积累非常重要。例如产品知识，销售人员要不断更新本品及竞品知识；汽车销售服务的流程与技巧，销售人员要掌握售前、售中、售后服务流程与技巧；水平业务知识，销售人员要及时更新二手车、保险、金融、精品、延保业务知识。

此外，销售顾问了解热点新闻，可以更好地创造破冰话题；了解汽车行业信息及市场动态，可以有更好的谈资；了解汽车销售服务相关的法律常识，可以让销售顾问更有自信与底气。

4.1.2 信息获取流程

从客户信息的获取渠道可以分为互联网、客户来电、客户自然进店、推荐到店四大类，每一类客户都有自己的特点。信息获取流程要根据客户的特点，设计对应的动作要点，给客户留下良好的第一印象，见表 4-4。

表 4-4 信息获取流程的动作要点

信息来源	动作要点
互联网	把握不同渠道的客户特点，做好平台维护
客户来电	接电话人员的培训与资料准备
客户自然进店	设计出良好的第一印象
推荐到店	设计机制，对老客户做主动引导

1. 互联网

随着移动互联的高速发展，汽车经销商来源于互联网的客户信息越来越多，如汽车垂直网站、电商平台、微信微博平台、抖音短视频平台等。汽车经销商要做的是根据不同平台的特点做好渠道维护。

1）垂直网站：重点是网销员的网站维护，要求介绍内容充实，体现公司优势，介绍内容图文并茂；公司照片清晰、真实；销售人员照片显示为上半身照，背景统一、服装统一、姿势规范，符合商务标准；产品展示照片清晰、真实并及时删除停售车型；精品展示照片清晰、真实；软文确保每日更新，每篇文章有效期不超过一周，根据不同主题，制定对应的标题和内容；确保每日关注行情，及时更新报价；设置促销信息，适时配合活动；上班后 5 分钟内回复前一天下班后的客户留言，上班时间确保每 30 分钟查看并回复，每次回复，做到详细、诚恳；对于意向客户，要及时通过电话呼出确认客户信息，并将客户信息在销售系统中完整录入。

2）电商平台：认证支付平台并完成核销测试；及时邀约在电商订购的客户，录入 DMS 销售系统进行跟进；协助客户在特约店完成电商权益兑现，对非厂家派发而到店的电商客户，录入 DMS 销售系统并反馈厂家；实现成交后，引导电商客户在电商平台评价模块中给予好评，并精确到店名及销售人员姓名。

3）微信平台：开通官方微信公众号；定时、定量发布软文；及时处理线上留言；适时组织线上、线下用来增加关注人数的活动；对于意向客户，要及时通过电话呼出确认客户信息，并将客户信息在销售系统中完整录入。

4）微博平台：开通官方微博；绑定热线电话；定时、定量发布软文；搜索并转发与本品牌相关的热门话题，在线回复客户留言；对于意向客户，要及时通过电话呼出确认客户信息，并将客户信息在销售系统中完整录入。

5）短视频平台：开通短视频企业账号；定时、定量发布短视频及在线直播；及时处理线上留言；适时组织线上、线下用来增加关注人数的活动；对于意向客户，要及时通过电话呼出确认客户信息并将客户信息在销售系统中完整录入。

2. 客户来电

1）汽车经销商的销售热线一般设置在展厅前台或网电销办公室内，经销商要做好对应的设备准备；配备耳麦式来电显示录音电话；配备辅助建档的电脑设备；配备专属联网设备。

2）接电话人员的心态准备：面带微笑，要牢记客户可以在电话另一边感受到接电话人员的态度；语气亲切温和，语调适度抑扬顿挫，语速平缓，不因客户态度或购买意向的变化而变化；语音吐字清晰，发音标准；态度积极向上、主动热情，及时响应客户，并主动寻找话题持续沟通。

3）接听准备：先做好资料准备，销售类资料包括车型型录、水平业务资料、竞品资料、最新售前和售后促销信息、车辆库存表、在途车明细表等，辅助类资料包括售后服务信息、内部通讯录等。这些资料提起放入工具夹，以备及时取用，并做好随时记录沟通内容的准备。

4）接听要求：接听时间，5秒或铃响3声之内必须接听；接听时长，建议接听时长3~5分钟以上；每日9:00至20:00，电话接起率为100%，其他时段做好电话转移工作，确保有人接听。

5）第一印象设计：在最短时间内调整心态和姿态，控制语速、语气、语调；使用经过设计的开场用语，如自报店名和姓名、请教客户称呼、询问是否曾来电或到店，开放式探询客户需求。

6）顾客建档：将客户信息填入"来电客户登记表"，记录基本信息，包括姓名、电话、居住位置等；记录购车信息、意向车型、购买方式、预购时间、上牌地点等；将客户信息在销售系统中录入完整。

3. 客户自然到店

对于地理位置好（汽车集中商圈）、品牌力强的展厅，自然到店客户量是比较大的。自然到店客户是货比三家的状态，可能会短时间接受多家店的服务，自家的接待过程能否给客户留下良好的印象，在服务对比中胜出，是汽车经销商要用心设计的。当然，核心是销售顾问要确保可以在接待中留下客户信息。

1）客户到店前：保安、前台、销售顾问做好随时接待客户的准备。

2）客户到店时：接待与询问客户称呼，并记录在"到店客户登记表"中。

3）客户接待时：使用"客户洽谈卡（展厅）"了解客户信息，此过程需参考"需求探询环节"。

4）客户送别后：在"到店客户登记表"上补全信息，录入销售系统。

4. 推荐到店

1）转介绍到店：这个渠道需要汽车经销商设计机制对老客户做主动引导，具体措施是先确定转介绍购车目标台数，制订转介绍购车客户开发计划；然后主动联系保有客户、亲朋好友；联络中简单的开场寒暄后，重点是介绍相关销售政策及活动，征询意向并及时记录有效转介绍信息。

2）增换购到店：这个渠道同样需要汽车经销商设计机制对老客户做主动引导，具体措施是先确定增换购购车目标台数，制订增换购购车客户开发计划；然后主动联系保有客户、亲朋好友；联络中简单的开场寒暄后，重点是介绍相关销售政策及活动，征询意向并及时记录有效增换购信息。

4.1.3 接待引导流程

接待引导流程要留给客户的核心体验是，销售顾问热情、专业、周到，把事情讲得很清楚。在这个部分，销售顾问的工作重点是识别客户、获得客户画像，为接下来的定制服务做准备。

基于汽车经销商目前展厅与网电销不同的经营形态，分别设定不同的流程。

1. 展厅接待引导流程

展厅接待引导流程的步骤与动作要点见表4-5。

表4-5 展厅接待引导流程的步骤与动作要点

步骤	动作要点
1. 到店指引	保安员得体的礼仪和热情引导
2. 到店接待	销售人员展厅门口迎接
3. 交流破冰	寒暄促使客户放松
4. 询问需求（识别客户）	了解客户的基本情况以及真实需求
5. 需求总结（客户画像）	梳理客户需要，确认客户类型（咨询型、交易型）
6. 对应推荐	对于咨询型，依照客户情况给予对应的车型推荐，对于交易型，依照客户需要给予水平服务业务推荐

（1）到店指引

如果客户是电话问询，则需加客户微信，发具体位置以及交通提示，确认客户到店时间，做提前准备。

1）到店指引第一个环节是保安员引导，保安人员要主动上前敬礼并亲切问候，询问客户尊称；主动进行指引（包括停车区、展厅、维修接待区等）并使用对讲机告知销售前台接待人员客户的尊称和来意。

2）前台接待或销售顾问收到保安员通知后，主动到展厅入口迎接，向客户行45度鞠躬礼，并亲切地欢迎客户。若客户开车到店，主动为客户开车门，必要时打伞遮阳或挡雨。

3) 展厅门口值岗人员向客户朗声问候，且所有与客户目光接触的展厅工作人员面带微笑示意。

4) 询问客户来店需求，如前台接待迎接客户则礼貌询问到店目的并安排销售顾问上前服务并使用"到店客户登记表"进行客流登记。

(2) 到店接待

销售顾问自我介绍，同时双手递上名片，简要介绍展厅布局。销售顾问引导客户到专门的销售洽谈区，面向意向车型落座，提供饮料清单供客户选择。

这个环节邀请客户落座是重点，客户坐下来才能确保有足够的时间、机会进行后续客户需求交流。

(3) 交流破冰

销售顾问可以寻求共同话题寒暄，促使顾客放松，适时、适度赞美客户。

(4) 询问需求

1) 了解客户基本需求，例如了解本店的信息来源、感兴趣车型、新车用途、购车需求点等，其中包括：外观、动力、安全等，乘坐空间要求，车身/内饰颜色要求，有无对比车型，询问对比车型关注点，以及新车预算、付款方式、新车交付时间等。了解客户的个人信息，包括姓名、电话、通信方式、行业、家庭情况、业余爱好等。

2) 这个环节的重点是与客户沟通交流中收集客户成交要素的行为标签，从而获得客户的真实需求，可以使用客户画像表格工具，见表4-6。

表4-6 客户画像

画像要素	行为标签
需求要素	车辆用途、购车时间、购车需求点、决策人
品牌认可	对比品牌、品牌形象、保值率
产品认可	对比产品、质量配置、驾乘体验
费用认可	购车预算、付款方式
经销商认可	了解本店信息来源、地理位置、产品供应、商家影响力、网络评价
风险顾虑	家人好友异议、同城店、手续时效、保值率、售后服务

(5) 需求总结

销售顾问总结整理顾客需求，整理记录内容，补充记录时疏漏的关键点，增加记录客户补充的需求点。

1）在这个环节，如果销售顾问可以认真记录并为客户做总结，会给客户留下销售顾问工作认真负责、对自己重视的感觉。

2）梳理总结的部分也是获得客户认同的绝好机会，"Yes 成交法则"告诉我们，客户的多次认同会让成交更为简单。

3）这个环节也是对客户行为标签的一次总结，可以帮助销售顾问更好地描绘客户的画像，为客户准确地做好分类，为接下来的定制服务打下基础。

（6）对应推荐

当我们了解客户情况后，就可以依照客户的兴趣点和需求，推荐对应具体车型以及服务。

1）如果客户已有明确的目标车型，那么推荐说明的重点是购车服务，包括推荐二手车业务、金融服务、保险上牌服务等。

2）如果客户还在咨询阶段，那么销售顾问则要结合客户的购车需求，推荐具体的车型配置。

2. 网电销接待引导流程

网电销是先由电销员与客户通过电话建立联系的，具体接待引导流程见表 4-7。

表 4-7　网电销接待引导流程

步骤	动作要点
1. 联络准备	做好多方面的准备
2. 电话破冰	营造轻松氛围
3. 询问需求（识别客户）	了解客户的基本情况以及真实需求
4. 对应推荐	产品与服务推荐，设计客户来店的理由
5. 邀约跟进	通过科学持续邀约，实现客户到店
6. 预约接待	当日电话预约，确保客户顺利到店
7. 到店指引	得体的礼仪和热情引导
8. 到店接待	突出专属接待感

（1）联络准备

1）了解销售资讯：清楚当前库存、优惠政策、广告投放和本品与竞品的基本信息。

2）回顾客户信息：呼出前查看销售系统和工具表单，回顾客户的各种信息。

3）规划回访时间：根据客户的情况或者事先的约定，选择在恰当的时间拨打电话。

4）制定沟通方案：根据客户需求，制定沟通策略与目标，规划好内容，避免仓促应答。

5）确定致电环境：确定周围环境不干扰通话。

6）备齐销售工具：准备好纸、笔、计算器、报价单等工具和资料。

(2) 电话破冰

1）询问接电话的是否客户本人。

2）主动把品牌、店名、职位和姓名告诉客户。

3）向客户提及上次沟通的时间和方式，拉近与客户的距离。

4）从与客户的约定、客户的需求或疑问出发，给客户一个合情合理的呼出原因。

5）询问客户目前状态是否方便接听电话。

6）客户表示不方便接听电话时，应及时表示歉意并使用封闭式问题约定再次联系的时间。

7）在与客户约定的时间，准时给客户拨打电话。

(3) 询问需求

在电话成功破冰之后，要立即进行正题交流，要点如下：

1）尽量选用开放式问题，不以卖车为目的的话术。

2）确认基本购车信息；追问客户所述内容的细节问题。

3）随时记录客户所述内容的关键点。

4）适时认可客户观点并进行赞美。

5）站在客户角度给予贴心建议；

6）总结归纳客户需求，并与汽车性能进行关联。

(4) 对应推荐

网电销电话沟通环节的核心目标只有一个，就是客户回店，所以对应推荐无论是车型推荐还是服务类推荐，重点都是找到客户回店的理由。

1）对于咨询型的客户，复述通话初期已了解到的客户需求，通过提问获得客户的确认，将客户需求转化为车辆相应的配置性能，得出结论，进行车型的推荐。在此基础上还可以提供给客户多种选择，并帮助客户分析原因，进一步论证所推荐的车型能够满足客户的需求，总结所推荐车型的全方位优势，激发客户到店兴趣。

2）二手车引导置换，邀约到店评估，主动挖掘并及时介绍金融方案，引导客户来店。

3）介绍险种功能，推荐实用保险种类，强调本店投保的优势，引导客户来店。

4）精品需求引导，推荐具有吸引力的方案，突出本店加装精品在来源、保修标准、安装标准方面的优势，明确区分并标识纯正用品和非纯正用品，引导客户来店。

5）延保介绍突出本店差异化服务，如"双保套餐"，邀请客户来店了解。

（5）邀约跟进

通过电话端的沟通与对应推荐如未能成功邀约客户到店，则要通过预约跟进环节，不断邀约客户，直到客户到店。

1）邀约准备工作：使用汽车经销商管理系统（DMS）回顾信息；按照意向级别规划跟进次序；准备销售类资料，如车型型录、水平业务资料、竞品资料、最新售前和售后促销信息、"车辆库存表"等；准备辅助类资料，如售后服务信息、内部通讯录等。

2）邀约执行：设计开场话术，营造销售气氛，使用"客户分析表"制造邀约理由。

3）客户受邀：确认客户接受邀约，表示感谢，询问客户到店细节，如具体时间、陪同人员等。

4）客户转交：确认并介绍接待人员给客户，依照销售系统内预约到店时间提前一天短信联系确认；提前2小时电话联系确认，再次介绍接待人员并强调会在门口等待。

（6）预约接待

1）客户信息的交接：时间信息交接，要提前1天告知前台次日邀约到店的客户名单；交通信息准备，包括客户到店方式、客户到店路线及备选方案、交通状况；客户情况回顾，包括客户年龄、性别、工作职位及生活区域、兴趣爱好和购车用途、购车时间和预算、目标车型及其了解程度、颜色偏好、价格了解程度、竞品了解程度、决策者、驾驶者身份、增换购意愿等。

2）接待策略制定：总结客户信息，进行话术、技巧、工具、文件、资料等的准备。

（7）到店指引

1）当日电话跟进：预定时间前2小时确认客户情况，重点告知客户，自己将于预定时间在展厅门口等待；提供交通引导，确认客户到店方式及路线预估到店时间，并确认交通状况，如需要可提供路线备选方案。

电话中可再次引荐销售顾问接待，电销员和直销员提前在展厅销售前台一起等候客户。

2）保安引导，保安员上前敬礼并亲切问候，询问客户尊称，主动进行指引（包括停车区、展厅、维修接待区等）并使用对讲机告知销售前台待岗人员客户的尊称和来意。

3）前台待岗人员（电话专员和直销专员）上前迎接并主动向客户行礼，亲切地招呼客户；若客户开车到店，主动为客户开车门，必要时打伞遮阳或挡雨。

4）确认客户为等待客户后，由电话专员先做自我介绍，并递上名片，之后引荐直销专员，并说明交接原因。

(8) 到店接待

1）销售顾问自我介绍：同时双手递上名片，简要介绍展厅布局。销售顾问引导客户到专门的销售洽谈区，面向意向车型落座，提供饮料清单供客户选择。

这个环节中可以做惊喜设计，如将提前准备的到店礼品双手奉送给客户，进一步让客户感受到与展厅接待不一样的专属感觉。

2）需求确认：在客户落座后与客户进行沟通，复述在电话或互联网上获取的客户需求，提供客户所需要的信息，告知客户后面要进行的体验流程和内容，进一步和客户共同回忆到店前的需求后，询问客户是否有更改或增加。

3）对应服务：对客户所提出的需求和疑问给予专业客观的回答，针对性地向客户推介合适车型，按照客户需求提供合适的水平业务方案，并与客户共同确认记录。

4.1.4 定制服务流程

标准化销售流程中，产品的静态展示与动态体验，即展车的六方位介绍与试乘试驾体验是流程重点。但当我们认真分析过不同类型首次到店客户的行为标签之后，就会发现这个部分对于处在咨询阶段还未明确购买车型的客户非常重要，而已经明确购车目标的客户，他们关注的则是成交价格、未来的车辆使用以及汽车经销商之间的服务对比。不同类型客户的关注点见表4-8。

表4-8 不同类型客户的关注点

客户类型	核心关注点
首次来店以咨询为目的	品牌调性、产品特点、竞品对比、未来风险
首次来店以交易为目的	成交价格、未来使用、经销商对比

对于不同品牌的汽车经销商，两类客户的占比相差很大。一般情况下，品牌力与产品力强的，品牌与产品更容易获得客户认可，首次来店客户多以交易为目标。但这类品牌往往是一城多店，所以客户关注点更多在经销商、价格的对比上。

品牌力或产品力一般的品牌，首次来店客户更多的是还没有认定品牌与产品，多以咨询为目的。这类品牌的店更需要向客户展示产品的价值,首先赢得客户对产品的认同,才有后续的机会。

对于同一品牌不同渠道的客户,两类客户的占比相差也很大。一般情况下,展厅自然进店的,特别是在汽车商圈内的展厅,很多客户是以"逛市场"的心态进店的,了解咨询是其主要目的。

而网电销的客户已经在网上初步了解了产品,甚至有很多客户是深度了解过产品的,其购车的目标性更明确,更多是以交易为目的。这也是很多网电销客户一接电话就问最低价的原因。

定制化服务流程就是要建立在对两种类型客户关注点的基础上,做不同的应对,见表4-9。

表4-9 不同类型客户对应销售流程重点

客户类型	核心关注点	流程重点
首次来店 以咨询为目的	品牌调性、产品特点、竞品对比、未来风险	产品的静态展示与动态体验(试乘试驾)环节
首次来店 以交易为目的	成交价格、未来使用、经销商对比	议价环节、差异化服务展示、后续服务的展示

1. 咨询型客户的接待流程

咨询型客户的接待流程重点在于产品静态展示与动态体验流程的环节,见表4-10。

表4-10 产品静态展示与动态体验流程

步骤	动作要点
1. 主动邀请静态展示	从客户最关注的方位开始,六方位介绍产品特点
2. 竞品对比	有效应对,不攻击、诋毁竞品
3. 体验总结	总结产品体验,争取顾客认同
4. 主动邀请试乘试驾	热情主动邀请
5. 试驾准备	多方准备,确保客户的正向体验
6. 试驾体验说明	专业体现,确保安全
7. 客户试乘	引导客户给出反馈,并给予正面肯定
8. 客户换手	细心体贴
9. 客户试驾	引导客户给出反馈,并给予正面肯定
10. 总结试乘试驾	获得认同,引导客户进行报价协商

（1）主动邀请静态展示

1）向客户介绍总体流程和方位：在不妨碍客户看车视线的前提下，让客户站在最佳的位置和角度看车，从客户关注的功能方位开始介绍。

2）车前方介绍动作规范：引领客户站在车头的左前方，站立在客户左侧，保持 0.5~0.7 米距离，侧向面对客户，面带微笑，用适当的姿势引导和介绍功能。

3）驾驶座介绍动作规范：引导客户体验驾驶座，为客户调节座椅至舒适的位置，征得客户同意后，坐到旁边乘客位，按照一定方位顺序，从左至右或从上至下为客户介绍车内功能。

4）行李舱介绍动作规范：侧向面对客户，面带微笑，主动引导客户，为其介绍行李舱功能和配置，打开行李舱，介绍空间和实用性、随车工具和备胎。

5）后排座椅介绍动作规范：主动引导客户体验后排座椅，采用适当的姿势引导和介绍后排座椅的功能和特性，为客户展示后排腿部空间和头部空间。

6）车侧方介绍动作规范：侧身面对客户，面带微笑，采用适当的姿势引导和介绍车侧客户的线条和功能特性。

7）发动机舱介绍动作规范：侧身面对客户，面带微笑，采用适当的姿势引导和介绍发动机动力性能和节能表现。

（2）竞品对比

1）对客户提出的竞品对比，首先在感情上表示理解，不攻击、诋毁竞品。根据已知的客户需求，将本品的优势与竞品进行客观比较，强调本品更能够满足客户需求。

2）利用汽车网站数据、论坛用户评论和第三方评测等，全方位向客户展示本品的优势，强化客户树立产品的信心。

3）若客户仍认同竞品优势、对本品有疑虑时，应该认同客户感受，设立新的产品标准，转移到我方竞争优势的项目上。

（3）体验总结

1）在展示过程中，不时和客户确认所展示的亮点和配置是否和客户的需求相吻合，根据车型介绍环节是否满足客户的需求，向客户征求意见。

2）产品介绍结束时总结产品的优势，同时争取客户的正面认同，Yes 成交法则告诉我们，客户的多次认同会让成交更为简单。

3）总结产品体验，争取客户认同，在产品型录上圈注客户关心的配置与性能，作为书面的总结文件，订上名片，双手递给客户。

(4) 主动邀请试乘试驾

1) 当客户首次拒绝试驾时，真诚地进行二次邀请，并说明试乘试驾给客户带来的益处。

2) 在"试乘试驾车管理表"上查看客户是否可以立即对感兴趣的车型进行试乘试驾。

3) 当客户试驾的目标车型不在店内或者在保养维护中时，应当提供其他的代替车型，或者预约下次试驾的时间，等待的时间不能太长。

4) 若客户同意试乘试驾，引荐试驾专员并告知试乘试驾计划。

(5) 试驾准备

1) 由于进行试驾准备需要暂时离开客户，此时为客户提供饮料和车型相关资料，避免客户无聊等待。

2) 了解客户是否符合驾驶条件，如驾照是否携带、驾照是否属于本人、驾照是否过期、驾照是否满一年等。

3) 将符合驾驶条件的客户驾照进行复印，向客户解释"试乘试驾同意书"的重要条款，并请客户签名。

4) 如客户不符合驾驶条件，销售顾问邀请客户进行试乘体验，由试驾专员做试驾示范。

5) 试驾专员将试驾车开至展厅门口，避免客户行走到停车区，方便客户上下车。

6) 试驾车准备：车外清洁无划痕，车贴清晰无损，车内无异味、无杂物，水、湿纸巾等物品齐备；各项功能正常使用，预设电台、加载CD；预置试驾导航路线，汽车燃油半箱以上；根据季节，提前3~5分钟起动发动机，打开空调并保持适宜的温度。

(6) 试驾体验说明

1) 引导顾客至试驾路线看板，或向顾客出示试乘试驾路线图，向客户讲解试乘试驾路线、说明试驾所需时间，重点强调安全事项（按实际路线情况限速）；结合顾客需求和试乘试驾路书，向顾客强调试驾路线每一路段重点测试的性能和配置。

2) 试驾专员做全程标准介绍，销售人员向顾客强调需求体验点，并记录顾客反馈。

(7) 客户试乘

1) 试乘前引导客户绕车一周，引导客户入座，提醒客户系安全带；调整空调温度，简单介绍和提醒操作注意事项。

2) 试乘演示：如车辆配置有导航系统，演示试乘试驾路线；启动影音娱乐系统，为客户展示其功能，同时根据客户喜好使用 CD 播放音乐；在客户试乘进入每个体验路段时告知客户该路段将要体验的性能；结合之前了解的客户需求，在路书设计的路段演示客户重视的性能或配置。

3）询问客户在该项目的体验感受，引导客户给出反馈，并给予正面肯定。

（8）客户换手

1）按试乘试驾路线图的设计，在预定安全位置换手。

2）将车辆靠边停稳、熄火，打开应急灯、拔出钥匙。

3）下车至前排乘客门外，为客户开门，引导客户坐入驾驶位，半蹲为客户调整座椅，递送安全带，然后在前排乘客座入座，递给客户钥匙。

4）指导客户进行驾驶座功能调节。

（9）客户试驾

1）指引试驾：客户驾驶过程中的前 3 分钟，尽量不主动和客户谈话，让客户熟悉车辆，体验驾驶感觉；提前 200 米为客户指引路线；注意观察客户驾驶的方式和速度，若有危险驾驶动作或者超速，及时提醒并干预。

2）如突遇雨雪天气，应立即暂停试乘试驾，并取得客户的理解。

3）在每一处体现车辆性能的路段提前告知客户，结合客户的试驾需求，引导客户重点体验关注点。

4）结束试驾，若客户之前体验过竞品，鼓励客户比较，并进行差异化体验，在不攻击竞品的前提下，突出本车型的卖点。

5）试驾结束后，询问客户是否需要代为泊车，如果客户需要自行泊车，可利用此机会向客户介绍产品的泊车相关配置，并突出这些配置体现出的优势，试驾专员协助、指挥客户泊车；如果客户不自行泊车，试驾专员边泊车边介绍产品的泊车相关配置，并突出这些配置体现出的优势。

6）提醒客户带好随身物品，指引客户回展厅休息。

7）复位试驾车状态，确保试驾车内外干净整洁、油量充足，方便后续试乘试驾总结。

（10）总结试乘试驾

1）针对试乘试驾的展示亮点，询问客户的感受。

2）对于客户反馈的优点，要更加认可和强调，并适当赞美客户的驾驶技术。

3）请客户填写"试乘试驾客户满意度反馈表"，主动引导客户进行报价协商。

2. 交易型客户的接待流程

交易型客户的接待流程重点在于议价环节、差异化服务展示、后续服务的展示，见表4-11。

表4-11 议价环节、差异化服务展示、后续服务流程

步骤	动作要点
1. 议价准备	客户意向与产品服务方案的匹配
2. 价格协商	营造轻松氛围，做好购车方案记录
3. 差异化服务展示	以差异化购车方案获得客户认同
4. 后续服务介绍	以后续服务方案获得客户认同
5. 方案总结	求同存异，争取阶段性成果，并为二次商谈做铺垫
6. 方案确认	把握客户的成交意向度，适时提出成交要求

（1）议价准备

这个环节本质是做好客户意向与产品服务方案相匹配的前期准备。

1）客户分析：查看客户购车需求，查看之前洽谈内容，预估客户到店的洽谈方式，预估客户本次的期望价格。

2）库存资源准备：查看客户需求车型的现车数量及现车颜色，查看客户需求车型的库龄及合格证抵押情况；若客户需求车型无现车，查看未来到车计划，并查看客户需求车型相似配置的现车数量及现车颜色。

3）文件资料准备：准备好报价成交环节所需文件，确保文件的时效性。

4）促销政策准备：确认最新车辆价格促销计划和最新水平业务促销计划。

（2）价格协商

1）营造轻松氛围：指引客户至销售洽谈区就座，并提供饮料，引导客户渐入议价主题。

2）确认车型车源：根据客户的需求，与客户共同确认车型、颜色和配置组合。

3）使用报价商谈记录表（图4-3）与客户具体沟通，形成购车建议方案。

（3）差异化服务展示

1）如客户符合条件则推荐置换服务，引导客户进行二手车估价和置换服务，介绍相关的服务流程和估价，向客户介绍特约店置换服务的好处。客户如果需要该业务，则以此进行价格异议处理。

	客户姓名：			日期：	年 月 日		编号：	
欢迎	递名片自我介绍□				接待中称呼客户姓氏□			
	安排下一步参观流程□				到店人数：		来店渠道：	
	是否二次来店	是□	否□		其他：			
需求评定	推荐车型：1.		2.					
	现拥有车型：				车辆主要用途：			
	年行驶公里数：				本次购车预算			
	个人驾驶习惯：	安全□	舒适□	运动□	期望交车日期：			
	目前感兴趣的车型及装备：				置换： 考虑□ 不考虑□			
车辆展示	邀请客户坐到驾驶室□							
	展示方式：展车□		试驾车□		产品手册□		IPAD□	
	展示内容：演示车辆操近和功能□			FAB 展示客户关注点□				
	客户对车辆的关注点：动力□		安全□	舒适□	空间□	科技□	服务保障□	
试乘试驾	1. 试乘□	试驾□			2. 未试驾原因：			
	3. 两条路线：舒适□		运动□					
	4. 详细介绍车辆操控常识：座椅调节□ 安全带□ 驻车制动□ 随速助力□ 发动机□ 底盘□ EPS□ 制动□ 音响□							
	不参与试乘试驾：我已了解车辆性能，无须试驾。				客户签字：		日期：	
二手车评估	车辆评估	评估车型：						
		□静态评估 □技术检查 □道路测试						
	评估价格					评估师签字：		
报价	全款报价		分期付款		报价流程			
	车型：		分期公司：		为客户解释报价 □			
	指导价：		贷款年限：		建议不同付款方式 □			
	折扣：		贷款金额：		品牌优势： 历史□			
	选装或减去装备：		首付比例		尊贵□ 动感□			
	成交价：		首付金额：		产品优势：安全□ 品质□			
	购置税：		利息合计：		服务保障□ 售后服务□			
	保 险：		月 供：		询问是否订车 是□ 否□			
	车船税：		分期服务费：		经销商提供服务：	24小时救援 □		
	上牌费用：		续保押金：			提供替换车 □		
	精品总计：		保 险：		改变选装装备 □			
	精品项目：		GPS：		提供样车或库存车 □			
			上牌费用：		赠送或折扣 □			
			公证抵押担保费		争取客户联系方式 □			
	全款购车合计：		金融分期合计：		提供全套完整资料 □			
	接待反馈：							
接待时间：	时	分	至	时	分			
销售顾问：	联系电话：		客户签名：		联系电话：			
××汽车贸易有限公司								
地址：								
销售热线：								
备注：此报价为实时报价，如果您考虑的时间过长，价格可能会有差异，届时请您重新咨询								
	销售顾问联 - 白联		客户联 - 粉联		销售经理 - 黄联			

图 4-3 报价商谈记录表

2）依据客户需求分析，提供本店定制化金融服务方案，引导客户进行金融信贷服务，介绍相关的服务流程，向客户介绍特约店金融分期服务的好处。客户如果需要该业务，则以此进行价格异议处理。

3）提供保险，引导客户进行保险服务，介绍相关的服务流程，向客户介绍特约店保险理赔服务的好处。客户如果需要该业务，则以此进行价格异议处理。

4）对比展厅精装展车，推荐精品装潢服务，引导客户进行精品选配服务，介绍相关的服务流程，向客户突出介绍特约店精品来源、保修标准、安装标准的优势。重点推荐原厂升级、个性定制并进行说明，以此进行价格异议处理。

(4) 后续服务介绍

1）推荐后续延保加保养的"双保套餐"产品，引导客户了解汽车延保服务与保养服务，展示产品价值，必要时可邀请客户到售后参观，介绍相关的服务流程。客户如果需要该业务，则可以此进行价格异议处理。

2）介绍附加费用组成，介绍购置税及上牌服务。使用流程文件和报价单，向顾客介绍协助办理牌照流程，并告诉客户使用特约店提供协助办理服务的好处，推荐附加贷特色金融服务。

(5) 方案总结

1）对商谈沟通做方案总结，结合现有的销售政策，给予客户对应的销售方案，可设计两种以上供客户选择。

2）清晰全面地向客户逐项解释"报价商谈明细表"上的费用，并告知客户报价的有效期，询问客户对于报价的疑问和异议，全面、准确地理解顾客对于购车方案与报价的疑问，并做好记录。

3）处理客户异议，当客户试图要价时，销售顾问避免直接答应或拒绝客户，着重介绍产品以及特约店差异化服务的价值。

4）详细回答客户关于购车方案与报价的问题，确认客户对于购车方案与报价的理解清晰无误，对于暂时无法处理的异议，可在取得客户同意的情况下，咨询上级领导，再行答复。

(6) 方案确认

1）根据客户的言语和行为表现，判断客户的成交意向，适时提出成交要求。

2）在与客户充分协商的情况下，确定成交方案，如客户同意成交，引导客户进入签约环节；如客户没有准备当时成交，销售顾问应当询问客户的疑虑和原因，并表示理解，同时约定下次协商。

购车方案与价格商谈推进的原则在于求大同存小异，异议部分采取协商交换的方式，逐步获得客户认同，最后达成共赢。

与客户交流可能需要多次邀约协商，只要每一次协商都可以取得阶段性"里程碑"的成果，同时还有留有下次协商的话题，那就是一次有成效的交流。

4.1.5 跟进成交流程

汽车销售单价高时，客户往往会"货比三家"，很多客户都需要销售顾问长期跟踪、多次邀约。客户的再次邀约到店情况，直接决定了最后的销售成交率，汽车经销商的再次邀约流程见表4-12。

表4-12 再次邀约流程的步骤和动作要点

步骤	动作要点
1. 邀约准备	分析客户信息，制定邀约与商谈策略方案
2. 实施邀约	解决客户异议并邀约到店
3. 邀约确认	必做约定当日的确认工作

1. 邀约准备

1）使用销售系统回顾客户信息，按照意向级别规划跟进次序，设计开场话术和客户前期异议的处理方案。

2）依照客户画像分析表，使用邀约管理卡，制定具体邀约策略，营造销售气氛，制造邀约理由。客户邀约管理卡如图4-4所示。

3）准备销售类资料，如车型型录、水平业务资料、竞品资料、最新售前和售后促销信息、车辆库存表等。

4）准备辅助类资料，如售后服务信息、内部通讯录等，将资料纳入销售工具夹。

2. 实施邀约

1）与客户共同回顾前期洽谈内容。

2）确认客户异议，提供解决方案，邀约客户再次到店。

3）如客户接受邀约，表示感谢并询问客户到店细节，包括具体时间、陪同人员等。

4）有序结束通话，感谢客户对本次电话的接听，主动询问是否还需要帮助并表示随时可以提供帮助，等待客户挂机。

5）确认客户挂机后放下话筒，将客户信息全部登记入档。

第1次跟进		跟进时间
客户推进的主要障碍:		
计划采取的方案:	需要的支持	
下次跟进时间:		
第2次跟进		跟进时间
客户推进的主要障碍:		
计划采取的方案:	需要的支持	
下次跟进时间:		
第3次跟进		跟进时间
客户推进的主要障碍:		
计划采取的方案:	需要的支持	
下次跟进时间:		
第4次跟进		跟进时间
客户推进的主要障碍:		
计划采取的方案:	需要的支持	
下次跟进时间:		
第5次跟进		跟进时间
客户推进的主要障碍:		
计划采取的方案:	需要的支持	
下次跟进时间:		

图4-4 客户邀约管理卡

6)发短信或微信,感谢的同时复述约定,如"××先生,感谢您接受邀约,我是××路××汽车的××,我会在×日×时在公司展厅恭候您的大驾光临。

3. 邀约确认

1)查看销售系统内预约到店时间,提前一天短信联系确认。

2)当天提前2小时联系确认,再次强调自己将在展厅门口等待客户。

邀约客户的过程推荐使用微信邀约,第一是对客户不会形成骚扰,第二是微信可以很方便地传递文字、图片、语音、视频及相关材料链接。

从一线实际工作效果反馈来看,微信语音联络效果好于微信文字联络,是最合适的方式，销售顾问需要根据各地文化差异及生活习惯多做尝试，选择合适的时间与方式与客户联系。

4.1.6 新车交付流程

新车交付要带给客户的核心体验是，销售顾问非常在乎客户的感受，见表4-13。

表4-13 新车交付流程步骤与动作要点

步骤	动作要点
1. 交付准备	逐项落实确保万无一失
2. 客户预约	确保按时到场
3. 仪式准备	逐项落实确保仪式顺利
4. 交车服务	专业细致兑现承诺
5. 交车仪式	营造客户喜悦心情
6. 仪式分享	满足客户社交需求分享传播
7. 客服面访	服务于客户本人
8. 送别客户	安全移交车辆并送别客户

1. 交付准备

1）确认新车交付前检查。向售后部门确认新车交付检查工作（PDI），现场核对车辆信息，向售后部门或库管部门领取车辆文件。

2）清洁新车。安排清洁新车，检查有无凹陷和划痕，灌注9升汽油。

3）确认精品加装情况。向精品部门确认新车加装精品的进度是否在计划中，如超出计划，立即采取行动，如加快精品进度或延后交车时间。

4）手续准备。领取财务文件，向财务部门确认新车的财务文件开具情况，领取财务文件及机动车整车出厂合格证（自有车辆和融资车辆）。

5）领取保险文件。向保险部门确认新车保险生效情况，领取保险文件。

6）文件收纳。将文件归类划分为客存文件、随车文件、上牌文件、店存文件；按照交车清单，将客存文件、随车文件、上牌文件放入3个文件袋中，并在文件袋上贴上标签，将店存文件归档到特约店要求位置。

2. 客户预约

1）查询交车区档期。特约店设有专用交车区，在客户预约前，前往交车区，确保交车区运作正常，查看"预约交车看板"后，安排交车的时间。

2）与客户确认交车安排。与客户约定交车前 24 小时进行提醒，说明交车流程环节，告知交车所需时间，提醒客户需要携带的必要文件，询问提车时的陪同人员。

3）安排具体交车时间。提前计划交车当日的工作安排，提前向销售经理汇报自己的交车安排。

3. 仪式准备

1）预约交车区。特约店设有专用交车区，在"预约交车看板"上标注客户所选时间。

2）确保交车区清洁。交车前 1 小时，前往交车区查看，清洁交车区。

3）确保出席人员。预约销售经理，参加交车仪式与送别客户环节；预约服务顾问，参加交车仪式环节；预约客服专员，参加售后面访环节。

4）准备仪式用品。交车区配备设备，如音响设备、灯光设备等；交车区放置物料，如恭喜牌、车衣等；交车前准备礼品，如鲜花、小精品等；车内杯架上放置 1 瓶矿泉水；车内仪表台放置总经理签名感谢卡。

4. 交车服务

1）迎接客户。在预约到店前 30 分钟联系客户，确认到店的确切时间及客户目前所处的位置。

2）主动迎接。展厅门口迎接客户，邀请客户落座，提供饮品。

3）流程介绍。简要介绍交车流程，告知各环节所需时间。

4）展示新车。引导客户前往交车区，为客户揭开车衣，向客户展示新车。

5）新车确认并签字。引导客户绕车查看外观，与客户确认车辆配置和订购信息是否一致；突出介绍客户关注的配置；向客户再次强调精品名称、来源、加装数量、保修标准、安装工艺；确认无误后，在"新车交付确认表"上签字。

6）操作演示。车外讲解时引导客户来到车外；使用"新车交付确认表"，介绍外部设备使用事项；根据客户关注点介绍，对疑问进行解答；车内讲解时请客户坐在驾驶位，销售顾问坐在前排乘客位，使用"新车交付确认表"，全面介绍车内使用事项。

7）操作确认并签字。引导客户回展厅落座，再次处理异议，在"新车交付确认表"上签字确认，向客户介绍后续环节。

8）手续交付。有序介绍文件并转交，介绍客存文件袋中的文件，并交付客户；介绍随车文件袋中的文件，并交付客户；介绍上牌文件袋中的文件，并交付客户；与客户在"交车文件清单"上共同签字确认。

9）售后说明。请服务顾问到场，向客户引荐服务顾问；服务顾问向客户问好，自我介绍后介绍保养周期和保修范围，以及保养保修政策；提供用车养车建议；带领客户参观车间；强调在特约店接受售后服务的优势；介绍特约店服务网络、营业时间、售后预约服务流程及24小时救援服务体制。

10）邀请入会。介绍售后微信服务号或车友会论坛等的优势，邀请客户关注售后微信服务号或加入车友会论坛。

5. 交车仪式

1）气氛营造。引导客户再次前往交车区，制造氛围，如音乐、灯光、掌声等。

2）店端答谢。邀请特约店领导出席，并向客户引荐，特约店领导与客户握手致谢，并递交名片；由特约店领导向客户赠送鲜花或礼品。

3）合影留念。出席人员与客户合影，立即将照片发送给客户。

6. 仪式分享

1）分享交车照片。工作人员征得客户同意后，将合影照片分享到特约店公众账号和微信朋友圈。

2）请客户将合影照片分享到微信朋友圈。

7. 客服面访

1）邀请调研客服专员到场，引荐客服专员，客服专员邀请客户参加调研。

2）客服专员引领客户到VIP区域落座；客服专员征询客户购车全程对特约店、工作人员的感受，并给予评价；客服专员调研结束后向客户表示感谢（销售顾问回避客服面访环节）。

8. 送别客户

1）再次感谢客户购买，告知最近加油站位置，并提示优先加油，告知2小时后致电关怀。

2）销售顾问将车辆开出交车区，通过为客户讲解和指导，确保客户对新车驾驶有信心，将驾驶权交予客户。

3）销售顾问将"车辆出门证"交予保安，予以放行。

4）随同销售经理向客户挥手告别，目送车辆远离特约店。

4.1.7 客户维系流程

经销商希望通过客户维系流程带给客户的核心体验是，经销商很珍惜客户，希望客户可以一直接受经销商的服务。这个部分由客服专员、销售顾问、续保专员、服务顾问按照业务开展需要,指定专人独立或者安排相关人员合作完成,见表4-14。

表4-14 客户维系内容与人员安排

维系内容	销售顾问	客服专员	续保专员	服务顾问
交车后2小时关怀	√	√		
交车后3天内关怀	√	√		
交车后7天内关怀	√	√		
交车后1个月内关怀	√	√		
首保回访		√		√
二保回访		√		√
生日问候	√	√	√	
节日问候	√	√	√	
天气关怀	√	√	√	
城市限行通知		√		
活动告知		√		
促销通知	√	√		
续保通知		√	√	√

1. 定期回访

1)回访准备工作。客户资料输入销售系统,并整理归档店存文件;在销售系统中制订回访计划;每次回访前查看以往的记录内容,准备好需要提醒的事项及告知的信息。

2)2小时内回访客户并关怀。交车后2小时(或与客户约定的时间)内,联络客户,感谢客户购买,确认安全到达,询问路上使用情况。客户若有疑问,及时解决;客户若无疑问,欢迎今后随时致电咨询。将客户信息、沟通内容录入销售系统。

3)3天内回访客户并关怀。交车后第3天联络客户,询问新车使用情况客户若有抱怨(疑问、不满或者投诉),及时解决;无法解决的向销售经理汇报,必须在24小时内处理完成,并得到客户的理解;客户若无抱怨,欢迎今后随时致电咨询;将客户信息、联系情况录入销售系统。客户抱怨处理完成后24小时内,进行跟踪回访,更新销售系统信息情况。

4)7天内回访客户并关怀。交车后第7天联络客户,询问新车质量使用情况,以及购车过程的满意度情况;客户若有抱怨(疑问、不满或者投诉),及时解决;无法解决的向销售经理汇报，必须在 24 小时内处理完成，并得到客户的理解；客户若无抱怨，征询客户购车过程的意见和建议，欢迎今后随时致电咨询；将客户信息、联系情况录入销售系统；客户抱怨处理完成后 24 小时内，进行跟踪回访，更新销售系统信息情况。

5）1 个月内回访客户并关怀。交车后 1 个月内联络客户，询问新车整体使用情况及公里数，并进行售后保养提醒；客户若有抱怨（疑问、不满或者投诉），及时解决；无法解决的向销售经理汇报，必须在 24 小时内处理完成，并得到客户的理解；客户若无抱怨，请客户进行转介绍或提供潜在顾客联系信息；将客户信息、联系情况录入销售系统；客户抱怨处理完成后 24 小时内，进行跟踪回访，更新销售系统信息情况。

6）首保回访。交车后 3 个月内（或根据之前所了解的行驶记录），联络客户提醒首保，在征得客户同意的前提下，协助客户进行预约；将客户信息、联系情况录入销售系统；客户到店首保时，陪同交接车辆，并指引客户休息。

7）二保回访。交车后半年内（或根据之前所了解的行驶记录），联络客户提醒二保；在征得客户同意的前提下，协助客户进行预约；将客户信息、联系情况录入销售系统；客户到店保养时，陪同交接车辆，并指引客户休息。

2. 特别关怀

1）生日问候。根据回访计划及销售系统提醒，在客户生日当天，联络客户进行问候；询问新车整体使用情况及公里数，进行售后保养提醒；请客户进行转介绍或提供潜在顾客联系信息；将客户信息、联系情况录入销售系统。

2）节日问候。根据回访计划及销售系统提醒，在特别节日当天，以客户喜欢的联系方式问候客户；将客户信息、联系情况录入销售系统。

3）天气关怀。在天气突然变化，出现极端情况的前一天或当天，以客户喜欢的联系方式向客户告知并致以问候；将客户信息、联系情况录入销售系统。

4）城市限行通知。提示客户注意城市限行。

3. 营销维系

1）活动告知。在公司举办各类活动前，梳理保有客户名单，做好告知及邀约准备；致电客户，告知活动内容，邀约客户参加，在征得客户同意的前提下，进行预约登记；将客户信息、联系情况录入销售系统。

2）促销通知。在公司举办各类促销活动前，梳理保有客户名单，做好告知及邀约准备；致电客户，告知促销活动内容，邀约客户参加，在征得客户同意的前提下，进行预约登记；将客户信息、联系情况录入销售系统。

3）续保提醒。根据回访计划及销售系统提醒，在客户保险到期前2个月，致电客户，告知保险即将到期；根据回访计划及销售系统提醒，在客户保险到期前1个月，致电客户，在征得客户同意的前提下，进行续保报价；将客户信息、联系情况录入销售系统。

4.1.8 客户经理制

客户经理制是汽车经销商客户维系工作的一个整合方案，它将销售流程的新车交付与售后客户业务结合，形成一个以客户为中心提供整体客户维系专属服务方案的机制。

其具体的实现方式是由新车专属服务、保养维修专属服务、事故车专属服务三个维度构成。

1. 新车专属服务（从交车到首保阶段）

客户购车当天，店内客户管家帮客户组建"1+6"专属微信群，即一个客户由店内六个部门人员维系，包含专属客户经理、客服专员、理赔专员、维修技师、续保专员和销售顾问，为以后与客户联络建立桥梁。

六人小组协作分工，具体工作内容见表4-15。

表4-15 小组具体工作内容分工

岗位	工作内容
专属客户经理	为客户进行保养/保修政策讲解，介绍专属服务群，添加私信，合影留念，赠送购车礼物，交车后向客户发送用车建议及磨合期注意事项，使客户感受到温暖
客服专员	对客户进行新车面访及满意度回访，如果客户在交车过程中有不愉快的事，第一时间进行解决，并邀请客户用车一个月后回店进行磨合期检查及后期的提醒首保工作
理赔专员	在群内可以回答客户所有对于新车保险及出险事宜的问题
维修技师	为客户发送用车专业小知识，并解答专业性问题
续保专员	会提醒客户保险到期并线上办理续保业务
销售顾问	在群内可以回答客户有关新车销售的问题

2. 保养维修专属服务（预约尊享体验）

1）非本店保有客户到店后，店内会第一时间邀请客户添加"1+1"私信。

2）客服部会提示客户需要保养的时间及公里数，对于未回店客户，客户经理发送信息补充联系，以朋友身份引导客户回厂保养。

3）客户来店前，客户经理与客户进行预约确认、到店时间确认，使客户到店后可以享受到预约的便捷。

4）到店后，服务顾问热情接待客户，积极回应客户需求。

3. 事故车专属服务（维修过程透明化）

1）对于事故出险客户，到店后建立专属群，方便后续拍照。

2）向客户发送定损照片、报价信息，并展示更换零件订购及到货的过程，发送维修过程的图片，客户可以直观地了解维修进度。

3）维修完毕后，在各维修项目组长及质检完成的基础上，客户经理在交车前再次对车辆进行复检确认，并将复检单发送客户查看。

客户经理制使每一位进店客户都与店内有了连接，并且店内开展个性化管理，邀请新车、保有客户添加公司企业微信，并安排专人负责，可以及时了解客户需求，并建立良好的沟通，而且可以更好地落地对客户的生日关怀及当月到店消费赠送生日礼、节假日问候、店面活动邀约等服务。

客户经理制是汽车经销商客户管理数据化改革的重要组成部分。虽然很多经销商已经实行客户经理制并做检查，客户经理、服务顾问也会用个人微信加客户微信和拉群，但不好管理，员工离职了，群也就失效了。

4. 有效落地

客户经理制的有效落地是一个关键，在实际落地中，可以分为体系搭建、客户上线、体系运营三个步骤。

（1）体系搭建

企业微信相比个人微信更适合作为客户经理制的体系搭建平台，见表4-16。

表4-16 企业微信与个人微信对比

个人微信	企业微信
设立专门账号需要：工作手机卡、手机、维护	免费的虚拟账号
好友有上限	好友无上限（可扩容）
员工离职带走失去客户信息	员工离职可分配其客户、客户群给其他成员
"老客户"体验感知依赖员工个人	客户信息、标签数据共享，到哪里都是"老客户"

（续）

个人微信	企业微信
员工离职后隐患多	员工离职脱离企业微信，组织风险可控
用户信息管理混乱	直接打通企业用户信息管理系统（CRM）
人工手动管理	系统自动通过标签进行客户管理
二维码有效期7天	可生成永久有效二维码
总部维护、消息群发（由上而下）	总部提供信息模板、一线维护、可追踪（管理闭环）
数据统计人工完成	数据统计系统完成

1）汽车经销商基于企业微信建立客户经理制体系，企业微信的在职和离职继承功能，保证了员工个人的岗位变动不影响群内相应岗位角色的服务。

2）可以先把服务人员划分为若干个服务小组，每组可包含1名客户经理、1名客服专员、1名续保专员、1名销售顾问、1名理赔顾问、1名维修技师等。

（2）客户上线

1）销售顾问、服务顾问将企业微信二维码粘贴在手机背面或者印刷到个人名片上，最大程度方便到店的客户扫码进入专属服务群。

2）店内服务的流程长，且需要协同的信息多。通过线上的客户服务专属群，员工之间信息同步的问题快速解决，团队跟客户的沟通也更顺畅。

（3）体系运营

1）针对店内的服务开发自动化营销，如客户的新车购买7天内用车关怀、新车购买3个月内的首保提醒、新车购买半年内的二保提醒等，在企业微信后台创建相应的自动化策略，相关信息就会在相应时间点自动推送至售后客户服务专属群，大大减少了客服专员和服务顾问的工作量。

2）店内可根据业务需求定制活动模板、获客文章、话术库等，市场部和客户经理可以在后台直接创建活动素材并下发转发任务，根据转发情况及时要求相应人员完成，同时还可以根据后台统计的活动数据表现调整素材内容及发布渠道。

3）企业微信触达客户微信的渠道主要有与客户的"1对1"对话、朋友圈和客户专属服务群。这三个渠道都可以进行对应的客户维系触达设计。

4）对于执行与监督落地，客户专属服务群等于为客户打造了一个线上的服务团队，同时也是店内提升服务水平和加强管理的有效手段。通过执行规范要求将线上及线下的服务衔接，让客户感受到有一个专业的、时时在线的团队为他服务，见表4-17。

表 4-17 客户专属服务群执行规范

服务动作	执行人员	执行标准	执行要求
创建客户专属服务群	销售顾问 服务顾问	100%建群、发送群介绍、客户交车图片	新车交付服务时，售后接车建档时
客户专属服务群消息回复	客服专员	负责时间段内第一时间响应	及时性保障
	服务顾问	负责时间段内第一时间响应	首保后第一责任人
	销售顾问	负责时间段内第一时间响应	首保前第一责任人
	其他人员	协助第一责任人解答客户疑问	及时性

案例 1

××汽车展厅接待流程

一、出迎接待

1. 值班销售顾问需注意服装仪容，以及值班注意事项。

2. 要注意客户可能随时到来，门口需有销售顾问帮客户开门（戴白手套）。

3. 立刻迎接客户，5秒内迎接客户且30度鞠躬礼问候客户。

4. 为客户指挥停车，开车门护头，30度鞠躬礼微笑亲切问候客户与同行者（雨天需准备雨伞帮客户遮雨）。

5. 询问来店目的，引导客户进入展厅。

6. 同仁打招呼问候，并热诚喊"欢迎光临"。

二、接近客户

1. 让客户没有压力，自由赏车。

2. 销售顾问需距离客户5~7步外待机观察。

3. 随时注意客户是否发出以下提供接近机会的信号：

1) 客户视线有所寻找时。

2) 客户试乘展示车时。

3) 打开发动机舱盖、行李舱看时。

4) 详细且慢慢地看展示车时。

5) 对型录详细看时。

4. 销售顾问可用"缓冲一下的接近法"：客户发出以上可接近的信号的时候，就要开始接近了，接近时最好缓冲一下，若无其事地走到距客户2~3米之处，在那里随便做一些事，再自然地去接近。

5. 销售顾问递送名片自我介绍。

6. 确认顾客想看的车辆。

三、商品介绍

1. 六方位介绍：顺序为车头、车侧、车后座、行李舱以及车尾、驾驶室、发动机舱。

2. 介绍时的注意以下细节：

1）六方位介绍时，每个方位均可作为开始点，重点是依照流程顺序顺时针介绍。

2）产品介绍时，每个方位应至少介绍三项以上卖点。

3）产品介绍时，应注意顺序性（由上而下，由左而右，由外而内），客户较易了解。

4）主动为客户开门或打开发动机舱盖，不要被动跟在客户后面。

5）视线要保持与客户一致的高度，在变换介绍位置或高度时要适时蹲下/坐下/站立。

6）引导参观时，与客户保持适当距离，避免让客户感到压力或疏离。

7）对客户的随行亲友，也应一并接待。

3. 特别说明如下：

1）六方位介绍是与客户互动的基本技能，销售顾问必须每日练习至熟练。向客户介绍时，应视客户的需求进行说明，切忌一成不变的介绍。

2）除六方位介绍外，销售顾问需加强关于各车型的产品知识，以期与客户能有更好的互动。

3）型录的介绍要强化商品说明。

四、奉茶水饮料及填写贵宾卡

1. 邀请客户至商谈区细谈。

2. 询问客户饮料需求。

3. 请客户填写贵宾数据卡，并说填完会送精美小礼物（视状况而定）。

4. 为客户拿型录，请水吧协助提供饮料服务。

5. 奉上茶水饮料。

五、探询需求

通过取得更多客户需求信息，为客户进行更详细的说明及释疑，将有助于提升与客户成交的机会。

1. 探寻信息搜集可分为以下项目：

1）车辆信息搜集项目，包括：

①确认客户是否有到其他汽车展示中心。

②询问客户重视的要点。

③确认主要使用人及用途。

④其他参考车型。

2) 客户信息搜集项目,包括:

①询问客户目前使用车种的讯息。

②询问客户购车预算。

③询问客户车型,或标准车型外其他需求。

④询问购买决策者。

⑤搜集客户一般的信息。

2. 探询客户需求的过程中,需注意以下几点:

1) 以开放式问法询问客户购车需求,确认使用车者用途及性能需求。

2) 倾听客户所说的内容。

3) 使用贵宾数据卡探询客户购车信息。

4) 采用聊天的方式询问,以补足贵宾数据卡内容。

5) 询问及了解客户购车预算。

6) 重述客户购车原因及用途并确认。

7) 销售顾问建议车型等级。

六、试乘试驾

1. 促进客户试乘试驾。

2. 填写试乘试驾申请表。

3. 试乘试驾准备的注意事项如下:

1) 给试驾车贴上试乘试驾标志。

2) 试驾车内外保持清洁。

3) 调整好座椅位置。

4) 提前开空调保持舒适温度。

5) 轮胎气压略低于正常要求。

4. 试乘中的注意事项如下:

1) 销售顾问需事先向客户说明本次试乘试驾路线。

2) 试乘试驾绕规定路线两圈,第一圈由销售顾问驾驶,带领客户熟悉路线,并进行产品说明。在客户试驾时,销售顾问应保持安静。

3)销售顾问说明的内容需结合试驾路线的地形地物,例如,上坡路段解说4WD操作,直线路段解说方向盘换档拨片功能,并在解说中加入客户利益点。

4)试驾时须系好安全带。

5)车内禁止吸烟。

6)试驾必须按指定路线行驶。

7)试驾车速不得超过80km/h。

8)严格按照规范操作车内设备。

9)不允许有超出试驾科目所规定的动作。

10)销售员应指出客户可能未注意到的道路危险状况和其他道路条件。

5. 试乘后应了解客户试乘感觉,实时提供说明,并持续与客户保持联系。

七、商谈与签订合同

1. 试探成交。

2. 价格异议处理。

3. 了解以下购车考虑因素:

1)全款或分期购车。

2)保险需求条件。

3)车色、装潢需求条件。

4)二手车处理。

4. 再次确认购车需求条件。

5. 试算购车费用,请客户确认。

6. 客户进一步要求优惠的应对。

7. 异议处理,成交促进。

八、送客

1. 引导客户至休息室及服务厂参观。

2. 为客户开大门。

3. 送至门口,为客户开车门并指挥交通。

4. 行鞠躬礼并致意(感谢客户来店赏车)。

5. 挥手直到客户开车远离。

案例 2

××汽车标准化交车流程

一、交车流程对客户满意度的重要性

在销售满意度指标中，交车流程满意度占客户重视指标的第二位，仅低于对业务人员的重视度，同时在客户的心理期望中，交车时客户的心态到达最高状态，所以销售顾问在交车流程的表现，是影响客户满意度评价的重要因素。交车时也是销售顾问与客户距离最亲近的时间，将影响客户后续再介绍的意愿。

建立交车前准备作业及交车当日有系统、效率化的交车流程并落实执行是××汽车提升客户满意度重点作业。

客户及销售顾问心理期望图如下：

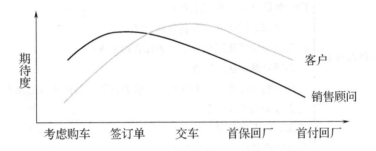

二、标准交车流程

步骤	内容
第一步	交车前准备
第二步	迎接客户
第三步	引导至商谈桌进行点交作业
第四步	保险理赔说明
第五步	维修周期及保固条件说明
第六步	车辆及配件点交
第七步	车辆操作说明
第八步	介绍售后服务人员及各项服务设施
第九步	介绍销售主管及客服面访满意度确认
第十步	送客
第十一步	售后回访

1. 交车前准备

步骤	作业步骤	基本动作及注意事项
交车前准备	1. 通知交车中心	务必于与顾客约定交车时间6小时之前通知交车中心，让交车中心事先进行检查及洗车美容等工作
	2. 与销售主管及服务顾问预约	事先将交车时间通知销售主管，以预约主管陪同交车，并让服务顾问做好售后服务介绍的准备
	3. 证件与车辆复认	确认行驶证及机动车登记证书与新车发动机号码、车身号码、车型、车色是否相同，并依合同再度确认新车是否正确 各项证件确认，包含： □货物进口证明书（未委托我司上牌） □进口机动车辆随车检验单（未委托我司上牌） □行驶证（委托我司上牌） □机动车登记证书（委托我司上牌） □购置税完税凭证及发票（委托我司上牌） 各项单据确认，包含： □确认购车发票（未委托我司上牌为三联，委托我司上牌为一联发票联） □交强险保单及发票 □商业险保单及发票 □首次免费检查保养临时卡 □购置税（完税凭证） 若顾客委托我司上牌需归还的证件： □身份证、户口本、私章（个人购车委托我司上牌） □营业执照、组织机构代码证、IC卡、公章（企业购车委托我司上牌）
	4. PDI技师落实交车前检查	依照PDI检查表，进行交车前检查与车辆清洁、美容
	5. 车辆内装、外观再次检查确认	交车前2小时由销售顾问进行检查 检查车辆灯具、收音机、发动机起动是否正常 以客户角度检查车辆漆面、清洁及外观污损及车辆内装检查
	6. 随车附件再次清点确认	检查随车附件准备完成 □钥匙两把 □点烟器 □烟灰缸（选装） □脚踏垫（选装） □天线（选装）

(续)

步骤	作业步骤	基本动作及注意事项
交车前准备	6. 随车附件再次清点确认	□工具包 □使用手册 □交车礼 □备胎
	7. 客户加装配件安装是否完成	检查车辆配件是否齐全,是否依合同及承诺的车辆配件加装完成,同时需检查加装的质量
	8. 交车资料袋准备	前述述各项证件及单据放在专属交车资料袋中,提高客户使用的便利性 事先将销售经理、服务经理、服务顾问及销售顾问本人的名片放在车主手册的资料袋中
	9. 各式表格准备	准备客户交车确认表、保险切结书、上牌委托书等可能需要客户填写之表格

作业重点如下:

1)预约交车时,须与客户确认其是否有足够时间,以使各项说明及点交能确实完成。

2)遵守约定交车时间,如果因特殊原因无法准时交车,必须尽早通知客户并诚心道歉,取得客户谅解,并约定可交车时间,交车前一天须与客户再次确认交车的时间。

3)交车前务必于6小时前通知交车中心进行PDI,并确认车辆是否到位、配件是否安装完成,并检查车辆、证件与客户订购车辆是否相符,并以客户的角度进行质量检查等PDI复认作业。

4)证件及费用单据点交必须事先整理并装入专属交接袋,提高当日交车效率。

5)务必邀约客户到交车中心或营业所交车,可提高交车速度,如交车过程中遇到问题,也可快速解决。

6)不要约定两组客户同时间交车,除可专心服务客户、对客户表示尊重外,并避免客户等待过久,引起客户抱怨。

7)勿于值班时间安排交车,若须配合客户于该时间交车,则务必请其他同事代为值班,以尊重客户权益。

8)事先将交车时间通知销售服务主管,以预约主管陪同交车,并让服务顾问做好售后服务介绍的准备。

2. 迎接客户

步骤	作业步骤	基本动作及注意事项	基本用语
迎接客户	1. 迎接客户	销售顾问需提前到交车区等候客户光临	××先生/女士/老板，欢迎光临，今天是交车的好日子
	2. 引导至新车旁	先引导客户到交车区，让客户接触新车一下，满足客户兴奋心情后，便主动引导客户进入营业所	这是您的新车，请您上去坐看看 这辆车真的很适合您 还有一些手续要办，等一下我会多花一点时间向您说明车辆如何操作，我们休息一下再去办理一些手续

作业重点如下：

1）待交车辆需停放至交车区内。

2）交车区周边清洁必须注意维护，且必须确保其灯光明亮，便于客户进行交车的工作。

3. 引导至商谈桌进行点交作业

步骤	作业步骤	基本动作及注意事项	基本用语
引导至商谈桌	1. 引导客户至商谈桌 2. 供应饮料舒缓客户心情	商谈区必须提供舒适环境，让客户轻松下来	××先生/女士，等一下我会多花一点时间向您详细介绍车辆，我们先休息一下，同时将车辆证件交给您
手机关机	于顾客面前将手机关机（关至静音），或交由同事代为处理来电	确定客户看见此一动作	我先把手机关机（关至静音），这样才能专心为您说明
证件点交	1. 出示交车确认表给客户	将交车确认表给客户，提醒客户使用交车确认表进行点交	为了提醒您交车应注意事项，这是我们公司准备的交车确认表，我会以这张表依序与您进行点交作业，如果你觉得没有问题请您依序在每个项目上打钩
	2. 请客户填写使用人数据	交车当日须确实取得使用人数据，日后才可确实进行售后服务，如果确认使用人与领牌人相同可事先填入数据请客户确认	
	3. 将证件逐一将证件请客户点交	各项证件确认，包含： □货物进口证明书（未委托我司上牌） □进口机动车辆随车检验单（未委托我司上牌） □行驶证（委托我司上牌）	这是您的××××证件，请您收好

(续)

步骤	作业步骤	基本动作及注意事项	基本用语
证件点交	3. 将证件逐一将证件请客户点交	□机动车登记证书（委托我司上牌） □购置税完税凭证及发票（委托我司上牌） **若顾客委托我司上牌需归还之证件：** □身份证、户口本、私章（个人购车委托我司上牌） □营业执照、组织机构代码证、IC卡、公章（企业购车委托我司上牌）	这是您的×××证件，请您收好
费用说明及单据点交	单据点交及核对预收及应收金额	单据必需整理整齐及固定 各项单据确认，包含： □确认购车发票（未委托我司上牌为三联，委托我司上牌为一联发票联） □交强险保单及发票 □商业险保单及发票 □首次免费检查保养临时卡 □购置税（完税凭证） □车船使用税（发票）	这是您购买车辆的发票及费用单据，请您点收
客户确认	确认客户已了解点交内容	务必使客户对各项点交皆能清楚了解、无疑虑	到现阶段的点交，请问您还清楚吗？确保您清楚了解与满意是我们最重要的责任

作业重点如下：

1）事先将所有需点交的证件、单据，整理至交车资料袋中。

2）使用表格：客户交车确认表。

4．保险理赔说明

步骤	作业步骤	基本动作及注意事项	基本用语
保险理赔说明	1. 交强险与商业险保单	如保单交车当日无法交付，须向客户说明保单保险公司约在×天后会直接寄送或由销售顾问送达	因保险公司作业时间，预计约×天后会寄给您
	2. 出险时紧急处理作业说明	提醒客户车辆上贴的事故服务提示，销售顾问名片与行驶证放在一起，保险单及出险处理作业、报案电话放置在车上，以备不时之需 说明出险处理程序要点	如果保险需要我服务时，您可以随时联络我，万一有一些状况您可以联系我们来处理，当然开车希望平安，我希望您不需要用到

（续）

步骤	作业步骤	基本动作及注意事项	基本用语
客户确认	确认客户已了解说明内容	务必使客户对各项说明皆能清楚了解、无疑虑	到现阶段的说明，请问您还清楚吗？确保您的清楚了解与满意是我们最重要的责任

作业重点如下：

1）新车出险紧急处理方式应确实婉转向客户说明，保护客户权益；重点介绍车上的事故服务联络方式（如挪车电话牌后面的事故服务电话）。

2）使用表格：客户交车确认表。

5. 维修周期与保固条件说明

步骤	作业步骤	基本动作及注意事项	基本用语
车主使用手册说明	1. 使用须知说明	提醒加装非原厂配备而引起原车配备损害，不在保固内	如果您需改装配件，请至××保养厂进行，确保你的保固及安装品质
	2. 说明保固项目及范围	提醒客户新车2年或5万公里视哪项先到为准，蓄电池、轮胎等耗损品，不适用新车质量保证之事项，强调自行改造、拆卸及添加设备及人为损坏，在其他非原厂保养检修所引起的损坏，也不在保固范围之内	
	3. 说明一家买车全国服务政策	简要说明各个保养厂所在位置	××汽车是一家买车全国各服务厂提供服务，所以让您使用更安心
提醒回厂定保说明	1. 说明3000公里强保及之后每5000公里进厂保养	需进厂之周期，提醒客户3000公里要做强保，并提醒客户于3000公里进厂时须携带维修手册中的强保联或首次保养临时卡	新车定期保养对于车辆性能非常重要，首次3000公里保养凭维修手册上的强保联或首次保养临时卡进厂，工时零件免费。之后每隔5000公里需进厂作定期保养维护
	2. 询问客户车辆使用频度	询问客户车辆使用频度，并预估1000公里到期日，与客户约定回厂保养并填入交车确认表	请问您一个星期大约开多少公里 预计开3000公里是×月×日，我先帮您预定回厂作3000公里保养，时间接近时我会再与您联络

（续）

步骤	作业步骤	基本动作及注意事项	基本用语
提醒回厂定保说明	3. 预约制度说明	说明可以协助预约进厂保养	未来需要进厂保养时，为了节省您的时间，我们有预约制度，回厂前您可以通知我，我将乐意为您服务
客户确认	确认客户已了解说明内容	务必使客户对各项说明皆能清楚了解、无疑虑	到现阶段的说明，请问您还清楚吗？确保您的清楚了解与满意是我们最重要的责任

作业重点如下：

1）选择重点的车主注意事项进行说明。

2）使用表格：客户交车确认表。

6. 车辆及配件点交

步骤	作业步骤	基本动作及注意事项	基本用语
车辆及配件点交	请客户确认购买的车型 引导客户检查车辆外观 引导客户检查内装	以车辆尾部车型代号向车主说明 请客户确认重要车型配备 依六方位顺序（车头、右方、车尾、左方、车室）引导客户进行外观检查 引导客户进入驾驶座，进行内装检查	有关证件与单据都点交完毕，接下来点交新车，请您看看车辆外观，不知您对我做的整理是否满意 请您看看内装部分是否满意
	随车附件点交	□钥匙两副（与交车礼一起交给客户） □点烟器 □烟灰缸（选装） □脚踏垫（选装） □天线（选装） □工具包 □使用手册 □备胎	这是您随车的附件，请你收好。另外，这是我们公司送给您的交车礼，希望您会喜欢
	点交安装配件	配件须按照客户订车时所购买的规格赠送 配件须再交车前加装好，销售顾问并事先检查一次 提醒客户配件加装需考虑安全性及对保固条件影响问题	这是您当初购买及赠送给您的配件，请您检查一下 如果您未来会加装配件或改装发动机，会影响保固条件，所以加装影响机能的配件时一定要格外注意

(续)

步骤	作业步骤	基本动作及注意事项	基本用语
车辆及配件点交	点交车辆及确认车辆质量	由 PDI 技师针对 PDI 确认表上内容,逐一检查点交给顾客 销售顾问提醒顾客若有问题可以随时提出,顾客若提出问题,技师需马上解答 各项确认完毕后,请顾客于确认表上签名	

作业重点如下:

1)随车附件点交时,由销售顾问逐一点交给客户。

2)车辆点交将由技师进行,逐一点交车辆各项功能,请顾客务必在场确认品质,并于确认完毕后签名。

3)配件应依车主当初选购或承诺赠送规格加装;如是非原厂加装配件,需说明不在保固范围内。

4)使用表格:客户交车确认表及车辆品质确认表。

7. 车辆操作说明

步骤	作业步骤	基本动作及注意事项	基本用语
车辆操作说明	1. 车辆起动操作 2. 仪表板指示灯信息说明 3. 车门操作 4. 变速杆及档位说明 5. 儿童安全锁 6. 座椅变化 7. 方向盘调整及上锁	请客户带着操作手册,并随时提醒客户参考使用手册数据 先示范一次,再请客户操作一次,确认客户学会使用方式	我先示范一次,这是×××,请您试试看
音响操作	音响操作说明	音响操作说明是客户反映销售顾问经常解释不清楚的地方,应该提供给客户足够的时间操作	音响我先示范一次,因为音响操作较容易忘记,如果您以后忘了如何操作,可参考音响操作手册
自我检查说明	1. 引导客户到车前,并打开发动机舱 2. 五油三水检查方式说明 3. 轮胎检查方式	向客户强调自我检查对于行车安全重要性 示范自我检查作业项目	车辆自我检查对于行车安全是非常重要,尤其您开长途前最好自我检查一次,这是机油尺……

(续)

步骤	作业步骤	基本动作及注意事项	基本用语
紧急处置方式	换胎及千斤顶的操作及备胎位置说明		

作业重点如下:

1) 各项说明都要主动提供,对女性客户或首次购车的客户的操作说明要说得更清楚。

2) 对于已有开车经验的客户,仍须就各项说明逐项确认是否需要解说。

3) 销售顾问须事先练习熟悉各车款的操作方式,避免客户询问时无法回答,使客户降低对销售顾问的信任感。

4) 新进人员交车时可请技师或资深销售顾问陪同,协助进行车辆说明。

5) 鼓励客户动手操作一次,增加其对车辆的了解。

6) 使用表格:客户交车确认表。

8. 介绍售后服务人员以及各项服务设施

步骤	作业步骤	基本动作及注意事项	基本用语
介绍售后服务人员（服务经理或服务顾问）	1. 介绍售后服务人员给客户	先介绍服务经理或服务顾问给客户认识	这是我们公司的服务经理或服务顾问××× ×××先生,谢谢您购买××车,往后车辆的保养与维修交给我们,绝对让您安心满意
	2. 售后服务主管引导客户参观售后,并介绍各项服务与设施	引导客户参观服务厂的设备,并介绍服务厂的服务范围、营业时间及预约方式	×××先生,请往这边走,带您参观一下我们的服务厂,往后车辆如果需要保养或维修,我们一定竭诚为您服务。我们的营业时间为……

9. 介绍销售主管及客服面访满意度确认

步骤	作业步骤	基本动作及注意事项	基本用语
介绍销售主管（销售经理）	介绍销售主管给客户	介绍销售经理或主管给客户认识	这是我们公司的销售经理××× ×××先生,您购买××车我们觉得很荣幸

(续)

步骤	作业步骤	基本动作及注意事项	基本用语
客服面访人员确认客户满意	确认销售顾问交车流程	与客户逐项确认销售顾问交车步骤的落实度 未落实或未清楚的步骤可由客服面访亲自向客户做说明	请问我们销售顾问×××是否已经向您说明/示范了（操作说明、使用手册、保养保固） 您是否还有不清楚的或其他需要向您说明的
	确认销售顾问承诺履行	确认销售顾问是否确实履行所承诺的车价、保险、贷款与配件加装等项目	我们销售顾问×××在订车时答应您的××是否都已经做好了
销售主管确认客户满意	满意度确认与再介绍请托	确认客户对销售过程的满意度，了解须加强的地方 请客户介绍销售机会	您对我们的销售服务还满意吗？请提供您的宝贵建议 如果有需要为您服务的请不要客气，随时欢迎与我们联络。请问您现在是否有亲朋好友要买车的？如果有，不知您是否可以提供我们资料，让我们服务联系；若是没有，未来有亲朋好友要买车的，还请多多介绍给我们销售顾问×××

作业重点如下：

1）介绍销售主管，除感谢购车外，主管应当场再与客户确认车辆操作、使用手册及保养保固的说明情况，以及车辆状况及承诺事项的满意度，以督导落实各项交车步骤、确认承诺履行，并与客户建立良好关系。

2）促销交车礼是否确实交付给客户，是常见客诉来源，应着重管理。

10．送客

步骤	作业步骤	基本动作及注意事项	基本用语
拍照	邀请客户合照	应布置拍照环境，体现欢乐气氛	买新车就像是五子登科一样的喜事，值得留下欢乐镜头，我们与新车一起合照吧

(续)

步骤	作业步骤	基本动作及注意事项	基本用语
送客	提醒客户新车油量,并告知附近加油站	如果未事先帮客户加油,务必提醒客户至最近的加油站加油,若新车于路上无法行驶,将引起客户严重不满	您出门后沿这条路……,有一家加油站,您可在那里加油
	指挥、引导客户驾车安全离开	全员行礼欢送客户,营造热诚气氛;目送客户至视线外,显示待客诚意	谢谢您的惠顾,祝您开新车发大财 祝您开车大吉

11. 售后回访

作业重点如下:

1) 销售顾问于交车后 3 日内、1 个月、3 个月及之后每季,必须打电话回访客户,主要为关心客户使用状况,并提醒客户首次入厂强保以及后续保养的相关事宜。致电时需记得表明身份及致电目的,并向客户请托介绍新客户。

2) 销售经理于交车后 72 小时内进行电访,关心客户用车状况,并了解客户对产品及服务的满意度。

4.2 销售执行管理流程

4.2.1 销售业务的执行管理

汽车经销商销售业务的执行管理其实一直是流程化的。展厅的销售流程是对外面向客户的,执行管理流程是对内面向内部员工的。

汽车主机厂会依据市场情况、产品线更新情况制定面向汽车经销商的年度商务政策,年度商务政策最核心的指标是汽车经销商年度预算目标。

由于行业生态的原因,汽车主机厂商务政策中年度销售任务是汽车经销商销售业务指标制定的首要依据。利润是企业生存之本,销售利润是汽车经销商销售业务最根本的指标,"量利双赢"是汽车经销商销售业务地图的核心。

汽车经销商销售的业务执行管理流程大多采取经营指标管理制度。经营指标管理是典型的自上而下的一种管理流程方式,其步骤及动作要点见表 4-18。

表 4-18 目标责任制管理流程的步骤及动作要点

步骤	动作要点
1. 年度预算目标制定	基于主机厂年度任务结合历史数据，制定年度预算目标
2. 年度预算目标分解	年度预算目标依照时间维度分解
3. 指标责任制	将目标分解后的具体指标落实到每一个人，签订责任书
4. 岗位职责的调整	依旧工作内容以及具体工作指标，做岗位职责的调整
5. 指标绩效评估	依据实际业务以及指标完成状态，做绩效评估考核

1. 年度预算目标制定

汽车经销商的销售管理模式大多采用预算目标制度，以年度预算的财务指标作为年度整个部门管理的标尺，见表 4-19。

表 4-19 年度预算指标

KPI	基础指标	挑战指标	备注
提车量			
销售量			
库存比			
销售毛利			
水平业务毛利			
其他项目			
总费用			
总利润			

2. 年度预算目标分解

其依据时间维度，以半年、季度、月、周做细化。

3. 指标责任制

销售的指标是需要一线销售顾问对每一位客户认真接待、用心服务累计完成的。整个指标需要店内所有成员共同努力来完成。当我们将指标按时间维度细化之后，销售的每一位员工随之肩负了个人的指标。从销售部门销售经理到销售部门的每一位成员，人人都有对应的指标。

4. 岗位职责的对应调整

主机厂对于销售岗位都有明确的岗位说明书，但销售的地区差异化很大，具体岗位的工作内容也不同,要根据实际工作情况与分解到个人的指标责任书,对岗位职责做对应调整。

5. 指标的绩效评估

汽车经销商销售团队的绩效大多采取提成制度,以行业平均水平设计一个岗位的薪水范畴,然后依照实际指标结果进行测算得出一个提成的比例,然后以这个比例作为员工提成的依据。

例如,三线城市的合资品牌销售顾问的工资是1万元,而目前销售部门平均月成交是10台车,那么每台车销售业务综合的提成设计就是1000元。

依照这个"倒算"的思路,把这个岗位要做的具体业务结果逐个细化即可得出以下模式的绩效奖金计算公式:

绩效奖金 = 成交台车奖励 + 分期业务奖励 + 重点车型奖励 + 精品提成 + 其他衍生业务提成

然后,根据月度实际经营情况对应与该岗位的 KPI 指标与预算对标进行打分,用这个成绩与奖金相乘,做综合考评后得出最后的绩效,见表4-20。

表4-20 绩效考核表

考核项目	权重	目标	实际完成	得分	数据来源
销售台数	25%				财务
分期渗透率	25%				财务
满意度	10%				客服

一线销售顾问总体的激励方式是多劳多得,上不封顶。

如今汽车销售业务的变量极大,在实际经营中更为考验汽车经销商经营管理团队的经营水平与应变能力。

销售行业的经营之"道",核心要做好三个维度"人""货""场"的效率优化与匹配。这就要求经营管理者要具备市场洞察力、营销设计能力、落地执行过程的管控力。

在汽车市场稳定上升的行业红利阶段,销售管理业精于勤。而随着汽车行业大变革临近,外部环境快速变化,销售管理更加考验经营管理者的智慧。

销售业务管理者拿到年度销售任务之后,首先要做的是销售战略制定与差异化经营策略设计。

销售业务管理者要建立科学的销售数据分析体系、内外部环境分析,制定出扬长避短、趋利避害的销售战略，找到更好的差异化经营策略。

经营策略制定后的工作重点是销售业务的目标管理，要把企业中每个个体的都凝聚到企业的共同目标上来。落实到具体的做法，是把公司的总体目标，自上而下层层分解为每个员工的个人目标，并且获得团队的认可。

在目标实现的过程中管理者要以"赋能"一线的思维，梳理一线日常工作设定，设计工作辅助工具提升一线销售力，着力于销售一线的效率改善。

在目标实现的过程中，管理者还要基于目标与市场环境匹配资源，设计具体营销方案并在经营过程中追踪进度，实施改善方案。

管理者要定期根据实践对目标做定期修正，用平衡积分卡工具对目标过程做绩效评估考核。这些工作是销售经营管理者的工作重点，其重点步骤与动作要点见表4-21。

表4-21 销售经营的重点步骤与动作要点

步骤	动作要点
1. 年度预算目标	基于主机厂任务、利润目标，测算出年度目标
2. 销售战略制定	基于历史数据、外部环境，制定销售战略
3. 差异化经营策略设计	从销售战略出发，做经营策略设计
4. 目标管理	把企业中每个个体的努力，凝聚到企业的共同目标
5. 赋能一线岗位	梳理一线日常工作设定，设计工作辅助工具提升一线销售力
6. 实现目标的营销	基于目标，匹配资源，设计具体营销方案
7. 过程进度追踪	经营过程中追踪进度，实施改善方案
8. 目标修正与绩效评估	根据实践对目标做定期修正，用平衡积分卡工具对目标过程做绩效评估考核

4.2.2 核心工作岗位的赋能

销售的业务是由销售部门的核心生产力单元——销售顾问，通过对每一位客户的认真服务赢得成交累积而来的。

一线销售顾问的服务力越强，团队的战斗力也越强。所以整个执行管理思维自下而上，首先是要建立"赋能"一线的思维。

我们需要在原有的岗位说明书的基础上再进一步，岗位说明书解决的是应该做什么的问题，而在实际中真正起到直接作用的是要解决具体怎么做的问题。

我们需要基于核心生产力单元日常实际工作出发，去制订岗位的日常工作规划。对于这个岗位每天、每周、每月做的具体工作做具体规划，见表4-22。

表4-22 销售顾问工作规划

每天工作规划					
项次	时间	工作项目	工作重点	周期	记录表单
1	8:30—8:45	晨会	今日工作计划、销售进度、统计销售顾问再次到店和交车、鼓舞士气等	天	晨夕会记录表
2	8:45—9:30	演练	接待流程、六方位绕车、竞品对比	天	六方位绕车表
3	9:30—9:45	展车准备	清理展车	天	展车5S标准检核单
4	全天	接待工作	客户的接待工作	天	DMS系统
5	18:00—18:30	夕会	总结当天交定情况、再次到店客户数、回访情况、案例分析	天	晨夕会记录表
每周工作规划					
项次	时间	工作项目	工作重点	周期	记录表单
1	周一	周会	总结上周的业绩进度，布置本周工作计划	周	周会记录表
2	周二	客户级别分析会议	参与会议提出需求	周	邀约到店表
3	周三	演练培训	参与会议	周	销售顾问等级分析表
4	周四	培训	参与培训	周	培训日志
5	周五	邀约客户	邀约周六、日活动到店客户	周	邀约到店表
6	周六/日	接待客户	重点活动日，努力成交再次到店客户、当天新增意向客户	周	销售经理检核
每月工作规划					
项次	时间	工作项目	工作重点	周期	记录表单
1	每月10日	销售经理召开的部门月会	上月的业绩、本月工作计划、绩效方案、任务分配、KPI指标	月	月会记录表
2	每月10日	销售经理召开的部门月会	销售团队建设	月	
3	每月15日	半月业绩分析	参与会议	月	会议纪要本
4	每月20日	销售顾问大比武	参与销售经理设计的六方位绕车、接待流程中的某一项比赛	月	评分表

根据日常工作的规划去做辅助工具，如销售流程中的情景剧本、展示给客户的店内布置、展板、图片、视频等内容。

这就如同游戏玩家，不但有过关的通关秘籍，让员工了解具体情况下该做什么、该怎么做，同时还要有装备，通过辅助工具让员工的工作变得更简单。

这个步骤有效实施之后，也会解放管理层。

4.2.3 营销方案的执行

基于目标和关键结果，更需要销售管理层做的是调配资源，设计并实施实现目标的具体营销方案。

经营活动本身也是成本，所以在有限的人力、物力、财力基础上，基于目标做取舍，通过资源调配设计具体营销方案是管理层核心的工作。

企业微信会员、转介绍、"团购"活动、车展活动、金融与二手车专案都是基于结果目标的具体营销方案。

营销方案实际落地中要以推进表形式做实施保障，将方案分解成可以落实到具体执行人、负责人身上的任务，同时确定完成的标准，并从时间维度设计以天、周为单位的推进单位，见表4-23。

表4-23 方案实施推进表

项目	标准	执行人	负责人	实施进度					
				第1天(周)	第2天(周)	第3天(周)	第4天(周)	第5天(周)	第6天(周)
项目1									
项目2									
项目3									

过程进度追踪管控是方案执行的重点，经营过程中要定时针对执行进度做追踪，并就落后部分进行分析，制定并实施具体改善方案。

进度追踪首先要明确实际进度与目标之间的差距，进度看板是非常好用的工具，见表4-24。

表4-24 月度目标日进度看板（时间：×月×日）

目标	应达成进度	实际达成	差异	备注
目标1				
目标2				
目标3				

针对落后的情况以具体的时间单位形成改善执行方案,见表4-25。

表4-25 改善执行方案

序号	改善项目	现状	问题分析	改善措施	期限	执行人	负责人
1							
2							
3							

4.2.4 目标修正与绩效评估

管理者需要根据实际对目标做定期修正,用平衡积分卡工具对目标结果做绩效评估考核。

销售的年度预算目标设定是基于主机厂商务政策目标、公司财务目标数据出发而设定的。但是在实际经营中存在着重多变量,所以如果在一定周期内经营情况发生变化,相应的目标需要定期做调整。行业内一般采用半年这个时间节点对年度目标做必要的调整。

员工的绩效评估涉及员工的收入,合理科学的绩效评估可以将公司利益与员工利益一致,实现正面激励。绩效评估可以从以下几个方面入手。

1. 遵循基于岗位、绩效、技能三个维度来设计

底薪由岗位、技能等级、工作年限确定,以下是不同岗位底薪制定方法实例。

××销售经理:

底薪=岗位工资2000元+技能工资(认证通过200元)+年限(每1年100元)

××展厅经理:

底薪=岗位工资1500元+技能工资(认证通过200元)+年限(每1年100元)

××网电销经理:

底薪=岗位工资1500元+技能工资(认证通过200元)+年限(每1年100元)

××销售顾问:

底薪=岗位工资800元+技能工资(初级认证通过50元,高级认证通过150元)+
年限(每1年80元)

××网销员：

底薪 = 岗位工资 800 元 + 技能工资(初级认证通过 50 元，高级认证通过 150 元) + 年限(每 1 年 80 元)

××电销员：

底薪 = 岗位工资 600 元 + 技能工资(初级认证通过 50 元，高级认证通过 150 元) + 年限(每 1 年 80 元)

××水平业务专员：

底薪 = 岗位工资 600 元 + 技能工资(初级认证通过 50 元，高级认证通过 150 元) + 年限(每 1 年 80 元)

岗位与技能决定底薪部分，而绩效则对应奖金部分，绩效奖金部分取决于工作成果。对于岗位做分类梳理，根据不同岗位设计对应的绩效模型。例如，业务管理类、直接面对客户的一线核心岗位，绩效占比要大；而不直接面对客户的支持类岗位，它的绩效占比相对要小。岗位分类见表 4-26。

表 4-26 岗位分类

分类	业务管理类	一线业务类	服务支持类	业务支持类
定义	销售的基层管理岗位，各业务面的专业骨干负责业务经营与团队管理人员	直接面对客户，工作成果取决于客户与市场，肩负业绩结果	辅助保障服务质量与客户满意度	内部运营保障服务质量稳定性实现售后整体满意度
岗位	销售总监 展厅经理 网电销经理 二手车经理 二网经理 水平业务经理 大客户经理 订单经理	展厅销售顾问 二手车销售顾问 二网专员 网电销销售顾问 网销员 电销员 大客户销售顾问	前台接待 展厅水吧接待	销售信息员 库管员 销售培训师 交车员
绩效策略	目标绩效奖金 × 部门整体目标达成 绩效占比 70% ~ 80%	提成奖金 × 目标绩效达成 绩效占比 70% ~ 80%	目标绩效奖金 绩效占比 50% ~ 60%	目标绩效奖金 绩效占比 50% ~ 60%

2. 依照岗位的不同，采取不同的绩效考核策略

业务管理类绩效设计可以采用平衡积分卡，从财务面、客户面、内部管理面、学习成长面这四个角度来做评估，见表4-27。

表4-27 绩效评估指标

评估角度	指标
财务	交车量、毛利、水平业务渗透率等
客户	留档率、邀约回店率、客户满意度等
内部管理	内部检核、过程指标的完成率等
学习成长	认证通过、演练考核成绩、培训考试成绩等

具体考核依据岗位不同进行对应调整，考核指标不宜过多。

订单经理

指标类型	关键绩效指标	定义	权重参考
财务面	交车量	销售的新车交付量	20%
财务面	商品车库存周转达标率	实际库存周转天数/目标×100%	20%
财务面	滞销车金额占比	库龄180天以上库存车金融/总库存车金额×100%	10%
客户面	内部客户满意度	内部客户满意度出现的问题数量	10%
内部管理面	内部检查	内部工作检查中出现的问题数量	10%
内部管理面	商品车的供应及时率	商品车销售及时供应次数/总需求次数×100%	20%
学习成长面	人均培训达标	人均实际培训时数/人均计划培训时间数×100%	10%

网电销经理

指标类型	关键绩效指标	定义	权重参考
财务面	交车量	销售的新车交付量	30%
财务面	广宣回报率	成交量/广宣投入×100%	10%
客户面	内部客户满意度	内部客户满意度出现的问题数量	10%
内部管理面	邀约到店率	网电销进店量/总线索量×100%	15%
内部管理面	到店成交率	成交量/到店客户量×100%	15%
内部管理面	内部检查	内部工作检查中出现的问题数量	10%
学习成长面	人均培训达标	人均实际培训时数/人均计划培训时间数×100%	10%

直接面对客户的一线岗位，结合岗位工作规划内容，考核以结果指标为主、过程指标为辅助，以财务指标与客户类指标为主；对于分层级设岗的情况（金牌销售顾问、银牌销售顾问、销售顾问），除了在底薪部分的差异，绩效部分采用同一指标设计不同目标值。

销售顾问：绩效奖金＝工作项目结果提成×质量考核成绩

工作项目结果提成

序号	工作目标	提成计算
1	交车基本提成	本月所有交车台数（200元/台）
2	重点车型提成追加	重点车型台数（100元/台）
3	超额毛利提成	实际销售金额－限价金额×10%
4	金融毛利提成	金额业务毛利×8%
5	精品毛利提成	精品毛利×8%
6	二手车业务提成	二手车业务数量×单项奖励（50元/台）

注：结果提成可以设计台阶奖励与负激励。

质量考核

指标类型	关键绩效指标	定义	权重参考
财务面	交车量目标达成率	交车量的目标达成	20%
财务面	销售毛利目标达成率	销售毛利目标达成	20%
财务面	重点水平业务达成率	本月重点水平业务的目标达成	20%
客户面	内部客户满意度	内部客户满意度出现的问题数量	10%
过程面	重点过程指标达成	本月重点过程指标达成	10%
过程面	销售流程检核检查	内部工作检查中出现的问题数量	10%
学习成长面	培训达标	达成月度培训要求	10%

注：重点水平业务达成率与重点过程指标达成的具体内容由具体经营情况决定，每月都可调整变化。

网电销业务电销员：绩效奖金＝工作项目结果提成×质量考核成绩

工作项目结果提成

序号	工作目标	提成计算
1	邀约到店提成	邀约到店量（20元/批）
2	到店成交追加提成	邀约到店成交追加（100元/台）
3	项目提成	二手车、金融、特价车等完成项目数×单项提成（20元/项）

注：结果提成可以设计台阶奖励与负激励。

质量考核

指标类型	关键绩效指标	定义	权重参考
财务面	交车量目标达成率	交车量的目标达成	10%
财务面	销售毛利目标达成率	销售毛利目标达成	10%
客户面	内部客户满意度	内部客户满意度出现的问题数量	10%
过程面	建档量目标达成	月建档量的目标达成	20%
过程面	邀约量目标达成	月邀约量的目标达成	30%
过程面	首次邀约成交量目标达成	月首次邀约成交量的目标达成	10%
学习成长面	培训达标	达成月度培训要求	10%

注： 电销员根据实际工作内容的不同进行对应调整。

在业务支持类、服务支持类岗位的绩效设计上，奖金部分比例更低，主要考核该岗位的基础工作完成质量。如果工作项目结果提成金额低，可加上岗位工资部分，再做质量考核。

商品车管理员：工资变动部分 =（岗位工资 + 工作项目结果提成）× 质量考核成绩

工作项目结果提成

工作目标	提成计算
交车辆数提成	每台××元

注： 结果提成也可以设计阶梯奖励。

质量考核

指标类型	关键绩效指标	定义	权重参考
过程面	完美交车保障率	完美交车量/月交车量	20%
过程面	商品车入库检测率	PDI台数/入库量	20%
过程面	商品车信息管理	按时完成商品车统计台账	20%
过程面	商品车核检	定时定量完成商品车核检并记录	20%
过程面	商品车管理规范	内部检查管理缺失的项目数	10%
学习成长面	培训达标	达成月度培训要求	10%

3. 利用表格工具设计核心目标进度看板并做及时反馈

让每一位员工了解到自己每一天的工作进度以及工作收益。例如，销售顾问可以设计管理看板，每日更新个人业绩数据，对应的个人收益就会得出，同时低于目标值的数据会变色。销售顾问目标达成以及个人收益进度看板见表4-28。

表4-28 销售顾问目标达成以及个人收益进度看板

分类	项目	销售顾问1	销售顾问2	销售顾问3	销售顾问4
营业目标	交车目标				
	交车量				
	订单量				
	重点车型目标				
	重点车型交车量				
水平业务项目	金融目标达成				
	精品目标达成				
	置换目标达成				
	重点金融产品目标				
	"双保套餐"目标达成				
	月度活动核心项目				
质量指标	建档率				
	二次邀约率				
	试乘试驾率				
	内部客户满意度成绩				
	培训达标率				
	接待流程检核				
收益	绩效工资				

销售管理流程本质上是一个规范化、标准化作业的设计，销售流程最大的作用就是保障实施过程不变形不走样。在汽车销售经营管理中，我们从销售管理流程层面出发做设计改善，帮助我们不打折扣、不退化地将销售盈利进化的改善有效落地。

案例

销售部门薪酬绩效方案

销售经理

指标类型	关键绩效指标	定义	权重参考
财务面	交车量	销售的新车交付量	30%
财务面	销售毛利	新车销售毛利加水平业务毛利	30%
客户面	客户满意度	客户满意度回访出现的问题数量	10%
客户面	客户投诉及时解决率	规定时间内处理客诉件数/客诉件数×100%	15%
内部管理面	内部检查	内部工作检查中出现的问题数量	10%
学习成长面	人均培训达标	人均实际培训时数/人均计划培训时间数×100%	5%

本章重点

1. 意向客户分级可将以成交时间预估为评判标准的客户分级方式，改为以成交要素满足程度为评判标准的客户分级方式。
2. 将顾问式销售流程改为识别客户后再根据不同客户类型对应不同服务侧重的专属式销售接待流程，以不同的销售流程方式应对不同类型的客户。
3. 通过工具赋能、组织结构调整的重新分工提升销售顾问的工作效率，解放销售顾问的生产力。
4. 建立包括目标设定、资源匹配、进度追踪、过程管控、成果评估的销售业务管理流程的具体细则。

第5章 汽车经销商资源管理升级

在汽车经销商销售盈利战略图里第三个支撑量利双赢目标的维度是配资源,对应的是汽车经销商销售资源管理能力的提升。

汽车经销商的销售运营本质上是商品车与潜在客户的匹配,从电商销售"人""货""场"的概念去分析,商品与客户是零售最核心的资源。

客户在需求侧,商品则在供给侧。通过对汽车经销商销售资源的有效管理,从供给侧实现更好的供应,可以迅速改善销售状况,实现经销商销售盈利。

汽车经销商销售的产品金额高,对资金的要求是非常高的,只依靠汽车经销商的自有资金显然是不行的。在汽车这种高金额的产品销售中,经销商领域普遍采用的是加金融杠杆后的经营模式。

汽车4S店的商品供应采取由汽车主机厂、汽车经销商、金融机构三方一起来推动的模式,由汽车主机厂主导,汽车经销商在缴纳一定手续费用后,以总额的5%~15%保证金的方式获得金融融资,来满足其大金额的进货需求。

从另一个角度来分析,在今天的市场环境下,汽车销售的毛利目前只有百分之几,汽车经销商唯有在拿到了放大数倍的金融融资的情况下,投资回报才有较大的吸引力。

汽车经销商的这种金融杠杆经营模式,在资金运转上就需要实现迅速的流通周转。这就给汽车经销商的销售管理提出了一个要求,必须控制库存量,释放金融额度,不然很容易出现资金运转困难的情况。

汽车经销商对商品车的管理水平直接决定着整个汽车经销商的有效盈利。可惜现实中有很多经销商依旧停留在进销差价、收入减去成本的思维下,很少考虑金融额度的时间维度,很少以资金回报率去思考盈利,这反而成为经销商不盈利的核心要因。

例如,一家4S店销售车型的平均车价是20万元,商品车周转200台的规模,资金需求是4000万元,经销商以500万元作为运作资金,通过金融杠杆获得了4000万元的额度。从经营角度思考,管理者首先要控制好资金的有效流动,及时释放额度,确保有提车余量。再者就是要在时间维度做商品车管理,防止现车侵占运作资金的额度。

销售业务盈利战略图的核心是量利双赢,本质上是投资回报的问题。具体到实际的销售经营管理中,则是根据经营战略制定出具体化的销售目标和利润目标。

由于汽车经销商处于汽车行业价值链末端,其零售业务受到主机厂批发环节的直接影响,因此管理者在做销售目标设定的时候往往依据厂家的商务政策目标。主机厂的商务政策目标则是从工厂生产计划情况出发,而后依据历史销售数据和市场预测做调整设定的。

作为规则的制定者,不同的汽车主机厂本身也有着不同的策略偏重,有偏重于工厂生产计划的,也有偏重于市场销售需要的。

汽车主机厂在销售商务政策制定上一直有"以产定销"和"以销定产"两种策略,如图5-1所示。

图5-1 汽车主机厂两种不同的策略

"以产定销"指的是汽车主机厂偏向于工厂生产计划的策略。汽车主机厂依照工厂的生产计划去匹配对市场的广告宣传投放、对汽车经销商的商务政策及营销培训内容。

"以销定产"指的是汽车主机厂偏向于市场需求的策略。汽车主机厂依据市场的销售端反馈数据去调整生产计划,从而调整对经销商的发车计划与商务政策。

"以产定销"与"以销定产"是两种不同的策略,不能说哪个就一定好,在不同的市场环境和经营环境下,这两个策略各有优劣。

汽车经销商要做的是研究厂家商务政策,在自身的管理范围内细化管理,并积极影响行业链条前端的汽车主机厂的发车供应。汽车经销商要从实际经营角度出发,建立起基于销售资源精细化管理的体系,做好销量与利润目标的规划。

汽车销售行业的经营之"道",即通过对客户资源、商品资源(商品车及配套服务产品)、汽车经销商销售场景经营的效率与产能的提升,三者优化匹配,实现销售质量的提升。

依照这个思维，汽车经销商的核心销售资源管理对应的是客流量、商品车供应、销售场景。汽车经销商销售业务的三个核心资源就是商品车、潜在客户、销售顾问。汽车经销商管理者要通过对这三个资源的精细化分析，设定科学合理的目标，并聚焦于这三个核心资源进行管理改善，实现经营能力的提升。

5.1 商品车的升级管理方案

销售业务盈利战略图的核心目标是量利双赢，但汽车经销商管理者在实际销售经营中面临的情景很多都是销量与利润的冲突。

很多汽车经销商的销售管理者认为销量与利润是不可调和的矛盾，是一个无法破解的二选一游戏。

汽车经销商所经营的品牌，有受消费者普遍欢迎的畅销车型，也有消费者不是很认可的滞销车型。汽车经销商手里的畅销车型没有问题，车很好卖，市场价格相对也好，利润也好。但是滞销车型却很是头疼，车卖不出去，占用资金，只有降价销售。这类车想要销量就要亏钱卖车，卖越多亏越多，是无法做到量利双赢的。

滞销车型的确存在销量与利润的"困局"，这就需要汽车经销商销售管理者找到关键矛盾，设计经营对策，实现"破局"。

在汽车行业产业链中，从设计、生产到批发都是掌握在汽车主机厂手里的，不同的汽车主机厂在销售上都有着不同的策略，这个策略最终体现在给下游汽车经销商的发车计划与销售商务政策上。

有的汽车品牌实行"以销定产"的策略，它是会根据历史销售情况来调整给汽车经销商未来资源的供应。在这样的政策下，汽车经销商如果想获得更好的收益，就一定要将优势车型持续做大，以良好的数据获得汽车主机厂更多的优势车型资源，从而获得更好的收益。

有的汽车品牌实行"以产定销"的策略，它是根据厂里的生产计划给经销商分配任务的，最显著的特征是批售环节会做直接分配，汽车经销商的自行调配空间有限。这样的情况更加考验汽车经销商的经营能力，往往经营水平更高的汽车经销商可以获得更好的收益，不同汽车经销商之间的差距会更大。

汽车经销商管理者只有将汽车主机厂的发车规则、商务政策研究透彻，才能制定出有效合理的销售经营策略。

1. 汽车销售业务的供销矛盾

在汽车经销商一线销售中,经销商的销售需求满足率是一个关键的 KPI 指标,这个指标衡量的是商品车匹配供应的情况。

$$销售需求满足率 = 需求满足量/销售需求量 \times 100\%$$

在一线销售中,汽车经销商商品车的库存资源与实际销售需求的错配,是制约销售业务的瓶颈,也是汽车经销商难以盈利的原因。

销售一线在畅销车缺货时,采取的方式要么是请客户等待,要么是转化其他的车型。无论哪种选择都是有风险的,客户等待会有流失可能,而说服客户选择其他车型,可能会失败,将损失客户。即使成功转化,销售一线往往也要付出一定的让利代价。

滞销车则更令人头痛,汽车经销商处于汽车产业链末端生态位,汽车主机厂生产的车先发到店里,成为汽车经销商的库存,如果汽车经销商在一定的时间内销售不出去,"三方"到期就要用到现金。长期库存车辆占用大量资金,逼着汽车经销商去低价处理,这种无奈的情况就使行业内有了"库存是万恶之源"的说法。

从汽车经销商商业模式分析中,实体店有现车可供是汽车经销商的经营优势,显然"库存是万恶之源"这句话应该改为"滞销车是万恶之源"。

汽车经销商如果有大量的滞销车清库任务,整个销售的节奏就都会被影响,销售团队的精力被滞销车清库任务侵占。结果滞销车不一定卖出去多少,原本销售得不错的盈利车型销量也会受到影响。

汽车经销商管理者害怕销售顾问不重视,往往会用负激励的方式进行加码,销售顾问对滞销车清库也怨声载道。

中国汽车市场各地差异极大,可能在北方的滞销车到了南方很容易被客户接受,汽车经销商在急需回笼资金的时候,会以很低价出售滞销车,形成非常大的异地价差。这就是今天新车市场的资源商蓬勃发展的一大原因。

2. 商品车管理体系的建立

商品车是汽车经销商最重要的销售资源,但很多汽车经销商在商品车管理方面没有建立良好的管理体系。

商品车与汽车零部件同样是库存,经销商的售后部门有一个以配件经理领导的零件管理团队进行体系化的管理,而占用资金更多的商品车却往往是由销售信息员下个订单,销售经理过过目,对商品车库存的管理是明显不足的。

汽车经销商也属于流通行业，可以向其他流通行业企业学习，如生鲜冷链，大家可以想象生鲜冷链对于流通的要求有多高。生鲜的保质期很短，生鲜冷链企业如果做不到精细的品类管理和时间管理是无法生存的。

(1) 商品车数据管理

汽车经销商首先需要建立基于SKU（Stock Keeping Unit，库存量单位）的商品车数据管理机制。

SKU是库存进出计量的基本单元，可以是以件、盒、托盘等为单位。SKU是对于大型连锁超市配送中心（DC）物流管理的一个必要方法，现在已经被引申为产品统一编号的简称，每种产品均对应有唯一的SKU号。

对一种商品而言，当其品牌、型号、配置、等级、花色、包装容量、单位、生产日期、保质期、用途、价格、产地等属性中任一属性与其他商品存在不同时，都可称为一个单品。

汽车经销商的商品车的单品需要确定到具体的车型配置、车身颜色、内饰颜色等属性，组合成为最小单位。

研究分析单品，可以根据汽车经销商的历史经营数据导出这个SKU的历史销量、补货周期、实际库存、回报率、周转率。SKU数据分析表见表5-1。

表5-1 SKU数据分析表

序号	SKU	实际库存	历史销量	补货周期	安全库存	满足率	周转率	回报率
1	车型配置+颜色+内饰							
2	车型配置+颜色+内饰							
3	车型配置+颜色+内饰							

(2) 车辆分类与对应策略

汽车经销商将其现有库存的车辆用SKU数据分析表逐一分析，以流动性作为依据，参考汽车经销商售后零件管理分类的方法将其分为畅销车、普通车、滞销车三个类型，并对应不同的经营策略，见表5-2。

表5-2 单品分类与对应策略

类型	畅销车（缺货）	普通车	滞销车
订车端策略	订单前移，提前收定金	保利促销	重点清库
销售端策略	紧急补货	低额补货	停止下订

汽车经销商通过数据分析发现，一个单品车型本身就是滞销车型的时候，当这个车型到店的第一天，汽车经销商就可以提前做好促销清库的布置。例如，新到一台金色的某款 MPV 车型，这个颜色的 MPV 车型属于滞销车，那么第一时间就把它做促销包装，放到展厅重点销售。

汽车经销商可以将具体车型排序，在订车的时候，汽车经销商要在汽车主机厂给予的订单范围内尽量选择流动性好的车型来下单。

汽车经销商在经营中通过订车端策略与销售端策略的结合调整店端的销售结构，优化商品车销售需求满足率。

很多汽车经销商管理者在订车端往往聚焦于少数车型，都在努力地争取那些全国氛围内都相对稀缺的、车价无优惠或优惠极少的"爆款"车型。但由于汽车主机厂整体供应量的制约，汽车经销商是很难拿到足够的车源的。

中国汽车市场的最大特点是各地区、各店情况差异很大，这就会出现"地域优势车型"。地域优势车型在当地销售难度低、成交率高，资源的获得也相对容易，订车时这些受当地客户欢迎的地域优势车型就是汽车经销商的最优选择。

（3）商品车资源管理体系

汽车经销商售后业务中的零件管理有着一套完善的管理体制，在销售业务的商品车管理上也要建立一套完善的管理体制。

1）通过成交历史数据及潜在客户意向数据，按照销量对现有可售车型依据流动性排序。

2）通过成交历史数据，按照单车毛利对现有在售车型依据利润排序。

3）使用波士顿矩阵工具，根据在售车型流动性与单车利润两个维度，以明星产品、问题产品、金牛产品、瘦狗产品四个类型对在售车型做分类，如图 5-2 所示。

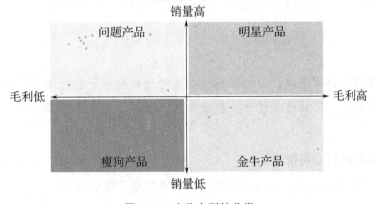

图 5-2　在售车型的分类

4) 对应四种不同的车型分类分析具体原因，制定对应的产品营销策略，见表 5-3。

表 5-3　产品营销策略

产品类型	特点	原因分析	订单策略	产品营销策略
明星产品	销量好，单车利润高	产品力强，供应好	积极争取	加重营销、积极扩大
问题产品	销量好，单车利润差	库存压力大，低价促销	根据商务政策测算，权衡利弊	产品管理、持续改进
金牛产品	销量少，单车利润高	供应少，产品力强	积极争取	保持优势、精耕细作
瘦狗产品	销量少，单车利润差	供应少，产品力一般	不订购	撤退战略、及早清库

这样的产品营销策略是汽车经销商管理者基础的经营思维。汽车经销商管理者要在这个经营思维下结合主机厂的生产供应计划和具体商务政策，做具体的销售业务经营方案并实践落地。

案例

商品车分类管理制度

××汽车销售公司商品车分类管理体系

一、组织架构的重新设计

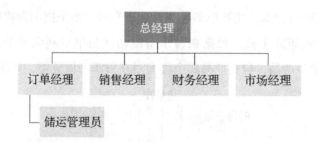

总经理下新设订单经理，岗位目标为在总经理的指导下，协调公司相关资源，完成商品车订单计划、采购储运管理、数据管理和商品车营销计划的工作。其直属下属为储运管理员。

二、订单经理核心岗位设计

1. 订单经理岗位要求：具备销售经验、销售数据管理经验。

2. 岗位工作内容如下：

1）汇总销售数据，编制销售计划、订单计划。根据本公司年度战略目标和营销方针、××区域销售任务，汇总、解析销售数据、文档，为销售管理层的决策提供依据，并编制季度滚动订单计划和销售计划。

2）汇总商品车销售信息，负责商品车分类管理工作。基于流动性原理、使用商品车分析工具，完成并及时更新商品车的分类标记，负责商品车资源的管理。

3）销售信息记录和数据库更新。负责接受新车订单、建立新车档案、信息录入IT系统；及时检查订单是否完整和准确，如有出入，需进行必要解释；接收并查验工厂到店商品车、发货单，检查已有车辆注册登记文件，如有必要，要求提供所缺文件。

4）数据的分析和统计。负责对用户订单的相关数据进行分析及统计；负责对本公司销售计划执行情况进行不定期的统计分析，并形成分析报告；负责统计分析用户的市场反馈信息。

5）信息传递。定期将用户的市场反馈信息上报总经理；定期向销售经理通知所有已供车型的交付时间和特殊交付情况。

6）档案管理。整理、检查销售用户的档案资料，并进行存档；保管原始资料及凭证，建立月销售管理档案。

三、管理体系内各岗位每天、每周、每月工作规划

1. 每天更新数据看板：每天下载数据完善管理看板与报告；销售经理、订单经理确认每天是否订货，以及销售策略。

2. 每周内部报告会：每周召开内部会议；分析本周数据变化；共同制订本周订单计划；制订本周销售策略计划；市场、财务形成配合计划。

3. 月度内部会议：每月召开内部会议；分析本月数据变化；共同制订本月订单计划；制订本月销售策略计划；市场、财务形成配合计划。

5.2 结合供需制定销售策略

汽车经销商经营的核心目标是盈利，是追求企业价值的最大化，要给股东赚更多的钱。汽车经销商盈利情况的好与坏，可以通过多个指标来衡量，其中最核心的衡量标准是投资回报率。

投资回报率的计算公式很简单，就是用投资收益（也就是利润）除以所投入的资本。

例如，两家店利润都是1000万元，如果比较这个绝对的利润指标，两个店一样

好。但两个店所使用的资源是不一样的，其中一个店使用了1亿元的资产，而另外一个店只使用了2000万元的资产，那么，看投资回报率，前者只有10%，而后者则是50%，差距便一目了然。

衡量一个店的经营业绩，不能只是从绝对的利润数字看，更应该从相对的投资回报率数字看。投资回报率是股东最关心的终极业绩指标。

企业的投资总额以企业的账面资产数额为代表，投资回报率在企业的经营中也是企业资产的回报率。企业资产回报率公式如下：

$$资产回报率 = (利润/销售收入) \times (销售收入/总资产)$$

在这个公式中，"利润/销售收入"指的是每销售1元钱的东西，挣到了多少钱，称为"销售利润率"；"销售收入/资产总额"指的是投入的资产创造了多少销售收入，称之为"资产周转率"。

故资产回报率公式为

$$资产回报率 = 销售利润率 \times 资产周转率$$

这个公式是美国杜邦公司在20世纪20年代最先使用的，所以也叫"杜邦方程式"。

借助这个公式，可以分析企业的投资回报率低，是因为企业销售利润低，还因为企业销售的能力不强。

例如，某汽车经销商有1亿元的资产总额，一年的销售收入是4亿元，最后取得了1000万元的利润。用杜邦方程式分析，它的销售利润率为2.5%。它的周转率为4，周转天数为91天。汽车经销商的资产回报率是10%。可以看出销售车的利润不高，总的资产回报率也不高。

再来看总资产的投入，汽车经销商最大的资产投入是商品车的进车款，这个部分汽车经销商使用的方式是三方融资，进车款很大一部分是融资，不是自己的投资，而是借来的钱。

这部分借来的钱是负债，自己的投资是股东权益，在企业里资产等于负债加股东权益。

用总资产除以股东投资得出财务杠杆比率，其公式为

$$财务杠杆比率 = 总资产/股东投资$$

财务杠杆表达的是投资者用了多少自己的钱,"撬动"了多少别人的钱,形成了这样的一个总资产。

计算投资回报率,要把财务杠杆比率计算进去,这样就由两项变成了三项,其公式为

投资回报率 = 销售利润率 × 资产周转率 × 财务杠杆比率
= (利润/销售收入) × (销售收入/总资产) × (总资产/股东投资)

这三项就构成了完整的杜邦分析法公式。

杜邦分析法就是利用这三种主要财务比率之间的关系来综合分析企业的财务状况,是一种用来评价公司盈利能力和股东权益回报水平,从财务角度评价企业绩效的一种经典方法。

杜邦分析法将企业净资产收益率逐级分解为多项财务比率乘积,这样有助于深入分析比较企业经营业绩。

例如,某汽车经销商的股东投资 2000 万元,有 1 亿元的资产总额,一年的销售收入是 4 亿元,最后取得了 1000 万元的利润。用杜邦分析法,它的销售利润率为 2.5%。周转率为 4,财务杠杆比率为 5。汽车经销商的总资产回报率为 10%,投资回报率为 50%。很明显,汽车经销商通过财务杠杆比率获得了更大的投资回报率。

我们必须思考汽车经销商应该如何衡量经营业绩、如何进行业绩考核。

大多经销商并没有用净资产回报率来衡量业绩指标。公司业绩指标的重点还是利润水平、销售收入、毛利水平等指标。

无论是以销售台数还是毛利去衡量销售经营,其实都带有一定的片面性,汽车经销商建立以投资回报率为衡量指标的 4S 店销售经营衡量体系会更好,至少在总经理、销售总监这个级别上要做这样的设计。

以往的销量、收入、利润的衡量缺少了资金周转率这个维度。而以投资回报率进行衡量则把资金周转率也加入其中。

资产周转率在销售业务上就是商品车库存周转天数这个指标,其公式为

商品车库存周转天数 = 365/商品车库存周转次数
= 365/(年商品车销售成本/平均库存余额)
= 365/年商品车销售成本/[(年初库存余额 + 年末库存余额)/2]

商品车库存周转天数是决定汽车经销商最终盈利的关键因子,汽车经销商需建立

起"量利双赢"的经营理念。

当汽车经销商建立并实施针对商品车的 SKU 管理之后，随着历史分析数据的积累可以更进一步研究各个车型 SKU 销售流动性的影响因素。这将成为"量利双赢"经营理念的管理抓手，为具体经营策略提供依据。

在具体的经营策略中，要综合考虑产品力的影响、所在品类市场需求量的影响、厂家的供应情况（厂家的生产计划与发车节奏），以及厂家商务政策的影响。

在汽车行业，品牌力、产品力源于主机厂，产品的营销是经销商与主机厂一起实现，销售力则完全是汽车经销商能力的体现。

销售就是要留住客户，而留住客户，不只在于态度，更在于销售方是不是能持续解决好客户的问题。

销售是"客户需求"和"产品研发"之间的桥梁。很多时候，供给方和需求方对产品的理解是有偏差的，这正是销售发挥作用去矫正产品、对齐需求并创造价值的机会，这就是销售力。

分享一个我本人的实际经历，来说明这个课题。

很多年前我在一家进口品牌 4S 店工作。当时这个品牌的 SUV 车型产品力很好，属于畅销车型，单车毛利也非常好，也是主机厂主要销售车型，供应量有保障，是店里的明星产品。

与此同时，主机厂还有一款跨界车型，该车型在主机厂排产量高，但是终端销售存在问题，主机厂的批发策略是产品 1:1 搭配供应，即经销商想拿到好销售、利润高的 SUV 车型必须同时提回相同台数的跨界车型。

在这样的商务政策下，这款跨界车型在店里库存不断变大，作为 4S 店的总经理，唯有解决问题产品、改变产品结构，才能实现量利双赢的目标。

为什么主机厂信心满满大量排产，而客户却反响平平、销量低迷呢？这说明供给方和需求方对产品的理解是有偏差的。主机厂认为这款跨界车型兼顾多面，各方讨好，而客户认为"高不成低不就，并非良配"。

通过对已购车客户进行分析，发现这些客户有相同的特点，该车是家庭的唯一用车，家里人口多，对空间要求高。

通过对已战败客户进行分析，发现客户放弃它的理由也很明显，一是外形不如 SUV 车型大气，客户纷纷选择了 SUV 车型；二是该车路上少见，客户有顾虑，于是选择了其他车型。

由此看来，产品销售策略首先应该找准目标客户，突出车辆的多功能优势。要重点宣传产品品质打消客户顾虑，还要对车辆做针对性改装，使外形感觉"大气"，获得客户认可。具体措施如下：

1）所有的新车全部加装前后专用护杠，让车看起来更像 SUV，更为"大气"；内部加装导航一体机，提升车辆高端感觉。

2）在产品卖点介绍上，突出多用途实用性和车辆的品质保障以打消客户顾虑，总结起来就是实用、省心、划得来。

①实用：一车顶三车，既具有轿车的舒适，又有 MPV 的大空间，还有 SUV 的高通过性，超级实用，且在国外成熟汽车市场销量很高。

②省心：整车进口质量高、品质好、毛病少，动力总成质保 5 年或 10 万公里，新车全国免费救援，购车不用有任何顾虑。

③划得来：15 万元就可以买高品质的进口车，高品质体现在哪里呢？看，车身流线，进口车国际时尚造型；摸，海外工厂工艺水准高，车身缝隙均匀；听，发动机声音平顺，品质一流，所以敢质保 5 年；闻，新车室内无任何异味，进口车国际环保标准。

就这样通过实际演练一次一次加深销售顾问对产品的卖点认识，而且在训练中和员工讲的都是从客户角度出发的产品优势，员工对这款产品也变得非常有信心。

3）在展厅做专属布置，推出"购该车型、享家庭旅游基金"的专属购车活动；建立该车型的客户俱乐部，每周组织市内活动，提高该车型的城市曝光度。

一系列"组合拳"打下去，这款车型最终由问题产品变成了明星产品，不但自己的库存销售一空，还消化了其他区域的库存，又使该车型的单车毛利大幅提升。

5.3 人力资源管理

现在的企业都面临数据化转型的问题，数据化转型第一步是要有数据化的思维。简单来讲，数据化思维就是把过去模糊的、不可测量的东西，变得可见、可衡量。

汽车经销商销售业务是由销售团队来实现的，其中核心的生产力单元是销售顾问。汽车经销商在这个部分的进化核心在于能否用数据化思维做好销售团队的人力资源管理。汽车经销商的管理者要从个人管理、工作情绪与团队激励维度进行工作梳理。

5.3.1 销售团队的管理

潜在客户的客户满意度是汽车经销商的关键，其很多维度源于销售团队情绪的传递，员工满意度决定客户满意度。

不难想象，如果销售顾问心情不好、一肚子怨气，能为客户提供满意的服务吗？如果销售顾问心情不好、心态不稳，来一批、走一批，汽车经销商能保持优质的服务水准吗？

汽车经销商必须做好销售人员的员工满意度工作。员工满意度，是指一名员工通过对企业所感知的效果与他的期望值相比较后所形成的感觉状态，是员工对其需要已被满足程度的感受。

员工满意度是员工的一种主观价值判断，是员工的一种心理感知活动，是员工期望与员工实际感知相比较的结果。

满意度高的员工心情愉悦，活力满满。这样状态的员工对公司和团队有归属感、责任感和主人翁意识，能为工作投入更大的热情，从而能够在掌握同样生产技能的情况下达到更高的工作效率。

销售行业流动性是比较大的，但是员工满意度高的4S店人员流动率会明显降低。这就减少了由于人员流动频繁给企业带来的损失。

由此可见，提升员工满意度绝不仅仅是一个简单的福利问题，还会影响整个企业的发展，是企业文化的一种体现。

提升员工满意度的核心是让员工感受到尊重，继而提升其战斗力，为客户提供更加优质的服务，提升客户满意度，从而最终提升企业利润。

汽车经销商首先要做的是对员工满意度状况做科学的数据管理。

有这样一家小公司，全公司上下加一起有100多人，和汽车经销商一个4S店差不多。他们在思考一件事：怎么能让员工上班的心情好一点？

这家公司想了个很巧妙的办法：

公司给每个员工发一袋玻璃球，三种颜色，红色、黄色和蓝色。员工要是愿意的话，每天下班的时候，根据自己的情绪，向本部门的瓶子里投入一颗球，高兴就投红色的，一般就投黄色的，沮丧就投蓝色的。全凭自愿，也没人会盯着看他投不投。

第二天早上，高管发现哪个部门的蓝色球比平时多，就会找这个部门的主管询问：怎么回事啊？大家心情都不好。

据说就因为这么一个小小的设计，公司的士气一下子就高了很多。就这么一个动作，员工会发现，公司真的是在关心人。以前所有的职场鸡汤都是在教员工，不要有情绪，要学会管理自己的情绪，好像有了情绪就不够职业化。但是这个动作，把管理升级了，管理者要对员工的情绪负责。

如果一个部门的员工老是不高兴，蓝色球特别多，那么公司对这个部门的领导者是不是就得多观察一下？

这个故事本质就是将过去模糊的、不可测量的员工情绪，变得可见、可衡量。

1. 影响员工满意度的因素

一家汽车4S店影响员工满意度的五大因素见表5-4。

表5-4 影响员工满意度五大因素

影响因素	主要内容
工作环境	工作空间硬件质量、作息制度、工作配备、福利待遇
工作群体	团队和谐氛围、信息开放程度
工作内容	兴趣相关度、工作强度
企业背景	企业价值认同、组织参与感、企业前景
个人观念	容易引起员工不满意的不合理的个人观念

(1) 工作环境

1) 工作空间质量：员工对工作场所的物理条件、企业所处地区环境的满意度。

2) 作息制度：合理的上下班时间、加班制度等。

3) 工作配备齐全度：工作必需的条件、设备及其他资源是否配备齐全。

4) 福利待遇满意度：员工对薪资、福利、医疗和保险、休假制度的满意程度。

(2) 工作群体

1) 合作和谐度：上级的信任、支持和关心，同事的相互了解和理解，以及下属领会意图、完成任务的情况，能否得到下属尊重。

2) 信息开放度：信息渠道畅通、信息的传播准确高效等。

(3) 工作内容

1) 兴趣相关度：工作内容与员工性格、兴趣相吻合，符合其个人职业发展目标，能最大限度地发挥其个人能力，员工能够从自己的工作中获得快乐。

2) 工作强度：员工对工作强度的要求和容忍度因人而异。一方面，工作强度是否能满足个人工作的需要；另一方面，工作强度是否超出了个人能承受的负荷量。

(4) 企业背景

1) 企业了解度：员工对企业的历史、企业文化、战略政策的理解和认同程度。

2) 组织参与感：员工的意见和建议得到重视，员工可以参与决策，企业发展与个人发展得到统一，员工有成就感和归属感等。

3）企业前景：员工看好企业发展前景，对未来充满信心。

(5) 个人观念

这里主要是指容易引起员工不满意的不合理的个人观念。其中包括：

1）理想主义和完美主义：对企业的各方面情况，员工有理想化期望和完美主义要求，易走极端，一旦遇到困难就会变得愤世嫉俗，产生不合理的不满。

2）消极心态：员工将人际关系方面的问题和工作中的困难挫折全部归结为客观原因，难以沟通，造成人际关系不和谐，产生不合理的不满。

3）个人主义：员工过于重视个人利益，一旦公司利益与个人利益有冲突，就易产生不满情绪。

2. 员工满意度提升维度

汽车4S店提升员工满意度工作可以从四个维度去做设计，见表5-5。

表5-5　员工满意度提升维度

提升维度	主要内容
保持工作热情	定期评价和晋级机制
管理者管理行为	安全感、公平感、目标感
制度保证	用具体制度来确保实际工作的落地
员工关怀	提升员工归属感的关怀措施

(1) 保持工作热情

要关注员工的成长，在公司建立员工职业生涯通路，使员工有在本公司成长的快乐体验，建立其归属感。例如，建立对销售顾问的定期评价和晋级机制，每年通过考试及绩效评估的优胜者，将得到晋级和一定的薪酬奖励，让员工看到发展、看到希望。

(2) 管理者管理行为

做优秀的管理者要能带给团队成员三个感觉：第一个是安全感，做到团队稳定；第二个是公平感，做到团队合作；第三个是目标感，做到团队进取。管理者需要注意以下几个方面：①员工的离职率及离职原因；②员工的工作负荷情况；③员工对公司待遇是否满意；④员工对公司是否有归属感；⑤员工是否有公平感；⑥员工的工作成就感状况。

(3) 制度保证

没有规矩，不成方圆。在一个团队中不可能有绝对的公平，但一定要有相对的公平。制度的制定要有效、可执行，重点是正向激励和管控不良现象。

(4) 员工关怀

用权力指挥，用能力管理，用魅力领导。要让员工有归属感，提升员工的忠诚度，就要对员工加以关怀。

案例

××汽车经销商员工关怀措施

1) 淡化上下级关系，领导要深入基层，每双月设立一天部门经理接待日，解决员工问题。

2) 每季度评选优秀员工，组织国内外旅游。

3) 多与员工沟通，组织聚餐、拓展等活动，并鼓励员工带家属参加。

4) 员工过生日时赠送生日蛋糕及董事长亲笔签名的贺卡。

5) 每年春节前举办年会，请员工及员工家属一起参加。

6) 每年春节董事长带领中高层领导亲赴优秀员工家里拜年。

7) 每年除对优秀员工进行物质奖励外，还要进行一些特殊的奖励，如公司董事长亲笔写感谢信寄到员工家里。

8) 了解员工家庭状况，适时给予关心和慰问。

9) 经常组织团队活动，如聚餐、唱歌、文娱、技能竞赛等，增加员工间的信任感。

10) 关爱员工，建立反映员工满意度的 KPI 指标体系，并与领导绩效挂钩。

11) 奖罚及时，公开、公平、公正，并对取得优秀成绩的员工进行特殊奖励。

12) 关心员工发展，对犯小错误的员工令其买书学习，并制定员工晋升机制。

13) 给员工一个把企业当作家的理由。

5.3.2 销售团队的有效激励

汽车经销商可以通过有效激励的设计，激活团队，营造活力满满的团队氛围。

1. 有效激励落地

有效激励的落地环节见表 5-6。

表 5-6 有效激励的落地环节

环节	主要内容
发掘需求	通过员工调研，发掘员工的需求
激发需求	激发员工的隐藏需求
设计方案	结合员工需求与经营目标，设计激励方案

(1) 发掘需求

不同的员工有不同的需求，对于大多数的销售人员，选择加入或离开一家公司主要考虑薪酬福利、工作环境（团队氛围、硬件条件）和个人成长（技能提升、职位升迁）这三个主要因素。管理者要发掘出员工的真实需求来。

(2) 激发需求

员工满意是由于员工的需求被满足，员工的需求有外显需求和隐藏需求两类。管理者要善于发现员工的外显需求，激发他们的隐藏需求，并予以满足。

对于一名销售人员，特别是生活负担重的员工有一份不错的收入是他迫切的需求（外显需求），很多销售人员明明很看重工作收入，但是他的工作表现并没有因此越来越好，反而变得越来越糟糕。

有需求并不代表可以做好工作，如果他没有足够的技能，他就挣不到不错的收入；他不清楚哪些是应该做的，哪些是不应该做的，他就会习惯性地犯错误。

这类销售人员的隐藏需求是学习技能的需求、培训学习的需求、渴望受到他人尊重关怀的需求。

在人力资源管理中，员工职业生涯规划是一种帮助员工发现并激发隐藏需求的方法。管理者只有激发出员工的隐藏需求，才能引导员工有效成长。

(3) 设计方案

满足员工需求是最好的激励，管理者要将企业经营目标结合员工需求设计激励方案。

2. 激励方案原则

对于汽车4S店销售人员的激励方案，要遵从以下原则。

(1) 激励要有明确的目标性

激励方案的设计要从总体目标出发，将目标分解到销售小组及销售人员个人，销售人员接受目标并确认。这个部分管理者可以使用"立军令状"的方法。

"立军令状"就是要每个销售人员当着全体成员的面，"喊"出自己的销售目标，并将销售目标以文字的形式签署在"军令状"上，向团队做出承诺。

这种以"军令状"形式开展的激励活动，本质上是利用成年人"承诺必应"的心理特点。在落地执行中要注意以下几点：

1) 分解的目标一定要由销售人员自己"喊"出，不能由上级指定。这样才能使销售人员有"承诺"感，否则会生出逆反心理，认为是上级布置了一个不可能完成的任务。

2) 领导要许诺完成目标的激励并最终兑现。

3) 销售人员个人要许诺没有完成任务的惩罚并最终兑现。惩罚的内容不限于金钱，但一定要让销售人员有一定的"痛"感。惩罚的内容要由销售人员亲口说出来，并签字确认，不能让其有"强加"的感觉。

（2）激励要有吸引力

激励方案不仅是为了奖励优秀的销售人员，还要通过奖励的形式让其他销售人员向被奖励者学习。因此，对销售人员的奖励要让团队的每一名成员都能实实在在地看得到、摸得着，具有可视性。

例如采用"现金激励"，当着整个销售团队的面，将现金发到获奖人的手中，并让团队为其鼓掌。这样的激励形式能很好地鼓舞整个销售团队。

又如在车展营销或大型会销活动中为取得良好的激励效果，管理者就可以采用"现金墙"的激励形式。在活动前期为销售团队准备好活动现金奖励基金，并将现金直接贴在销售看板上，告知销售人员在活动期间每卖出一台车，即可从现金墙上直接拿走相应的现金奖励。这种极具视觉冲击力的"现金墙"，会让销售人员激情澎湃，销售热情大增。

（3）激励要因人因时而异

激励取决于员工的主观感受，不同员工的需求不同，所以相同的激励方案起到的激励效果也不尽相同。即便是同一位员工，在不同的时间或环境下，也会有不同的需求。所以，激励要因人因时而异。

在制定和实施激励方案时，首先要调查清楚每位员工真正的需求是什么，并将这些需求整理归类，然后制定相应的激励方案，帮助员工满足这些需求。

针对员工的需求量身定制激励方案，公司提供的奖励必须对员工具有意义，否则效果不大。每位员工能被激励的方案不同，公司应该模仿自助餐的做法，提供多元激励，供员工选择。

（4）激励要奖惩适度

过犹不及，激励方案中奖励和惩罚不适度会影响激励效果，同时增加激励成本。奖励过重可能会使员工产生骄傲和自满的情绪，失去进一步提高自己的欲望；奖励过轻起不到激励效果，或者让员工产生不被重视的感觉；惩罚过重会让员工感到不公，或者失去对公司的认同，甚至产生怠工或破坏的情绪；惩罚过轻会让员工轻视错误的严重性，可能还会犯同样的错误。

（5）激励要有公平性

公平性是员工管理中一个很重要的原则，任何员工感到不公的待遇都会影响他的工作效率和工作情绪，并且影响激励效果。取得同等成绩的员工，一定要获得同等层次的奖励；同理，犯同等错误的员工，也应受到同等层次的处罚。

如果做不到这一点，管理者宁可不奖励或者不处罚。管理者在处理员工问题时一定要有一种公平的心态，在工作中一定要一视同仁，不能有任何不公平的言语和行为。

（6）激励要及时

即时激励非常重要，在员工有良好的表现时，就及时给予奖励。员工等待的时间越长，奖励的效果越可能打折扣。

（7）用多种方式实现行之有效的激励

员工激励方案的设计要打"组合拳"，员工之间存在着差异化，在做具体的激励设计的时候，需要用销售顾问数据分析矩阵方法，通过数据对员工的成熟状态做分类，不同成熟度的员工要采取不同的激励侧重，见表5-7。

表5-7　不同成熟度员工的激励方式

成熟度	D1	D2	D3	D4
工作意愿	高	一般	波动	高
工作能力	低	一些	较好	高
状态	初生牛犊不怕虎、经验缺乏	幻想破灭、挫折、瓶颈、无兴趣	得过且过、自扫门前雪	艺高人胆大、成熟骨干
激励方式	提升技能	激发热情，提升技能	感性激励	成长规划新挑战

1）目标激励。所谓目标激励，就是确定适当的目标以诱发人的动机和行为，达到调动员工积极性的目的。

目标是组织对个体的一种心理引力，作为一种诱引，其具有引发导向和激励作用，只有不断启发一个人对高目标的追求，才能激发其奋发向上的内在动力。

对于处于成熟期（D4）和新进入期（D1）的销售人员，具体的目标可以是把销售人员的行为引导到管理者最希望他们去做的事情上，激发他们发挥最大的潜能，取得令人满意的业绩。

以销售人员经过奋斗能获得的成就与结果作为激励，应该是最基本的激励方式。

2）荣誉激励。没有人不希望得到社会或集体的尊重，管理者对于那些为团体做出过突出贡献的销售人员，要给予荣誉激励。这既能使荣誉获得者经常鞭策自己，又可以为他人树立榜样。

对于处于D3阶段的销售顾问，要想改变其"得过且过、自扫门前雪"的不良状态，使用感性的荣誉激励是非常适合的。

3）认可激励。在一线的实际工作中，认可激励是很好的激励方法，其一管理者比较容易做到，其二这是所有销售顾问最基本的情绪需求。

但现实是很多管理者并没有养成及时对销售人员的成绩给予认可的习惯。当然管理者认可激励的使用也要有度，用得太多价值就会减少。使用认可激励需要注意场合，结合具体情景，这样价值才会增加。对于新入职的处于 D1 阶段的销售人员，最需要得到管理者的肯定。

4）成长规划新挑战。对于成熟期的销售人员，给予更高一级的角色以彰显其表现，不仅可以有效激励他们，还有助于挑选未来的后备人才。

给予更高一级的角色并不是说要给予升职，而是安排一些成长规划的新挑战。例如可以让这类销售人员主持部门短会，通过组织培训会议发挥其技能；可以在其参加主机厂组织的培训后，指派其担任讲师，让他转训其他销售人员；还可以安排让其领导一个小组来研究某款车型的竞品，编写应对话术等。

5）承诺激励。绝大多数成年人，把承诺看得很重要。对销售人员寄予期望并让他们做出承诺，他们通常会干得特别起劲，这是因为员工受领导重视时会产生满足感。

销售活动时用的军令状、宣誓仪式就是这个激励方式的具体应用。但是，对销售人员的期望千万不要超出他们的能力，否则反而会加重他们的心理负担，甚至还会使其产生逆反心理。

6）团队聚会。聚餐、出游、生日派对等不定期的聚会，都可以将团队成员聚到一起共度快乐时光，让他们感受到团队的温馨，从而增加团队成员的凝聚力和团队精神，以达到激励的作用。

但现在很多企业的员工对于"团建"兴趣降低，甚至还会认为是浪费个人时间，这是为什么呢？核心原因是领导者在组织团建时的方式方法考虑不周。

首先管理者要明确一个基本点：把生活类的团建交给员工，把思想类团建抓在自己手里。生活类团建，是借由聚餐、玩乐等形式促进团队感情。管理者要想明白一点，有的员工不参加团建，可能只是因为不喜欢跟领导一起玩，或者是因为社恐，或者是感觉一起玩有压力，如果他平时能够很好地完成自己的工作，和同事之间关系也不错，完全没必要强迫其必须参加。

至于团建的具体内容，管理者不要从自己的喜好出发，如管理者本人很喜欢羽毛球，但这个团队除管理者之外，没第二个人喜欢羽毛球，搞羽毛球比赛这种团建，等于变相让大家来哄领导开心。管理者不能因此让大家对团建失去兴趣，更不能把团建搞成拍马屁大会。

具体活动内容要让大家来决定，例如可以交给团队中喜欢热闹、性格外向的成员，给一个预算和时间标准，让他来组织。

思想类团建的目的是要在精神层面凝聚共识，如"2022年要以什么样的理念来面对客户""要以什么样的行动实现年度目标"这样的主题。这类工作一定要管理者带队精心设计，如"共创团队符号"，包括团队名称、logo、口号和关键词的共创。这样不仅会让大家有参与感，而且会很好地体现出大家共同的目标、理想或者想法，对团队有非常正面的激励作用。

用一个我个人经历来说明这个课题的实际应用。

我在带一家合资品牌4S店的时候，该店在当年销售了3500辆，下一年制定了年度销售挑战5000辆的目标，对于一家4S店而言，这是一个很大的挑战目标。这个目标一提出，销售团队就出现了感觉根本不可能完成的声音，这时管理者就需要在团队的精神层面凝聚共识。

为此我们特意精心设计了思想团建活动——销售誓师大会。通过团队名称、logo、口号和关键词的共创，通过队旗、队标、目标牌、队形、口号宣誓的形式来实现团队精神层面共识的凝聚。

销售誓师大会之后，团队中怀疑目标、感觉不可能达成的声音没有了，留下的只有"势必达成"的坚定信心。

当然，思想团建不一定要在固定的时间和空间搞，抓住好的机会促进团队成员统一思想与战线，就是好的思想团建。

例如，在2013年NBA总决赛中，马刺队的核心球员蒂姆·邓肯已经37岁了，即将退役。在这场球打到最后27.9秒的时候，马刺队还落后4分，这时球队的教练波波维奇叫了暂停。一般在这种关键时刻教练暂停，都会详细地布置战术，但这次暂停，波波维奇没有进行任何战术的布置，只是对球队的所有成员说了一这样段话："我们在一起打球20多年了，这有可能是我们的最后一战。到球场上，把自己的后背交给你的队友吧！"

这是一个很好的思想团建的案例，让一群有情有义的人共同做一件有价值、有意义的事，这便是思想团建的魅力所在。

7）调整激励。心理学家赫茨伯格提出了一个双因子理论。双因子理论认为组织成员的工作态度对绩效有决定性的影响，认为内在因素（激励因子）与工作满意相关；外在因素（保健因子）与工作不满相关。

双因子理论认为员工满意与不满是两回事。员工的满意是受到心理层次的因素影响，也就是所谓的激励因子，如工作的动机或是成就感等；员工的不满则是受到物质层面的因素影响,称为保健因子,如拿多少薪水、工作环境好或不好、有没有停车位等。

这里需要特别提出的是如果长期固定地使用同样的激励因子,那么最后就会变成保健因子,有它不开心,没它不满意。

例如,某4S店会对每月销量前三名的销售顾问给予额外的奖励。一名销售人员的能力特别强,常常获奖。但到后来,大家都感觉没什么意思,因为大家感觉这个就是工资的一部分,可一旦管理层取消这个奖励,大家马上会表达不满情绪,认为本质上是"降工资"。

想要保持激励的正向作用,管理者就必须"走心",不断调整激励。在销售型的企业中,激励是一种重要的员工管理措施;但是激励也有一定的风险,如果使用不当,反而会适得其反。

5.3.3 销售管理者的时间管理

在汽车经销商的销售管理工作中,管理者要管理客户数据、管理业务执行、负责营销设计落地、负责团队激励员工培训等,要做的工作很多很杂。如何通过科学的自我管理,合理分配时间和精力,确保把工作做好,是一个优秀管理者必须要思考的问题。

汽车4S店管理者的时间管理就是用技巧、技术和工具帮助自己合理分配时间精力,完成工作、实现目标。时间管理并不是要把所有事情做完,而是要求更有效地运用时间。时间管理是要做判断,决定哪些事情是自己该做的,哪些事情是不应该自己做的。汽车经销商日常的管理工作纷杂多变,时间管理不可能排出严格的时间表实现对工作的完全地掌控,而是要尽量降低工作变动性。

时间管理最重要的功能是对工作内容的科学规划。时间管理最常用的是管理学家科维提出的时间"四象限"法,把事情按紧急和重要的不同程度,分为紧急重要、重要不紧急、紧急不重要、不紧急不重要类,如图5-3所示。

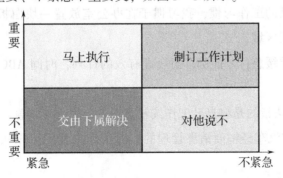

图5-3 时间"四象限"法

这种时间管理的方法也被称为时间管理的优先矩阵：紧急重要的事情马上执行；重要不紧急的事制订工作计划；自己少做紧急不重要的事，尽量交给下属完成；不做不紧急不重要的事。

方向重于细节，策略胜于技巧，管理者要始终抓住"重要"的事，分清轻重缓急，才能做好工作安排。

1. 目标计划管理

汽车经销商销售组织是一个"与数字共舞"的、以实现经验目标为核心的团队，在计划管理上，目标计划管理是核心。

（1）设立明确的目标，制订详细计划

时间管理的目的是让管理者可以在最短时间内实现更多自己想要实现的目标。在实际应用中，管理者要按时间周期制订计划，如以年为单位把本年度的 3～10 个目标写出来，并依次排列重要性，找出 1～3 个核心目标，然后依照目标制订详细计划，并依照计划推进。

（2）使用待办单作为时间管理的工具

待办单是指将每日要做的一些工作事先列出一份清单，排出优先次序，确认完成时间，以突出工作重点。要避免遗忘就要避免半途而废，尽可能做到，今日事今日毕。

待办单主要包括的内容有非日常工作、特殊事项、行动计划中的工作、昨日未完成的事项等。

待办单的使用注意事项包括：每天在固定时间制订待办单（一上班就做）；依照这张待办单，完成一项工作划掉一项；待办单要为应付紧急情况留出时间；最关键的一项，每天坚持。

每年年末做出下一年度工作规划，每季季末做出下季末工作规划，每月月末做出下月工作计划，每周周末做出下周工作计划。

分享一个我自己的工作习惯，我习惯于在办公室放置一块白板，把其中的一面作为待办单的专属使用区域。

只有分得清轻重缓急，才能制订出合理有效的计划，时间 ABC 分类法是一个很实用的管理方法。

时间 ABC 分类法指的是将自己工作按轻重缓急分为 A（紧急、重要）、B（次要）、C（一般）三类。在汽车经销商销售管理的实际工作中我们可以从三个维度进行 ABC 分类的判断。

首先是衡量事情的回报率。管理者应该用 80% 的时间做能带来最高回报的事情，而用20%的时间做其他事情。"最高回报"的事情，具体指的是对经营目标影响重大的事情，或者是自己出面做会比安排别人做干得更高效的事情。

中国有个成语叫"业精于勤"。对于这个"勤"要以辩证的观点去看待，不同的时代背景下它的内容和要求是不同的。过去，孜孜不倦是"勤"的标准。在变化更快、节奏更快、效率更高的信息时代，"勤"指的是管理者的思考能力、洞察能力和学习改进能力。

取得成果实现目标是组织经营的目的，组织的有效产出才有价值，唯有有效劳动才有价值。谁能通过智慧，在最短的时间内达成最多的目标，才是真正的"勤"。

其次是从岗位职责出发看必须做什么。有两个思考：是否必须做，是否必须由我做。如果只能自己来做，那就往前安排；对于一些非做不可，但并非一定要亲自去做的事情，可以委派别人去做，自己只负责督促。

管理者要学会充分授权，列出工作中所有可以授权的事情，把它们授权委派给适当的人来做。

最后是考虑哪些事情可以带给自己最大的满足感。最高回报的事情，不一定能给自己最大的满足感，从个人角度看，是需要分配时间给令人满足和快乐的事情，让工作变得有趣，才能保持工作的热情。

对于具体事项的重要性，很可能不同的人判断结果也不同，这个源于个人的价值观，假如价值观不明确，就很难判定什么是最重要的，也就无法做到合理地分配时间。时间管理的重点不在于如何管理时间，而是在于如何分配时间。你不可能做每件事，但可以做完对你来说最重要的事。

2. GTD 时间管理

GTD（Getting Things Done，竭尽所能）时间管理概念也是一个很实用的时间管理方法。GTD 的具体做法可以分成收集、整理、组织、回顾与执行五个步骤。

（1）收集

收集是将你能够想到的所有的未尽事宜（GTD 中称为 stuff）统统罗列出来，放入 inbox 中，这个 inbox 既可以是用来放置各种实物实际的文件夹或者篮子，也可以是用来记录各种事项的纸张或 PDA。收集的关键在于把一切赶出你的大脑，记录下所有的工作。

（2）整理

整理是将 stuff 放入 inbox 之后，定期或不定期地进行整理，清空 inbox。将这些 stuff 按是否可以付诸行动进行区分整理，对于不能付诸行动的内容，可以进一步分为参考资料、日后可能需要处理以及垃圾分类，而对可行动的内容再考虑是否可在两分钟内完成，如果可以则立即行动，如果不行则对下一步行动进行组织。

（3）组织

组织是 GTD 中的最核心的步骤，组织主要分成对参考资料的组织与对下一步行动的组织。对参考资料的组织主要就是一个文档管理系统，而对下一步行动的组织则一般可分为：未来/某天清单、等待清单、下一步行动清单。

等待清单主要是记录下次派他人去做的工作；未来/某天清单则是记录延迟处理和没有具体的完成日期的未来计划等；而下一步行动清单则是具体的下一步工作，而且如果一个项目涉及多步骤的工作，那么需要将其细化成具体的工作。

GTD 对下一步的处理与一般的 stolid（任务管理软件）最大的不同在于，它做了进一步的细化，如按照地点（电脑旁、办公室、电话旁、家里、超市）分别记录只有在这些地方才可以执行的行动，而当你到这些地点后也就能够一目了然地知道应该做哪些工作。

（4）回顾

回顾是 GTD 中的一个重要步骤，一般需要每周进行回顾与检查，通过回顾及检查所有清单并进行更新，可以确保 GTD 系统的运作，而且在回顾的同时可能还需要进行未来一周的计划工作。

（5）执行

执行是按照每份清单开始行动，在具体行动中可能会需要根据所处的环境、时间的多少、精力情况和重要性来选择清单以及清单上的事项来执行。

GTD 时间管理法可以养成做事有条理和整洁的好习惯，现实中很多时间都浪费在寻找乱堆乱放的东西上面。

在时间管理上一定要严格的规定完成时间，设定完成期限能够克服拖延的心态。诸如"有空再做、明天做、以后做""拖""等""研究、商量"这样的想法和做法，都是浪费时间的坏习惯。

唯有设定期限才会有紧迫感，也才能珍惜时间。设定期限，是时间管理的重要内容。

工作总是要做到，拖延并不能省下时间和精力，反而由于拖延造成事态的紧急，需要赶时间，最后是疲于奔命。拖延到最后反而会白白浪费宝贵的时间。

克服做事拖拉的习惯，调整自己的步伐和行动速度。养成快节奏工作的习惯，不仅能够提高效率、节约时间，还能给人留下好印象。

能拖就拖的人心情总感到不愉快，总觉得疲乏，因为应做而未做的工作不断给人压迫感。拖延者心头不空，因而常感时间压力。宋代慧开禅师就说过"若无闲事挂心头，便是人间好时节"。

在时间管理的过程中，还需应付意外的不确定性事件，因为计划没有变化快，需要为意外事件留时间。

工作中要设计对应一些方法：第一是做计划的时候留有一些多余的预备时间；第二是努力使自己在不留余地又饱受干扰的情况下，完成预计的工作，做到这一点的关键是让自己专注；第三是另准备一套应变计划的预案。

考虑到不确定性，在不忙的时候，要把一般的必然要做的工作先尽快解决。在工作中想要很好地完成工作，就必须善于利用自己的工作时间。工作是无限的，时间却是有限的。时间是最宝贵的财富。没有时间，计划再好，目标再高，能力再强，也是空的。时间是如此宝贵，但又是最有伸缩性的，可以一瞬即逝，也可以发挥最大的效力，时间就是潜在的资本。充分合理地利用时间，压缩时间流程，使时间价值最大化。

鲁迅讲过，"时间就像海绵里的水，只要你愿意挤，总还是有的。"争取时间的唯一方法是善用时间。

利用好生活中碎片化的时间，可以最大限度地提高工作效率。例如，可以利用等车和坐车的时间看资料学习思考，或者是简短地计划下一个行动等。

我习惯于在枕头边放一本书，利用睡觉前的时间翻一翻，结果很多很厚的书就这样被我看完了。充分利用零碎时间，可能短期内没有什么明显的感觉，但只要坚持下来就会取得了不起的成绩。

5.3.4 销售管理者的有效沟通

在汽车经销商这样的销售性企业中，有效的沟通是至关重要的。企业内部良好的沟通文化，可以让整个企业的氛围更好，团队凝聚力更强。企业内部良好的沟通管理，既可以使管理层工作更加轻松，也可以大幅度提高普通员工的工作绩效。如何通过良好的沟通，快速协调关系，提升组织效率，是一个优秀管理者必须要思考的问题。

1. 沟通类型

在一线管理工作中管理者最常遇到的沟通主要有两类，即组织沟通和人际沟通。

1）组织沟通指企业按照组织程序进行沟通。一个公司的管理体系越完善，它的组织沟通就越顺畅。例如，公司工作报告签呈制度较为完善，通过这种书面的工作报告签呈就可以实现有效沟通；公司的经营会议制度完善，就能够通过经营会议进行有效沟通；公司内部各部门意见沟通机制完善，那么公司部门协调就相对顺畅；公司文化建设制度完善，有诸如员工座谈会、头脑风暴会议等多种沟通制度，那么整个公司的沟通环境就会更好。

2）人际沟通比组织沟通更为宽泛，人际沟通既发生在组织内部，又发生在组织外部。与上司、同事、下属、客户等人的沟通，都是人际沟通。良好的组织沟通环境有助于人际沟通。

2. 影响沟通的原因

汽车经销商在现实中的内部沟通存在诸多问题，效率低下。例如，部门上下级之间沟通不畅；部门与部门之间沟通不畅；总经理与部门经理之间沟通不畅。沟通上的障碍可能是与管理者自身有关系。具体问题如下：

1）管理者高高在上的心态。这类障碍是由身份、地位不平等造成的。沟通双方身份平等，则沟通障碍最小，因为双方心态都很自然。与上司交流时，下属往往会产生一种敬畏感，这就是一种心理障碍。另外，上司和下属所掌握的信息是不对等的，这也会导致沟通障碍。这些问题常常发生在销售管理者与一线销售顾问之间。

2）人们往往习惯于坚持自己的想法，而不愿接受别人的观点。这种自以为是的倾向是造成沟通障碍的因素之一。4S店中，销售部门的"地位"往往比较高，这就使得销售部门的员工容易对其他部门产生"不屑一顾"的心理。然而，销售人员自以为是的态度，往往导致对方不愿与他沟通。

3）双方有一方对另一方存在误解与偏见，或相互有成见，这会导致沟通不顺畅。

4）沟通的一个最重要环节是倾听，沟通不可能是一个人的事情，当有一方在表达时，另一方必须专注倾听才能达到沟通的效果。而人一般都很少能用心听别人的，而是习惯于表达自己的观点。

5）缺乏有效及时的反馈。沟通的参与者必须要反馈信息，才能让对方明白你是否理解他的意思。反馈包含了以下信息：有没有倾听、有没有听懂、有没有准确理解。如果没有反馈，对方以为你完全理解了他的意思，就会造成误解。

6）缺乏必要的、有效的沟通技巧也会造成沟通障碍。

3. 沟通对象的选择

管理者在沟通之前一定要先选择合适的沟通对象，对于销售管理者而言，合适的沟通对象只有两种：

1）要与当事人沟通。企业部门之间总会发生一些冲突和矛盾，处理这类问题的基本原则是与当事人沟通。假如销售部和市场部之间发生冲突，就应该由两个部门的负责人直接沟通。

假设销售部与市场部出现矛盾，按照以上所讲的"与当事人沟通"的原则，应该由销售部经理与市场部经理直接沟通。实际上，有的人不是先与当事部门负责人沟通，而是先与其他部门的人谈，这种情况就是选择沟通对象不当。

上下级之间的沟通往往也有类似的情况。如果上司和下属之间发生矛盾，上司应该与下属通过沟通来解决问题。假如管理者认为某个下属工作不力，不要对其他下属说，更不要把他作为反面典型，管理者应该做的是直接与这名下属沟通。

2）与直属上级沟通。员工之间发生冲突，除了直接沟通以外，还可以请上司帮助解决。同样，部门之间的障碍，双方既可以直接沟通，也可以找上一级管理者帮助处理。这种按照直属上下级关系进行沟通的方式，是正确方式。

要避免由于沟通对象选择不当造成沟通错位。例如，应当与上司沟通的，却与同级或下属进行沟通，会成为"抱怨、发牢骚"；应当与同级沟通的，却与上司或下属进行沟通，会成为"告黑状、打小报告"；应当与下属沟通的，却与上司或其他人员进行沟通案例，会成为给下属"穿小鞋"。

4. 沟通渠道的选择

管理者在沟通之前还要选择合适的沟通渠道，对于销售管理者而言，常见的沟通渠道只有两种：一对一沟通，即双方直接沟通；会议沟通，即在一个组织内部以会议方式邀请多方参与的沟通。

1）对于只涉及双方的事宜，适合一对一沟通，如果选择会议沟通，不但双方可能会顾及面子、各执一词，并不利于解决问题，而且还浪费其他参会人员的时间。一对一沟通时，需选择当事人沟通或直属上下级作为沟通对象。

2）对于涉及多人的事宜，适合会议沟通，这样效率更高。在会议上沟通的事情应当是具备普遍性的、具体的事情，而不是讨论特殊的、具体的人。

5. 管理者的有效的沟通方法

从沟通方向主要可分三类，即对上沟通、对下沟通、水平沟通。

（1）对上沟通

对上沟通中非常重要的方式是汇报，需要注意以下五点：

1）报告内容简明扼要。简明扼要的报告会给上司留下主次分明、紧抓要点的良好印象，同时简明扼要的报告也可以节约上司的时间。

2）汇报内容明确、有针对性。汇报的内容要与原定目标和计划相对应，切勿漫无边际地牵扯其他没有关系的事情。

3）从上司的角度出发看问题。由于位置的不同，下属与上司之间存在很多立场上的差异，从上司的角度出发来看待问题，可能会使你的汇报内容更为贴近上司的期望，也更能获得上司的认同与支持。

4）汇报工作时，可能会出现上司给予的评价低于个人的期望的情况，这个时候，应当先尊重上司的评价，不要过多解释，更不要争论。如有必要则可以选择合适的时机，提出自己的不同观点与解决途径。

5）在汇报结束后，上司一般情况下会点评本次汇报，上司的评价其实就是一种反馈，从中可以知道上司对哪些地方不是很清楚，可以补充介绍，或提供补充材料，加深上司对你所汇报工作的了解。

（2）对下沟通

汽车4S店销售管理者对下沟通，要注意以下三点：

1）很多销售管理者都是由销售顾问晋升来的，销售人员非常喜欢表达，经常会议一开，销售管理者就开始长篇大论，停不下来。销售部门管理者在对下沟通时，如果只是自顾自地讲话，不顾下属的感受，往往只会起到反面效果。

2）很多销售管理者的性格比较强势，在下属犯错时候，往往会很严厉地批评，甚至是责骂，很容易引起下属的抱怨或是不满情绪。其正确的方式是少一些批评，多一些鼓励，让下属快速成长。

3）下属最喜欢的是能帮他解决实际问题的上司，所以在指导下属的时候不要给下属提空泛的意见或建议，往往只会让下属在执行中更加左右为难。在指导下属时，一定要给出切实可行的方法。

（3）水平沟通

水平沟通主要是指公司的部门经理之间的沟通，或者是没有上下级关系的部门之间的沟通。由于工作内容不同，思维方式也存在差异，所以要想做好水平沟通需要注意以下三点：

1）建立友好的沟通氛围，是有效沟通的基础。销售部门是公司的业务核心，需要公司其他部门的支持才能把工作做好，在日常工作中要建立自己的人际友好度，切勿把自己放在不可一世的位置上。在与市场、财务和售后部门沟通时，多一份谦让，就可以多一份顺畅。

2）公司各部门工作都不少，销售部门在需要其他部门配合时，要以同理心去理解对方，询问对方有无困难，并一起找到解决方案。唯有如此，才能确保获得其他部门的全力支持。

3）沟通的最终目的是得到对方的支持，所以在解决自己的问题的同时，也要考虑给协助者带来利益。目标一致，才能让协助部门心甘情愿、积极主动，使自己的问题得到更好的解决。

本章重点

1. 汽车经销商商品车的管理水平直接决定着整个汽车经销商的盈利水平。
2. 面对主机厂"以产定销"与"以销定产"这两种不同的策略，汽车经销商要做对应的商品车细化管理。
3. 用杜邦分析法，建立销售的经营策略。
4. 汽车经销商要建立人力资源的管理体系。

第 6 章 销售业务水平提升

6.1 经销商金融业务提升

6.1.1 从战略层面开展金融业务

汽车经销商的价值绝对不是简单的销售商品车，客户需要的也不是商品车，而是针对客户用车需求的整套解决方案。

从客户的需求出发，汽车经销商必须做好这套解决方案。对商品车配套服务产品的优化设计，是汽车经销商盈利能力提升的关键。

"星辰大海""诗与远方"是人类对美好生活的向往，无论是谁都希望能有一台更好的车陪伴自己的日常出行，或到野外去享受大自然的生活。但更好的车也意味着它的价格更贵，真正制约客户选择的其实是客户的支付能力。

成交三要素中的需求引导即可，信任建立即可，往往制约客户最后成交行为的就是支付能力。汽车销售的金融服务产品是这个要因的解决方案。

1）金融服务产品对于销售业务的第一个价值：有效缓解客户的支付压力，实现成交。

在实际的购车过程中，客户在购车的心情一定是想要更好的，但由于自己付款能力的问题只能自我妥协，在自己支付能力范围内做选择。金融服务产品的出现则帮客户解决了这个问题，让客户早日实现自己的购车梦想。金融服务产品是客户的"刚需"。

在一线经营中，汽车经销商对于金融服务产品非常重视，往往会设计金融服务产品这样的考核指标。很多店金融服务产品渗透率做得也不错，但如果我们从汽车销售行业的经营之"道"的底层逻辑出发，去分析金融服务产品销售的结构，就会发现这样一个现象：

汽车经销商占比最大的金融服务产品是厂家的免息产品，这个产品的特点是贷款额低、还款时间短，但是有厂家贴息。选择这类金融产品的客户很多是在销售顾问的全款购买与分期购买方案对比下（分期购买车价更多优惠）转化的，金融服务产品并不是客户的"刚需"。

厂家贴息的金额产品更多是出于主机厂的销售策略，主机厂为提升某个产品的销量，需要投入相应的促销费用。最直接的方式就是产品降价，但是"官方降价"对品牌是有伤害的。品牌价值是主机厂最重要的无形资产，这个促销费用的投入绝对不能对品牌有伤害。这个促销费用就会以补贴的形式出现，如金融产品的贴息、车辆的置换补贴，或者是对经销商的额外补贴。总之不做"官方降价"改为"终端优惠"。

金融服务产品的三个核心构成要件是首付、月供、还款周期。主机厂金融产品的贴息是一个定量（如贴息1万元）。在这个定量下，金融产品的设计，要么贷款金额就不能高，要么还款周期不能长。

例如，一辆20万元的车只能享受8万元的免息，首付要达到12万元，加上购置税、保险、装饰、上牌需要15万元。

如果免息金融服务产品设计想要实现低首付，那么还款周期就要缩短，月供压力就会变大，如享受12万元的免息分12期还完，月供要1万元。

这个产品的潜台词是："如果您一下拿不出15万元或者您不能每月还1万元，那这个车就卖不了。"

显然，无论是高首付还是高月供，都不是购买能力不足的"刚需"客户的首选。这就是为什么厂家贴息的金融产品大多都是原本全款买车的客户通过"全转分"转化而来的。

对于"刚需"性购车客户而言，唯有首付低、月供低的长还款周期的金融产品才能有效缓解客户的支付压力，实现成交。因此，汽车经销商要提升的不能只是金融分期渗透率，而是长周期类型金融产品（如60期）的渗透率。

2）金融服务产品对于销售业务的第二个价值：提升客户的叠加消费。

客户需要的不是汽车这个商品，而是由汽车这个商品以及周边配套组成的解决方案，汽车消费的一大特点是它可以拉动后续的消费。

就如同我们刚购买了一套新西服，往往会考虑要不要购买新的衬衣、领带、皮鞋与之搭配一样，当一位客户决定要购买一台汽车的时候，大量的新的消费需求也由此而生，如汽车的精品装饰、汽车的延长保修服务、售后的服务包等。

汽车销售是一个带来大量的新消费需求的业务，而且这些新的消费需求是"刚性"的，但是这都需要一个前提，就是消费者要有与之对应的支付能力。假如客户囊中羞涩，把钱全用来交全款买车，那后续新业务也就没有了机会。

汽车经销商需要做的是用好金融服务产品，解决客户支付能力不足的问题，那这句话就不难理解，消费者叠加消费需求是必然的，如果客户只拿了一部分的钱来买车，那么客户就会有买其他需求的预算。

3）金融服务产品对于销售业务的第三个价值：调整销售产品的结构，从而实现销售的盈利提升。

汽车销售盈利战略图中，量利双赢是核心目标。同一品牌、同一城市，一家店能否盈利，就看"量"与"利"这两个指标。

"量"很好理解就是总销量，而"利"这个维度我们重点看销售结构比。在同样的外部环境下一家店的高价值车占比越高，那么这家店的盈利会更好。简单来说就是一家店的中大型 SUV 以及 B 级、C 级轿车销售占比越高，这家店的盈利越好。

购买档次更高、车价更高的客户，往往在附加业务（如精品装饰）上，也更愿意选择高端的产品。同时档次更高、车价更高的车型在一些共性项目上价格也有很大差异。例如，保险公司同样一个面的喷漆理赔价格对于不同档次的两台车会相差 2 倍，但它们的施工工序、材料、成本几乎是一样的。

汽车经销商要做的是通过金融服务产品来调整销售结构，让客户由小车转化为大车。

拿我自己的经历举例，在为一家豪华品牌经销商做服务的时候，通过成交数据分析发现，这家汽车经销商的销售结构以中型车为主，大型车的占比不高，店内超期的车辆也以大型车为主。

总经理的分析是这家店所在的区域是城市老城区，而同城经销商是在新城区，客户的经济实力有差异。

通过对店里金融产品结构的分析，发现占比最高的是贴息金融产品，而且近一半的量是"全转分"转化来的，这就意味着有大量的客户是具备全款购买中型车能力的，贴息金融产品并不是他们的"刚需"。

既然消费者的支付能力是制约大型车销量的原因，且潜在客户里有大量的客户是具备全款购买中型车能力，那么如果能通过低首付、低月供的金融产品将这部分客户转化做到产品升级，那么整个店的销售结构就会发生大的改变。

在这样的经营策略下，销售开始重点推广长还款周期、低月供的金额服务产品，重点销售产品也转到大型车上来,"一步到位"为客户圆梦。同时,针对店内超期的大型车,不是简单地降价促销,而是将筹码结合低月供、低首付金融产品做设计包装。之前严重亏损的超期车最后也以更高的质量销售了出去。结果整个店的销售产品结构以及金融产品结构发生了很大的变化,整个店的综合盈利水平得到30%以上的提升。

4）金融服务产品对于销售业务的第四个价值:高黏性客户可以带来更长期的持续收益。

选择金融服务的客户与汽车经销商的业务交集更多,那么客户黏性也会更好,附加价值也会更高。金融服务产品自身的收益固然是汽车经销商的主要盈利来源,但通过提高客户黏性带来的更长期的持续收益更是汽车经销商经营的重点。

汽车经销商不能只是片面地追求金融渗透率,而是应该将金融服务业务提高到企业经营的战略层面,将具体的金融服务产品与经销商自身的经营情况结合,以企业经营战略的维度做具体的设计。

6.1.2 金融服务产品对比分析

汽车经销商现实经营中金融服务产品主要来自于三个方向:第一个是来自汽车主机厂的金融公司;另一个是来自与汽车主机厂合作的金融机构;最后一个是来自于直接与汽车经销商合作的金融机构。

不同类型金融产品有着自己鲜明的产品特征,对应着不同客户的"痛点"。固定的金融服务产品主要为"卡分期""一证贷"及常规贷款,还款形式包括等额本息和等额本金两种,具体情况见表6-1。

表6-1 两种还款形式

还款形式	产品特征	产品优势	适合人群
等额本息	月还款额固定 本金逐月递增、利息逐月递减 首付20%起	便于确定还款能力和记忆还款金额	收入稳定且预算规划严谨的客户
等额本金	月还款额逐渐减少 每月本金不变、利息逐渐降低 首付20%起	还款合理,提前还款利息损失小	贷款初期还款能力较强的客户

弹性贷款产品是还款过程相对特殊并且一般设置了尾款的金融产品,主要有"50、50"金融方案和"气球贷"两种,具体情况见表6-2。

表 6-2 "50、50"金融方案与"气球贷"

形式	产品特征	产品优势	适合人群
"50、50"	首付车价的50%，其余50%一年后偿还，零月供产品，不影响生活质量 手续费灵活，可以在首付时付，也可以1年内每月分摊或尾款付	不影响客户与家人的生活品质	高资质收入人群，50%用于理财投资一年收益可能更多
"气球贷"	贷款期限为12~36期，首付30%、月供以车价30%~40%计算 车辆在使用过程中仅支付了总价的60%~70%，尾款部分可在还款结束时将车回销至汽车经销商，以车辆现有价值对尾款进行抵扣	客户还款压力小 经销商获得优质二手车	有明确换车计划的客户，推荐高保值车型，3年期到后做置换升级

"气球贷"在国外比较流行，非常适合对生活有更高追求，明确换车周期的客户。

附加贷产品与超长贷产品是金融机构推出的特色性标准产品，通过车款和附件费用组合贷款的方式，达到低首付或零首付，具体情况见表6-3。

表 6-3 附加贷与超长贷产品

形式	产品特征	产品优势	适合人群
附加贷	购置税+交强险+商业险+精品作为附件可申请到车价20%的贷款金额。该金融金额用于支付首付冲抵20%的首付实现零首付购车	超低首付或零首付 贷款金额更高，可降低首期实际购车支出	有资金缺口或对低首付格外看重的客户
超长贷	最长可提供5年60期的还款周期	超低月供 不影响生活品质	月收入低或生活负担高的客户

汽车经销商可以考虑附加贷产品与超长贷产品做结合，可以实现低首付、低月供，更好地解决客户的支付能力，释放销售业务的有效产能。

6.1.3 金融业务的落地执行

更好的客户满意度与更合理的金融业务产品结构及产量是金融业务的经营目标，金融意向客户数量和贷款审核通过率是金融业务的核心指标。金融业务的环节与策略见表6-4。

表6-4 金融业务的环节与策略

环节	策略
1. 金融产品推荐	提升金融意向客户数量
2. 金融产品匹配	通过对客户分析提出合理化建议
3. 预审办理	贷款审核通过率
4. 贷款资料办理	贷款审核通过率与客户满意度
5. 放款、抵押及金融风险控制贷款手续签署	客户满意度
6. 首付款交付	客户满意度
7. 保险、上牌及抵押办理	客户满意度
8. 金融风险规避	确保安全可控
9. 业务上报	确保及时性

1. 金融产品推荐

金融产品推荐环节的目标是提升金融意向客户数量，落地执行要点如下：

1）场景布置，重点是通过金融产品推荐物料摆放，布置出场景化体验感。金融产品的宣传物料要做精心设计，突出金融产品的亮点，在客户途经位置摆放宣传物料。

2）销售人员在接待流程需求分析环节中进行金融产品介绍，金融产品开口率100%。

3）销售人员在价格商谈时将金融产品作为促销手段进行推荐。

4）针对全款订单客户，金融专员和销售人员协作进行金融产品推荐和转化。

5）汽车经销商管理者利用录音设备及客户满意度回访的方式进行推荐执行情况管控。

2. 金融产品匹配

使用客户分析表（表6-5）从4个维度进行客户分析，根据金融机构及产品的特征做金融产品的匹配。

表6-5 金融产品匹配分析表

分析维度	信息列表	客户情况	产品匹配
资质类	信用卡额度及数量		
	是否有本地房产		
	是否已考取驾照		
	目前从事的工作		

(续)

分析维度	信息列表	客户情况	产品匹配
资金类	月工资数额		
	工资发放形式		
	现阶段贷款状况		
	对利息敏感程度		
意愿类	是否有贷款经历		
	是否有理财意识		
	资料准备的接受度		
	是否有全额支付能力		
便利类	客户生活区域		
	工作休息时间		
	提车时间要求		

3. 预审处理

销售顾问或金融专员对即将办理金融业务的客户进行预审，以确保客户资料齐全有效，提升金融业务通过率。销售顾问或金融专员要将审核时的注意事项提前告知客户，降低因电话无法接通或其他原因造成的审批未通过的情况发生。

1）预审前：告知客户办理金融业务需要准备的资料、办理金融业务前需签署的协议，并告知办理金融业务的注意事项及免责申明；告知客户金融业务办理周期，给出的时间留足余量，避免出现到承诺时间未出结果的状况。

2）预审中：清点客户提交的资料是否齐全且符合金融机构要求，确认客户提交资料的真实性，发现作假情况需及时上报部门领导，并与客户沟通资料作假情况；整理客户及汽车经销商签署的金融业务资料的完整性和正确性。

3）预审后：如预审通过，告知客户即将提交申请资料，并再次核对客户信息、车型及选择的金融产品；讲解申报后的流程及客户配合事宜，提醒客户接听回访电话及接听注意事项。如预审未通过，告知客户补充资料，并再次预审；评估客户对资料补充的抗拒性，可提供上门收取等便利服务；了解客户获取资料的难易程度，给予协助。

4. 贷款资料办理

完善的贷款资料办理流程，能有效减少客户准备资料花费的时间和精力，提升金融审批速度，提高客户满意度及汽车经销商的专业形象。资料办理需要注意完整性、透明性及保密性三个方面。

1）资料完整性：打印出资料清单，避免客户因资料提供不全导致多次奔波；告知客户资料作假的不良后果，提高客户资料提报的真实性；建议客户携带原件，到店后进行复印或扫描，避免客户提交的资料不符合规定。

2）资料透明性：将客户提供的资料进行分类，并向客户说明资料的去处和使用目的；汽车经销商做好留档，便于发生金融公司变更或后期金融业务查询时使用。

3）资料保密性：资料保密动作需与客户面对面完成，可体现出汽车经销商的贴心和专业，也可为服务费用的收取做背书。

5. 放款、抵押及金融风险控制贷款手续签署

1）汽车经销商金融负责人及时查询客户金融申请审批状况。

2）客户金融申请通过后，应在第一时间通知客户，并与客户预约到店办理手续的时间。由于不同金融产品的时效性原因，务必和客户协调在规定时间内本人到店进行相关业务办理。

3）客户到店后，讲解办理的相关流程并再次与客户确认金融产品及还款义务。

4）按照不同金融机构的要求进行相关资料的办理，需客户确认的资料，务必对客户讲解清楚并要求客户本人进行签字确认拍照。

6. 首付款交付

1）为规避店内的金融风险，请尽量要求客户采用金融机构许可的付款方式进行。

2）如遇他人代为交付首付款，须在回单中由代理人明确款项用途，并签字确认。

7. 保险、上牌及抵押办理

1）为规避金融风险，汽车经销商在收到金融机构放款前，不得对客户进行车辆交付。

2）汽车经销商应安排相关人员陪同客户进行保险、上牌及抵押手续的办理，保证车辆手续的完备及可控。

8. 金融风险规避

金融产品操作过程中会出现很多金融风险，导致汽车经销商被骗贷、起诉，甚至赔偿等严重后果，具体要注意以下三点：

1）要加强对金融信贷业务资料真实性的管理。

2）在收到车辆全款前，务必保证车辆处于店内可控的状态。

3）按揭手续中，所有涉及需要客户签字、面签的内容，务必要求客户本人进行办理。

9. 业务上报

汽车经销商完成金融业务后,依照主机厂商务政策及时上报资料,确保主机厂金融返利补贴的到账。

案例

××汽车分期业务流程

一、根据客户背景及产品特性,匹配推荐合适的金融方案

分析维度	信息列表	客户情况	产品匹配
资质类	信用卡额度及数量	额度10万元、使用5年,可判定用卡习惯良好	资质较好,全金融产品类型均可推荐
	是否有本地房产	有房产,能提供房产证	
	是否已考取驾照	有驾照	
	目前从事的工作	公司财务人员	
资金类	月工资数额	8000元	月工资不高,对利息敏感,可推荐弹性贷或标准产品中的等额本金
	工资奖金每月发放还是集中发放	每月5000元,其余分年中和年底两次发放	
	现阶段贷款状况	房贷,每月还款2000元	
	对利息敏感程度	熟知利息信息	
意愿类	是否有贷款经历	仅房贷,等额本金	无需低首付,介于客户的理财意向,可推荐弹性贷
	是否有理财意识	很强的理财意识	
	资料准备的接受度	不抗拒	
	是否有全额支付能力	能支付大部分率款,但无法全款	
便利类	客户生活区域	外地客户	外地客户且时间限制,推荐流程简单的金融机构
	工作休息时间	工作日可请假,但次数不能过多	
	提车时间要求	希望三天内提车	

二、金融产品推荐

在客户需求分析中,根据客户的实际需求,使用相应话术推荐"50、50"弹性贷的金融产品以及当日即可完成放款提车的金融机构。

三、预审核沟通话术

×先生,银行流水打印出来后,记得要银行盖章,如果您单一银行账号的流水不多,建议您多交几家银行的流水,避免后期补充其他资料,费时费力。

按您的需求，会为您提供××的贷款申请，但具体的审批金额是银行通过综合评估来最后确定的。

四、资料办理

当面清点资料，当面封存资料并提醒客户资料安全。沟通话术如下：

×先生，您的身份证复印件上什么标识都没有，这样很不安全，您在身份证复印件上备注下"仅供办理车贷使用"，以后您提供身份证复印件都可以备注一下，对您个人信息更安全。我这里有一个写了"仅供办理车贷使用"这样字样的章，我帮您盖上。

6.1.4 金融业务包装宣传

汽车经销商要将金融业务定位为经营战略层面的设计，把金融业务作为差异化服务来经营，提升销售盈利水平。

1. 金融业务的宣传工作

对于金融业务宣传，首先要做的是展厅场景化的布置设计，通过专属金融物料的制作与布置，突出金融产品的特性，引发客户兴趣，助力销售顾问的销售工作。

金融物料制作要具有冲击力，金融业务的宣传语要有冲击感，比如"只需一万八、××开回家""分期购车让美好生活更早来到""分期是理性投资""辉煌时陪您荣归故里、落魄时助您东山再起"等。

宣传物料背景板的颜色要亮丽、主题要鲜明，形成视觉冲击力。同时，可以设计一些客户可以参与的场景化布置，如金融专属礼的抽奖区域等。

在展厅做金融专场活动的时候，场地选择要尽可能大，使用灯光和音响配合，烘托主题氛围，同时要注意，使用的装饰品的造型要有特点且符合金融活动的主题。

在展厅以及展车上，可以做一些精巧的宣传物料，如车门上的静电宣传贴、谈判桌上的桌贴、水牌，这些小的布置要特别注意物料的质感。

汽车经销商在进行宣传物料制作时要格外重视图片清晰度及设计感，在设计中要适当加入具有时尚元素的内容。具体的内容要有创意，要能为客户带来新的认知，引起客户的好奇和兴趣。

汽车经销商要通过展厅环境的布置，烘托出金融业务的氛围，提升客户体验，引发客户共鸣，从而促进成交。

2. 汽车经销商金融产品的设计

在金融服务业务宣传上，要考虑的核心问题是"打动客户"。想做到这一点，汽车经销商一定要将合作方的金融产品特性与客户的实际情况结合，做出自己的金融产品设计。

汽车经销商做金融产品设计要围绕客户展开，从两个维度着手：一个是客户想要的内容，即客户的"正面清单"；另一个是客户想解决的问题，即客户的"负面清单"。

用产品经理的术语来说，"负面清单"是客户想解决的"痛点"，而"正面清单"是让客户自我感觉更好的"痒点"。

"痛点"比"痒点"更清晰，更能激起客户的情绪感受，因而好的设计要直击客户的"痛点"。

各种不同的金融产品都有各自鲜明的产品特点，这些特点本身就是针对具体客户的需求而来的，汽车经销商做金融产品设计要放大"痛点"、制造相关的话题，引导客户主动了解产品和服务，切合客户的利益点引发客户共鸣，从而促进成交。

在具体的金融服务设计中，用"讲故事"的方式来呈现金融产品是适合经销商落地执行的方法，以下用我自己的几个案例来进行说明。

案例 1

适合老板的金融理财购

我在为一家豪华品牌汽车经销商做教练服务时，分析客户数据发现，其大型SUV的车主很多是做工程的，这类车主买车主要是为了"撑门面"，是为生意服务的，换车周期短，往往在工程结束就会考虑换车。

这类做生意的客户理财意识很强，于是结合低首付、低月供、高尾款的"气球贷"产品和附加贷，设计了"金融理财购"。

以气球贷为例，客户首付及三年内的月供都很低，同时结合车款20%附加贷的部分又可以直接用于支付前期的购车成本，进一步降低前期购车投入。

释放了客户前期支付压力的"痛点"之后，结合客户为生意"撑门面"的"痒点"，客户会非常认同销售顾问提出的购车升级方案，选择档次更好、价格也更高的高配旗舰车型。

在具体的呈现上，以一位做工程的客户"马老板"的故事作为呈现方式，将产品特点以"马老板"的客户视角来做展示。

"马老板的金融理财购"推出后，迅速获得此类客户的认可，推荐的效率提升，销售的产品结构更好，汽车经销商的销售盈利也迅速提升。

案例 2

适合年轻人的快乐无忧贷

我在为一家合资品牌汽车经销商做教练服务时,分析客户数据发现,其主销的一款小型 SUV 的主要购车群体是刚参加工作不久的年轻人,大多背着 20 年、30 年的房贷,又背起车贷,在网络上这类客户被戏称为"负二贷"。

这类客户购车多为家用,且换车周期会长,如果条件容许也更愿意考虑更好一些的紧凑型 SUV。

这类客户的"痛点"是积蓄不多,首付高了压力会大,而且还有房贷,月供高了压力也大,无奈只能选择总车价低、档次也低的小型 SUV。

结合客户需求,在紧凑型 SUV 车型和 B 级轿车车型上做金融产品设计,选择低月供的长周期金融产品和附加贷金融产品组合,设计了"快乐无忧贷"。

长周期的金融产品,客户的月供小,同时车款 20% 附加贷的部分又可以直接用于支付前期的购车成本,进一步降低了前期购车投入。

释放了客户前期支付压力的"痛点"之后,结合客户要长期使用车辆以及未来有孩子后对车空间有需求而更想一步到位的"痒点",客户会非常认同这个专属于紧凑型 SUV 车型和 B 级轿车车型的分期购车方案。

在具体的呈现上,以一位实际的客户"刘先生"的故事拍成短视频作为呈现方式(请"刘先生"做代言客户,并获得"刘先生"的同意),在故事中讲了"刘先生"大学毕业后的人生经历,同在一个城市生活的故事打动了很多客户。

"刘先生的快乐无忧贷"推出后,迅速获得此类客户的认可,推荐的效率提升,销售的产品结构更好,汽车经销商的销售盈利也迅速提升。

案例 3

闪电贷

我在为一家省会城市的合资品牌汽车经销商做教练服务时,分析客户数据发现,其网电销的分期渗透率比展厅低了不少,主要原因在于省会城市网电销客户很大比例是省会周边的客户。外地客户对时间要求高,而办理分期业务需要的时间比较长,结果很多客户都不选择金融服务。

这类客户的"痛点"是时间,选择金融服务手续烦琐、耗时长,所以即使分期有优势,客户也选择放弃。

结合客户需求,汽车经销商与只需要一次签字且当天即能放款提车的厂家金融机构合作，同时优化了店内的服务流程，设计了只凭一张身份证即可快速审核的"闪电贷"。

这个金融产品原本的亮点是厂家的贴息，客户的认可度本来就很高，再加上快速办理的宣传设计，很快获得了客户的认可。

在对外的宣传上，制作了分期与全款的对比收益表，以及快速办理的流程介绍，在展厅里用一个很大的玻璃沙漏作为这个产品的创意布置，烘托出又快又划算的产品卖点来。

"闪电贷"推出后，迅速获得此类客户的认可，推荐的效率提升，分期渗透率和销售的盈利也迅速提升。

6.2 经销商销售前端业务组合方案

6.2.1 移动互联时代车主的需求变化

汽车销售的客户群体越来越年轻，客户群体在变化，市场环境也在发生变化。

随着移动互联网技术的发展，整个消费市场悄然改变，移动互联网不仅是概念上的一个新兴产业，而且开启了一个全新的时代，改变了数以亿计人的生活方式。人们每天都要和移动互联网打交道，都离不开移动互联网。

移动互联网是在互联网的基础上发展起来的，用户数量在互联网时代10年间的基础上增长了10多倍，移动互联网的移动终端、系统平台、应用服务都在迅猛发展。

互联网做到了无国界，移动互联网则做到了无地界。移动互联网技术使得更多的人可以在更多的地点和更多的时间去接触互联网。

移动互联时代的到来也催生了用户行为的变化，用户的行为习惯和需求也反作用于移动互联网行业，消费者得到便利，行业得到发展，这是一个双赢的发展前景。

移动互联网的发展对消费者的行为习惯影响，首先源于终端设备智能手机的移动化与便捷化。因为设备的移动化与便捷化，可以随时随地使用互联网成为移动互联网最重要的特征。

移动互联网的应用场景是随时切换的，移动终端让人们接触互联网的地点从室内到室外再到无处不在的任何一个角落，从而进一步扩大了互联网的应用范围。这种扩大最直接的改变就是增加了人们使用互联网的时间。

相比之前人们只能在公司、住宅等固定场所才能有接入互联网的机会，现在走在路上、在商场里、在交通工具上都能接触到互联网。在电梯、餐厅、地铁里，人们拿着智能手机上网、追剧、玩游戏、使用各种移动应用，移动互联网占据了人们的碎片时间。

微信、抖音、美团等社交媒体平台、短视频平台、外卖订餐平台能如此快速发展，正是基于设备的移动化。

在移动互联时代，本地化服务迅速发展，依托基于运营商基站及 GPS 定位带来的本地化服务，用户能够方便地找到身边所需的服务，甚至可以通过移动终端依据相同位置建立起用户之间的互动联系。

例如，用户在某一个地方购物之余想了解一下周边的哪家餐厅的食物好吃，或者用户在开车时想找到最近的购物中心或停车场的入口，移动互联网都可以帮用户轻松实现。

马斯洛需求理论里面讲到人们有一种被认可被采纳的需求，即社交需求。移动互联的社交应用则可以帮助使用者快速得到他人的肯定，如微信的朋友圈点赞，抖音的关注、点赞、评论，以及微博的关注评论等。快速满足社交需求，促进了人类社交关系的发展。

移动互联时代的应用设计，朝着操作更简单、更方便的方向发展。各种热门应用，如导航、找餐厅等临时性的消费需求都是简单便捷至上。随着应用的不断优化，像选择电影、查看评价、选择场次座位，还有支付这些需求，如今用户都能在极短的时间完成。

移动互联时代消费者的消费需求随之发生了很大的变化，或者说用户已经习惯了移动互联网应用带来的便捷性、极简性、社交性的消费场景。

目前汽车经销商的服务与互联网企业相比，无论是便捷性、极简性、社交性都有很大的差距，这个差距正是汽车经销商要做服务提升的地方。

现在的消费者最希望汽车经销商提供便捷的、一站式的、对客户而言简单的服务。如果这个服务还可以有社交性的设计，那就更符合如今消费者的需求了。

消费者需要的不是一台车，而是一个解决方案，或者是一种生活方式，对于消费者来讲，一台裸车没有意义，消费者要的是整体的用车方案。

丰田汽车在北美推出雷克萨斯品牌的时候，就以整体用车方案的理念设计了雷克萨斯品牌的客户服务。

雷克萨斯服务基于他们对客户做出的"雷克萨斯承诺"，即"雷克萨斯会对待每一位客户犹如我们在家中招待来宾一样"。

在这样的服务承诺下，雷克萨斯很早就开展了如上门服务、免费洗车、舒适等候区的贵宾服务。

在 1989 年，雷克萨斯因为车辆问题而为车主提供免费维修，在客户取车时，客户无比惊讶地发现汽车都被清洗过而且已加好了油。

在美国，雷克萨斯为用户提供4年及5万英里（约合8万公里）的基本保养服务，动力系统的质保长达6年及7万英里。

此外雷克萨斯还是整个汽车行业第一个推出二手车组合服务的汽车品牌，早在1993年就推出了二手车达标计划。该计划不但会为一台二手车进行161项检查，更为购入车主提供了3年，10万英里的保养。

服务客户全生命周期的理论已被汽车经销商普遍认可，汽车经销商需要做的是将后续用车服务整合，在销售商品车的时候为客户提供整体的用车解决方案。

6.2.2 贵宾车的服务设计

近几年，越来越多的汽车经销商集团以及汽车主机厂推出"双保无忧"政策，覆盖的是客户购车之后的服务。

汽车"双保"指的是，为新车或原厂质保期到期前90天的车辆，提供6年的免费基础保养服务和原厂保修期（3年/10万公里）后再加3年不限里程的延长保修服务，即6年不限里程保修、不限次数保养（某些品牌会限制每年的保养次数）。

"买车容易养车难"是很多客户常发出的感叹，这句话背后透露的其实是用车费用的问题。客户购车后要负担如保险费、停车费、燃油费、保养费、维修费等用车成本，而且越到后面，客户所要承担的维修成本就会越高。

客户购车后大多会在5~7年选择卖掉旧车置换新车。在这5~7年的用车过程中，保养的支出是比较大的，特别是行驶里程比较多的车主。此外6年的原厂保修也可以为车主带来更好的保障。

对于客户来讲，"双保无忧"的服务产品设计是非常有吸引力的。

对于汽车经销商而言，"双保无忧"产品可以进一步增加用户黏性，同时更长的质保和在店内完整的保养记录也会提升二手车价值。这一点对于客户以及想服务客户全生命周期推动置换业务的汽车经销商而言，是"双赢"的局面。

例如一台合资轿车如果有超长双保政策——6年12次保养与6年15万公里的整车保修，基本上保证了该车在6年内是在4S店保养维修的，车况能得到保障。而且在国内二手车的交易高峰年限是4~5年，6年的质保时长权益随车转让就更能体现出其价值来，毕竟带质保的二手车在二手车市场上会更受欢迎。

"超长双保政策"保证了该车在二手车市场的竞争力，反映到价格上就会出现保值率提升的现象。对于汽车主机厂，高保值率就意味着高转化率以及更强的用户黏性，汽车主机厂也能够得到显而易见的回报。

这也是汽车主机厂不惜增加成本来强化车辆保修与保养的力度，设计"超长双保政策"的原因。

汽车市场竞争激烈，汽车主机厂之间的竞争策略已经从产品力的比拼衍生到了售后服务的比拼，设计"超长双保政策"，以保养与保修作为切入点来吸引消费者就是这个策略的具体应用。

对车主来说，延长保养、保修政策同样会带来实质性的利益，也能提升对汽车品牌在情感上的认同，整体上来讲，"超长双保政策"对主机厂、汽车经销商和消费者都是非常有利的。

汽车经销商可以根据自身的特点，结合"超长双保政策"的规则，设计出自己的特色服务方案来，如中升汽车、广汇汽车等就纷纷推出自己集团的"双保无忧"服务。

案例 1

××汽车双保无忧服务方案

一、双保无忧方案内容

1）延保。有 2 种延保方案：整车延保或汽车三大件延保，保修索赔包括配件费用、工时费。

2）免费基础保养。6 年免费基础保养服务（机油、机滤、工时、垫片）。

3）第七年起维修保养终身八五折优惠。

二、双保无忧宣传

1. 省钱又省事

1）双保无忧服务降低客户养车成本，6 年免费基础保养，第 7 年起维修保养85折优惠。

2）车龄增大时面对维修成本的增加，有了双保无忧服务，不必为去哪儿维修头痛，因为车主可以尊享4S店原厂配件品质、专业维修技术保障。

2. 省事又保值

1）爱车出现突发情况，车主只需要将爱车开到××集团××店就能享受到高质量的服务。

2）××集团××店双保无忧服务，留下完整的4S店保养维修记录，与非4S店保养的车辆相比，未来在二手车交易过程中，能提高车辆的转手价格；双保无忧还可以随车转让，提高二手车辆残值，从而达到了保值的效果。

3）××集团多店联保6年不限里程的保修服务让您用车无忧！××集团覆盖××个省、自治区和直辖市，×××家4S店通用，6年内尊享原厂质保和不限次基础保养产品。不管您行驶多少公里，只要符合保修，多少配件损坏，我们都为您提供基础养护服务以及配件免费更换服务。只要您的爱车还在五年之内，即可到××集团旗下4S店办理。

案例2

贵宾无忧车服务方案

××汽车贵宾无忧车服务增加23项，价值提升3万多元。

贵宾无忧车服务内容如下：

类别	序号	项目	价值
延长质保	1	自购车日起发动机5年质保	3000元
	2	自购车日起变速器5年质保	3000元
免费保养	3	非营运车辆终身5年免费基础保养（每5000公里保养一次）	10000元
无忧用车	4	终身导航升级服务	1000元
	5	终身免费四轮定位服务（2次/年）	1000元
	6	终身免费添加冷却液服务	1000元
	7	终身免费添加变速器油服务	1000元
	8	终身免费添加玻璃水服务	500元
	9	终身免费添加制动液服务	1000元
	10	终身天窗养护服务（2次/年）	500元
	11	终身免费出行检测服务	1000元
	12	终身免费洗车服务	1000元
	13	终身更换轮胎、蓄电池免工时服务	500元
	14	终身免费充氮气	1000元
	15	发动机舱清洗（2次/年）	500元
	16	专用电脑检测仪免费体检（2次/年）	1000元
	17	市内免费救援（环线以内）	1000元
	18	轮胎、蓄电池终身以旧换新（旧件折价冲抵5%）	500元
回购服务	19	二手车高价（高于市场价3000元）置换	3000元
保险服务	20	同品牌置换享受赠送次年交强险	1000元
	21	同一企业或家庭增购车辆，原车享受赠送次年交强险	1000元
	22	回店续保返现金500元（分期客户还款结束后可享受）	2000元
	23	终身保险理赔服务免手续费	500元
合计			36000元

6.3 经销商精品业务提升

汽车精品是车主购车后的刚需消费,很少有车主购车后不贴太阳膜、不购买脚垫的,特别是随着车主群体的年轻化,车身改色、车辆改装业务逐渐成为热门项目。

整个汽车精品市场非常繁荣,但掌握着流量端口的汽车经销商汽车精品业务却做得并不好,虽然也有一部分销售,但在精品装潢业务上,很多4S店为了促进销售都是以送为主的模式。

这种模式在一定程度上削弱了店端精品装潢业务的主动销售意识。而且,免费赠送会给客户造成两种心理影响:一种是客户觉得卖车就一定要送精品装潢;另一种则会认为赠送的就是不好的、价格低廉的,甚至是不环保、不健康的。结果有很多客户贴了汽车经销商送的太阳膜,后到汽车美容会所又把膜撕了,换上会所推荐的"高档膜"。

4S店这种卖车送装潢的模式,为了让客户感觉超值,店里往往会把价格标得很高,其实客户也很清楚4S店赠送装潢的价值,毕竟现在移动互联网这么发达,打开手机淘宝查一个产品的价格,都用不了一分钟。

以这样虚高的标价,销售顾问拿来做销售是很难卖出去的。现实中一些通用类的汽车精品,比如行车记录仪、手机支架在淘宝上销量极好,但是在店里却压根就没法卖。

很多汽车主机厂都给经销商下了精品任务,每销售一台车要进多少钱的精品。但汽车主机厂却很少进行精品销售的培训,再加上这些精品价格很高,精品业务不但无法为经销商带来盈利,反而成为经销商经营的负担。

房地产开发商卖房子会把样板间装修得漂漂亮亮,再摆上家居用品,展现出各种风格。而汽车经销商却把"裸车"摆到展厅,很少做加装展示。这么做的理由有很多,有的说加装完卖不出去,也有的说客户会死皮赖脸地就要低价买加装车,还有的说是汽车主机厂有要求不能加装,这些理由其实都是借口。

加装车展示不仅能够让客户更直观地了解到精品加装后给客户带来的好处,方便销售顾问进行讲解和演示,还可以为车辆加分,营造更好的客户场景体验。"不装潢不能进展厅"才是汽车经销商正确的展车处理方式。

由于汽车经销商并没有把精品作为衍生业务重要的一环来做体系建设和销售设计,所以店内往往精品项目不全,只有太阳膜、脚垫和一些为完成汽车主机厂任务而进的电子产品。

汽车经销商首先要丰富精品项目，精品的项目越全，满足客户需求的能力就越强，客户的购买概率就越大，而且客户还会因为购买了某个精品而产生连带购买行为。

在精品业务管理维度，很多汽车经销商只是简单粗暴地把精品的考核任务下发给销售顾问，但对于销售顾问精品销售能力的提升却从来不关注，很少进行精品培训。

销售顾问对于精品的卖点、话术、基础知识都不了解，向客户推荐的时候没法做到完美介绍和展示，销售任务很难达成。有的销售顾问为完成任务干脆采取"拆单"的方式从车价里挪出精品业绩来，这又进一步损失了销售的毛利。也有销售顾问直接认罚，宁可多卖几台车，也不去完成精品的任务。

汽车行业竞争激烈，汽车经销商必须聚焦客户需求，提供差异化的服务方案，才能赢得客户，而汽车精品装潢的销售就是其中一个重要的差异化服务项目。

虽然目前汽车后市场精品装潢的竞争也很激烈，但与已经"水深火热"的新车销售相比还稍有差距。再加上客户对精品装潢更为在意，客户需求不断提高，因而汽车4S店的精品装潢业务有很大的发展空间。

6.3.1 原厂升级

在汽车精品装潢业务领域，汽车经销商最大的竞争对手是汽车后市场的汽车装潢店，以及网上销售汽车精品的商家。与竞争对手相比，汽车经销商的第一个优势在于对车辆的了解以及在技术上的专业性。

同一款车型厂家都会设计多种配置的产品供消费者来选择，很多情况下车辆的差异仅仅是具体的电子配置和外观的细节差异。

很多品牌的汽车产品是可以做配置的选装的，如一些合资车，车主在订新车的时候只要加一笔费用，就可以把普通方向盘更换为多功能方向盘。

原厂选装升级更是一些豪华品牌销售的必选项。经过选装的车辆更加个性化，能带给客户更好的用车体验，经销商的收益也更好。

其实很多汽车品牌的经销商完全可以自己采购原厂的配件，然后安装匹配，可以实现和原厂选装一样的效果。其中，电子类的原厂升级更能突出经销商的专业优势，具体包括定速巡航、胎压监测、倒车影像、远程起动、前后雷达、并线辅助、自动前照灯、自动雨感、折叠后视镜、内外防眩目、小屏换大屏、液晶仪表、方向盘加热、LED门把手、流媒体后视镜、英文汉化、电动中门、电动尾门、顶配音响等。

如果汽车主机厂的产品支持原厂升级，那么汽车经销商做这样的原厂升级不但可以作为差异化服务提升盈利能力,而且从厂家采购的原厂配件有质量保障且还可以完成厂家下发的零件采购任务。

对于客户而言,购买低配置的车型通过原厂升级成为高配置车型也是非常划算的,原厂升级的花费远远低于高配与低配之间的差价,且低配车型价格低,还可以省去部分购置税。

售后的保有客户也是原厂升级非常好的目标对象。如果新一代车型的一些配置可以拿来给上一代车型做升级,例如车载无线充电,那么业务开展后基于售后庞大的保有客户基数,在规模效应下汽车经销商会取得非常好的精品销售业绩。

原厂升级本身还有很高的技术壁垒,这一点是后市场的装潢店无法做到的。对于能够实现原厂升级的品牌车型而言,是汽车经销商差异化服务与盈利业务开拓的首选。

案 例

××汽车原厂升级专案

一、隐藏功能激活服务

不同车型设计对应隐藏功能清单,以及效果展示小视频,供客户选择。

二、配置原厂升级方案

不同车型设计对应的升级方案,对重点车型做重点升级项目案例介绍。重点升级项目包括全车电吸门、ACC自适应巡航、自动倒车镜、液晶面板音响升级、360°全景影像、变道辅助、加热方向盘、原厂氛围灯等。

三、内饰升级

不同车型设计对应的升级方案,对重点车型做重点升级项目案例介绍。重点升级项目包括翻毛皮顶篷及门板、真皮仪表板及座椅、遮阳帘加装升级等。

四、外观升级

不同车型设计对应的升级方案,对重点车型做重点升级项目案例介绍。重点升级项目包括踏板、尾翼、行李架等。

五、智能升级

不同车型设计对应的升级方案,对重点车型做重点升级项目案例介绍。重点升级项目包括手机钥匙、控车App、车载秘书等。

6.3.2 定制升级

原厂升级虽然好,但并不是所有车都可以实现这样的升级改装,定制升级则没有这样的限制。

定制升级指的是对车辆做某种定制主题的设计，将车辆升级为定制版，赋予车辆新的寓意，例如"中国龙纹版""星辰大海版""国潮版""动漫版""奥运版"等。

早年，有一批进口的路虎车，销量并不好，其中一个原因是这批车的内饰很一般。后来经销商对这批车的内饰做了统一升级，仪表台与座椅都更换成了带有龙纹刺绣的高档皮面。这批路虎车定制升级为"中国龙纹版"后，效果非常好，进入车内就像坐到"龙椅"上，车主非常喜欢这样的格调和感觉，结果产品大火，成为爆款。这个龙纹刺绣内饰也成为路虎内饰改装的经典升级版本。

SUV车型在做定制升级的时候，可以安装电动脚踏、电动尾门等，对车辆做重新定价，最好给它起一个新名字，如××型经典版等。定制升级后的产品与价格是在其他同品牌店里找不到的，这样升级后的车辆看起来性价比更高，客户购买的概率也就会随之提升。

在展厅放一台升级版的样车，销售顾问在与客户沟通具体的精品装潢项目时可以让客户一眼就看到装车的效果，还可以让客户上车去实际感受，形成场景化的体验，有助于销售顾问精品销售成交率的提升。

MPV车型是定制升级的重点目标车型，例如"星辰大海版"的MPV通过星光顶、车内氛围灯、游艇木地板的升级，营造出极有意境的内饰风格，非常受年轻车主的喜爱。

定制升级同样适合价位不高的车型，说一个我自己的经历。

我之前为一家汽车经销商集团做教练服务的时候，集团内的五菱店也很想做精品装饰业务，但是由于车价的原因一直做得不太好。通过对客户的分析，我发现很多五菱车主都是在当地各种市场里做批发生意的个体小老板，五菱车是用来拉货做生意用的，家里往往还有一台"撑门面"的高价车。

显然客户的支付能力不是问题，问题在于客户把这辆车定位为生产工具，不考虑多做投入。

于是我们把业务的目标由车转到车主身上。我们发现由于这辆车是生产工具，所以客户在车上的时间是比较长的，在夏天虽然空调不错，但是车主长时间在车上，后背会被汗水湿透，非常不舒服。而车主那台"撑门面"的高价车一般都有座椅通风功能，就不会出现这样的问题。如果我们能推出带通风座椅的定制车型，那这部分支付能力非常好的、又体验过通风座椅的客户应该会感兴趣。

由于这个定制升级充分考虑到了客户的真实生活场景，落地实施后获得了客户的高度认可，销量也很好。

案例 1

SUV 定制升级版方案

一、定制版本：经典大神版

二、版本宣传："永远的神"

1）经典外装：原厂踏板、原厂行李架，钛镁铝合金材质，结实耐用、高端大气。

2）经典内装：360°可视系统、雷达，让爱车避免发生摩擦和碰撞。

3）大神专配：定制的大轮毂，不仅增加了车辆的高度，更使车辆变得更加时尚美观。

4）精致装备：优质皮座椅、皮门板、360°航空软包，不仅使车内干净整洁，而且使整车看起来更加高端大气。

5）全车原厂雷朋太阳膜，隔热、防爆。

三、装潢项目推荐话术

您想让您的爱车看起来更加与众不同吗？我们可以为您定制个性化轮毂。看一台车豪华不豪华，最醒目的肯定是4个大轮毂。

车的颜色您满意吗？原车颜色只有这几种，可以贴改色膜来解决这个问题，您可以选您喜欢的任意颜色。

卤素灯是不是看起来外观既丑晚上行车又不安全？车灯就像眼睛一样。如果眼睛看起来暗淡无光，那么通过化妆戴美瞳，就会炯炯有神。我给您推荐我们的流光 LED 车灯。

您是不是觉得您的车看起来有点中规中矩？我给您推荐我们的前后包围运动套件，不管从前面还是后面看，您的爱车都会显得格外亮眼。

您是不是觉得这车座椅档次一般？我给您推荐我们店里的个性化定制真皮座椅，可以让您的爱车内饰看起来既美观实用，又提升档次。

您是不是觉得给车贴好的太阳膜没用呢？我给您普及一下，好的太阳膜不仅有保护隐私的功能，而且可以起到很好的隔热作用，让您夏天坐在车里更舒服，并且前面的风窗玻璃膜特别重要，它的防紫外线、防太阳光眩目、防爆功能可以尽最大的可能保护您和您家人的安全。

您是不是觉得SUV太高、您的父母和孩子上下车会很不方便？我给您推荐原厂行李架和原厂踏板，提供质保，不仅能使您的家人上下车更加方便，并且使您的车看起来更高、更大。

您在狭窄车道上行驶感到担忧、害怕碰撞到障碍物吗？我给您推荐360°可视系统，您在行车时可以看到360°的路面状况，为您解决困扰。

您还在为手里拿着东西打不开行李舱困扰吗？我为您推荐电动尾门，这样即使您手里拿着一堆东西也只需要按一下就可以开启，而且女士开又高又重的行李舱门很不方便，电动尾门，轻轻一按，可以记忆高度，方便实用。

案例2

MPV定制升级版方案

一、定制版本：领先荣耀版

二、版本宣传："领先一小步，荣耀大不同"

1）视觉领先一步：荣耀大师包围套装，成就荣耀。

2）便捷领先一步：帝王蓝镜面地板、全包围迎宾踏板、电动尾门，便捷无处不在，成就荣耀。

3）周到领先一步：中央扶手、无线充电、220伏车载电源自成一体，服务周到，成就荣耀；后排商务洽谈桌设计、航空座椅脚托，细节不凡，成就荣耀。

4）体贴领先一步：车载娱乐系统使车上不乏味，精装太阳膜，营造私属空间，体贴成就荣耀。

三、装潢项目推荐话术

您想让您的家人在车里提升舒适感吗？我给您推荐后排小桌板带腿托，如果您出去自驾游，可以在小桌板上就餐，家人可以把腿放在腿托上休息；如果老板突然让做个文件，也可以把电脑放在小桌板上办公，是不是特别实用？

您还给您的商务车铺脚垫吗？我给您推荐木地板。后排座椅是可以滑动的，特别容易把脚垫卷进去，而且脚垫既不美观又不卫生，一些脏东西很容易吸附在里面，木地板收拾起来既方便又高端大气。

您还在为您锁了车忘关窗户担忧吗？我给您推荐三合一升窗器，不仅可以在锁车后自动开窗，还有自动落锁功能，不用担心在行车中小孩子误开车门发生危险。

您还在用机械钥匙起动您的爱车吗？我给您推荐我们的一键起动无钥匙进入系统，不仅提高了整车的科技感，并且让您用车的过程更加方便快捷。

您有没有感觉车内照明功能单一、车顶也不美观？我给您推荐星空顶，晚上开车出去放松，停在宽阔的地方，把座椅放倒仰望车顶，可以看到一颗颗流星，特别梦幻，车内环境也更加温馨、舒适。

6.3.3 汽车精品的体验式销售

商品交易中有两个不变的定律：第一个定律是成交建立在客户信任上，客户的信任程度与交易成本成反比；第二个定律是买卖双方信息的交互效率改变交易效率。

对于客户而言，耳听为虚、眼见为实，客户认同的是自己的亲身体验。身临其境的场景化体验本质上是大量信息的快速交互。因此，要提升成交质量，最好的方式是设计客户体验式销售方案。

具体的体验式销售的策略和技巧，见表6-6。

表6-6 体验式销售的策略和技巧

序号	策略	技巧
1	展车定制升级	展车定制升级直观展示、对比"裸车"推荐升级
2	接待流程介入	在需求分析阶段推荐装潢
3	套餐设计	设计套餐促销
4	价值展示	突出汽车经销商装潢业务的优势
5	实验展示	通过实验的深度体验方式，展示产品价值
6	目标绩效管理	建立精品装潢业务的目标绩效管理体系

1. 展车定制升级

从客户的需求出发，根据车辆的情况进行全面的装潢包装，并和同款未进行装潢的车辆放在一起做对比销售，这样会给客户带来最直观的感受，也能向客户展示装潢与不装潢的不同效果，从而促进客户购买经过装潢的车辆。

如果客户态度很坚决地购买"裸车"时，销售顾问则可以先谈好车辆的销售，在客户完成新车交付后，引导客户观看店内已做过装潢的同款车型，并告知客户加装精品装潢可以提升车辆档次。也可以让客户对同款已装潢过的车辆进行对比体验，激发客户的购买欲望。

另外，还可以拿赠送的装潢与更高级的装潢做对比，从而促使客户进行装潢产品升级购买。

2. 接待流程介入

在与客户沟通的过程中，要用心挖掘客户对于装潢的需求，可以先将符合客户要求的装潢产品做简单功能介绍，等待机会再做推荐，不要刻意推销装潢。

例如，客户经常走坑洼、泥泞路，可以推荐底盘装甲、发动机护板；客户有孩子，可以向客户介绍儿童座椅的保护作用以及使用儿童座椅的好处；对于家中有老人的客户，可以介绍脚踏的实用性；对于女士用车的，可以为客户介绍防紫外线太阳膜的好处。

在接待过程中，站在客户实际使用的角度，为客户提出使用情景的合理建议；当车辆购买意向确认后，销售顾问再重点对客户的装潢需求进行详细且专业的介绍。

总而言之，销售顾问要站在客户实际使用的角度，时刻为客户着想，让客户感觉这些装潢项目是自己的"刚需"，获得客户认可，成交就水到渠成。

3. 套餐设计

汽车经销商要将装潢精品组合，设计成产品套餐，这样可以有效提升装潢精品的销量。

例如，加装真皮座椅3000元、贴膜3000元、360°脚垫与行李舱垫1000元，合计需7000元，组合套餐的销售价格为5500元。如果客户直接购买套餐，则省下1500元，这样客户对比后会选装项目多、但更划算的套餐。

这个方法其实就是利用了客户占好处的特点，将其与店内的促销策略相结合，成交率就会大大提升。

4. 价值展示

客户购车后装潢是刚需，但多年来很多对4S店的负面宣传，导致客户有怕被"宰"的想法。首先要从思想上要打消客户的顾虑，可以告诉客户如果在其他4S店发现本店销售的同品牌、同等级、同质量的产品更便宜，可以回店退差价。

店内装潢的优势和客户利益如下：

1）4S店的装潢产品由汽车主机厂原厂直供，因此装潢产品都有原厂质保和售后服务，在外面做则没有这样的保障。

2）专业的人做专业的事，4S店是对本品牌售卖车型最了解的，施工技师不但经过专业培训而且长年只做本品牌的施工，技术更熟练，在加装精品装潢的过程中不会对车辆造成任何伤害。

3）在汽车后市场的加装涉及非法改装，整车的保修就没有了，而在4S店的所有加装程序都是经过报备的，如车身改色会一并变更车辆行驶证信息，可以彻底放心。

4）4S店可以为客户提供具体装潢的明细表，系统上也同步做详细记录，有据可查，一旦出现问题，4S店可以迅速帮助客户彻底解决，使消费者更加放心。

5）4S店售出的装潢用品在使用过程中出现问题，在质保期内随时可以更换。

5. 实验展示

通过将服务有型化，采用实验展示的方式让客户了解店内装潢的质量。

例如，通过现场实验，让客户亲身体验太阳膜的防紫外线功能的效果；将次品与店内正品做对比，效果会更加明显。另外，4S 店还可以做类似于证书的东西，以此证明产品质量，让客户安心消费。

6. 目标绩效管理

汽车经销商的精品装潢业务要将原来的多送变成少送，把少送变为尽可能销售。汽车经销商一定要设定合理目标，并且层层分解。

1）设定合理目标。在正式开展精品装潢业务前，要根据店内实际情况设定当月销售目标，并与当月的销售台数挂钩。重点在于，目标要设定科学，销售团队通过努力就能完成，切勿目标虚高，要随着业务的成熟，团队销售能力的成长，逐步提升。同时，还要根据市场变化不断调整目标，以达到最佳状态。

2）层层分解。要将总目标分解到销售团队每个人身上，做到人人头上有指标。初期可以加大精品装潢业务的销售提成力度，做阶梯式提成；在激励方案上只有正激励，没有负激励；通过树立典型等手段，激发员工的积极性；通过及时兑现，让员工看到丰厚的收益。通过这些方式，激发员工的行动力。

3）除设定目标、层层分解外，还要重点进行过程管控。每天都要对目标进度进行管理，及时让优秀的员工进行经验分享，也要让在销售过程中受到挫折的员工分享困难，团队共同找出对策，这是最有效的提升方法。

4）培训演练是最不能忽视的基础部分。由于部分员工对于精品装潢的知识掌握得不够全面，在与客户沟通中很难做到专业详细的信息介绍，业务成绩差，长久下去会失去信心。因此，要定期组织员工进行精品装潢业务的专题培训，培训产品知识，发现和挖掘客户需求，形成重点话术，并通过演练让销售顾问掌握更有效的销售方法。

案例

汽车精品情景销售

汽车太阳膜的情景销售

一、将太阳膜作为重点项目

做好太阳膜品牌与服务商的筛选工作。

二、设计执行流程确保落地

1）集客：所有成交车辆赠送低价位太阳膜，且不包含前风窗玻璃，由精品专员对接。

2）邀约：在车辆上牌后，精品专员 7 天内完成与客户的太阳膜施工邀约。

3）成交：客户应邀回厂，由精品专员完成前风窗玻璃太阳膜的销售以及太阳膜升级。

三、设计激励方案，提高渗透率

针对精品专员工作内容，邀约客户与太阳膜精品的二次升级，设计邀约到店奖励与升级毛利提成，并对工作质量做质量考核。

精品专员绩效奖金＝工作项目结果提成×质量考核成绩

工作项目结果提成方法如下：

序号	工作目标	提成计算
1	邀约到店提成	邀约到店量（10元/批）
2	到店成交追加提成	前风窗玻璃太阳膜、升级太阳膜毛利×10%
3	其他精品项目提成	汽车精品、车衣、改色、改装×单项提成

注：提成可以设计阶梯奖励。

质量考核方法如下：

指标类型	关键绩效指标	定义	权重参考
财务面	销售项目目标达成率	销售项目的目标达成	20%
财务面	销售毛利目标达成率	销售毛利目标达成	10%
客户面	内部客户满意度	客服回访出现的问题数量	10%
过程面	邀约及时率	邀约的及时性考核	20%
过程面	邀约目标达成	邀约的目标达成考核	30%
学习成长面	培训达标	达成月度培训要求	10%

注：精品专员根据实际工作内容的不同做对应调整。

6.4 经销商二手车业务

6.4.1 二手车市场的发展

中国汽车市场历经二十多年的高速发展，成为全球保有量最大的汽车市场。与欧美汽车市场不同的是，中国的二手车市场发展严重滞后于新车市场，中国汽车市场存量并未有效盘活，二手车行业规范发展"提速"已是业内共识。

新车销售是目前汽车经销商最核心的业务，二手车业务将成为未来汽车经销商的最大经营发展机会。

根据相关行业数据显示，中国二手车市场近几年交易量屡创新高，二手车市场逐步升温。

与此同时，随着国内新能源汽车销量呈现高速增长态势，这也意味着新能源二手车即将迎来高速增长。

近几年二手车市场随着越来越多"大玩家"的看好与加入，整个行业的热度也不断提升，从过去的以小型车商为主，到现在越来越多大型汽车经销商、互联网科技巨头等加入到二手车市场的布局中。二手车市场进一步迎来了更好的发展契机。

二手车市场的特点是一地一价、一车一价。同样一辆车，往往南方与北方存在较大的差价，所以二手车商才可以在当地"高价收车"，之后异地交易获取利润。

只要二手车异地差价利润大于交易成本，就会出现"大流通"的繁荣景象。

随着国家二手车相关利好政策的出台，如二手车增值税大比例降低，以及多部门陆续推出的取消二手车限迁、简化二手车交易流程等政策，大大降低了二手车交易成本，利好二手车的异地交易。

全球性"缺芯"危机也间接推动了国内二手车交易的上涨。在芯片短缺的形势下，新车的供应量减少了，这让很多消费者开始把购车目光聚焦到二手车身上。

与中国汽车市场新车销售为主不同，欧美汽车市场的二手车交易占比极高。借鉴欧美汽车市场的发展历史，不难看出中国二手车市场发展潜力非常大，潜在的消费需求还有巨大的待挖掘空间，以后的汽车市场繁荣要靠二手车市场作为主要推动力量。

6.4.2 二手车电商与互联网化

短视频直播的兴起带动了整个二手车行业的发展，如今在短视频平台上就有很多粉丝众多的二手车商账号。很多之前在二手车市场里的二手车商也随之转型线上加线下的二手车电商。

作为商家，应遵循销售公式：销售 = 流量×转化率×客单价×复购率。之前二手车市场里的二手车商其市场流量来源于二手车市场的自然流量，自己不容易改变，客户是冲着车来的，而不是商家；自己的车型车源局限性决定了转化率也不容易改变；作为大件消费，客户的复购率也几乎为零。因此，在销售公式中，客单价这一项就是二手车商关注的重点。

这也就不难理解有的二手车商会有"隐瞒事实""以次充好"等行为，对于这类二手车商而言这些都是提高客单价的策略。

对于消费者，买车是"大件"消费，"大件"都得多做考虑，眼见为实，"要亲眼看看"是大多数人固有的观念。二手车一车一样，一车一价，如果要买一辆车，那一定是要见到实物。买二手车就是"逛市场、看实车"。

由于二手车车辆的复杂性、专业性，信息极为不透明。消费者即使看到车，也不放心，怕被"坑"，这也是很多消费者在新车与二手车之间选择新车的原因。

二手车商做短视频直播转为直播电商之后，整个销售的经营逻辑都要做改变。我们还用前面说到的销售公式来分析。

做得好的二手车直播电商，它的流量依靠的是粉丝效应，客户买车是冲着主播来的，很多成交变成了主播依照客户的需求去为客户找车源。流量和转化率将是二手车直播电商最核心的经营方向。

在电商平台购物完成后，客户是要给商家做评价的。电商平台的店家很怕客户打差评，因为这个差评是对所有人可见的，对这次交易的评价可能会影响到往后的每一笔交易，所以电商平台的店家会提供包邮服务，耐心解答客户的疑惑，逢年过节有优惠活动，还会免费赠送小礼品，这些都是想让客户给一个好评。

虽然二手车复购率低，但是二手车直播电商和电商平台的商家是一样模式，之前追求客单价的策略显然是不适合了。

二手车直播电商要想在未来发展得更好就必须有大格局，不能只算今天明天、一笔两笔的账，而是要诚信经营、赢得客户好评、树立口碑、吸引更多的粉丝、获得更多的流量与成交。

随着移动互联网的发展，以科技互联网交易方式来承载全新的二手车商业模式成为主流，二手车市场的新常态是互联网化。

不同于过去传统二手车商的"套路"满满，现在互联网化的二手车交易已经实现了体验良好的线上全流程化。

搭建线上二手车交易平台，用社交传播聚集潜在交易流量，面向传统二手车商提供平台化服务……这些二手车领域风口早已创造出了不少影响力巨大的资本玩家。

现在的二手车交易链路中，二手车商通过互联网吸引客户，通过网上平台来搭建线上销售与服务网络、获得客户线索，通过小程序来构建售后服务体系……这些互联网平台化体验已在二手车领域司空见惯。

在交易层面，在过去的二手车商业模式中，二手车商是通过信息差赚差价。现在，越来越多的二手车平台构建起一套全新的二手车交易模式，涵盖服务、线上线下一体、金融、评估等大量环节的新二手车交易模式，已经让整个二手车交易流程得到全面优化。

在车商特别关注的车源、客户线索层面,过去传统车商往往使用各种"套路",中间存在着大量的不透明空间。但新技术与互联网的切入让过去所有的灰色地带变得愈发透明,而这种透明也成为新兴二手车商吸引客户与消费者的方法,数字化的二手车供应链体系已成为未来趋势。

在二手车评估层面,以往二手车商对于车辆状况的评估往往缺乏权威性,消费者对于二手车的评估情况也一知半解,这导致了很长一段时间里消费者对于二手车商不信任的情况。

而现在,一些受到行业与消费者双重认可的二手车认证体系的建立,不管是立足于专业机构还是立足于技术能力,都促进二手车市场向标准化、透明化发展。

随着人们消费观念的改变、消费水平的升级,也会有越来越多的人尝试线上购车模式。

年轻消费者群体对于二手车的接纳度正在提升。数据表明,年轻用户群体已经成为品牌官方二手车的消费主力军,不少二手车金融平台也吸引了大量年轻人购置二手车。各类新数据都在呈现出这样一个事实,那就是购买力已然显现的年轻消费者群体将是未来二手车市场的重要消费力量。

在过去很长一段时间内,二手车市场似乎都不怎么受年轻人的待见,在"二手即等于便宜"的消费偏见之下,很多年轻群体不喜欢买二手车也显得理所当然。

近年来,各二手交易平台正在成为年轻消费者群体的主战场,相比于之前的消费者对于二手物品的成见,现在的年轻消费者群体显然并没有太大的二手消费偏见。而随着二手交易走向车辆这样的高单价商品,年轻人依旧非常热衷。

因为整体汽车市场的繁荣和潜在庞大的二手车交易需求的存在,我国的二手车市场稳步提升已经成为常态。

如今新兴消费群体与新兴交易方式又在深挖本就体量庞大的消费需求,加之在数字化赋能下,这些消费需求又更容易转化成实际销量,二手车市场必将迈入高速增长期。

6.4.3 4S店二手车置换业务的经营

一方面是二手车市场的逐步繁荣,另一方面是随着我国汽车市场成熟度和保有量的不断提高,客户对于换购新车的需求日益增长,通过置换方式实现新车销售的比例也将逐步提高。

消费者有着规避损失的心理，面对同等价格的得到与同等价格的失去，人性本能更在乎失去。所以对于有置换需求的车主，更为关注二手车置换业务。

4S店凭借自身优势通过专业化查定评估，为客户提供交易安心、价格合理、手续方便的二手车置换业务，对于经销商的盈利以及长远发展具有重要意义。

4S店的二手车置换业务依照实际业务可以分为三个板块，见表6-7。

表6-7 4S店的二手车置换业务依照实际业务

序号	板块	核心指标
1	客户获取	客户获取量
2	车辆查定	查定率
3	成交转化	成交率

1. 客户获取

客户获取板块中，客户的来源有意向客户、保有客户、网络客户、外拓客户四个获取维度。

1）意向客户是到店或网络咨询购买新车的客户，4S店要根据客户了解车辆的行为习惯，进行广宣投放，如垂直媒体发文宣传、试驾车车贴宣传、置换活动桌牌等。将主机厂置换政策，进行置换活动包装，并制作置换活动相关的宣传物料；将二手车置换业务作为差异化策略，销售人员在需求分析时主动询问客户是否有置换需求，在价格商谈时主动推荐置换业务，并说明置换优势。

2）保有客户是4S店最大的资源，4S店可以针对购车3年以上的客户，周期性地进行置换活动信息的群发宣传。针对购车5年以上的客户，客服人员可以进行电话回访，探寻置换需求，并告知置换活动。

3）网络客户是在二手车平台发布售车信息的个人客户。4S店可以关注平台个人客户售车信息，选取对应售价空间内的二手车车型，进行回访并告知客户收车意向，引导客户置换店内新车。

4）外拓客户是要定期走访二手车市场，寻找可合作商铺，信息资源共享，获取客户资源。

保有客户资源与新车意向客户置换资源是4S店的核心优势，其中保有客户资源可以获得本品二手车车源，可以有更多后续获利。

2. 车辆查定

车辆查定指的是对目标客户的车辆做评估报价。查定量是汽车经销商二手车置换业务的核心过程指标,故而要严格实行查定目标管理,具体可采取以下措施。

1)销售人员在客户接待中置换业务开口率100%,且客户从进店到成交过程中至少进行两次置换业务推荐,并利用录音设备及客户满意度回访的方式进行推荐执行情况检核管控。

2)二手车顾问要关注并注册3个以上的网络二手车交易平台或信息发布平台,每日将获取的客户信息填写到信息收集表中,并进行客户回访接洽;每月走访二手车市场不低于2次,固定合作二手车商户不低于2家,市场走访需拍照打卡,将详细走访内容填写到市场走访记录表格中,收集的置换客户信息填写到信息收集表格中进行管理和跟踪。

3)客服人员要提前编写回访话术及客户常见问题的解答,便于客服人员回访;每周统计一次购车满3年或质保期结束的客户名单,进行置换信息发送;每周统计一次购车满5年的客户名单,进行置换业务电话推荐;利用录音电话和工作记录表格对回访执行情况进行检核管理。

3. 成交转化

成交转化板块的重点是成交管理与转售管理。

1)置换业务的成交伴随着新车销售的成交,因此二手车人员和新车销售人员需要协同合作。查定及二手车报价期间,新车销售人员应全程陪同,增加客户信任,并适时安抚客户;二手车报价前,新车销售人员可进行客户心理价位的探知,并设法将客户预期告知二手车人员;二手车人员根据客户二手车预期和市场价格,制定二手车报价策略及置换政策包装。

2)转售管理。4S店置换任务的达成,不仅能促进新车销售,还能通过二手车转售获得边际利润。二手车转售方式根据不同因素,可分为自店销售给个人客户和转售给车商两种,见表6-8。

表6-8 自店销售和转售

评估维度	选择自店销售的情况	选择转售车商的情况
人员情况	特约店人员专业且充足	人员不足,不了解二手车交易流程
投入产出	价格较低,资金占用小	价格高,资金占用较大
周转速度	热销车型或有潜在客户	出售周期长,意向客户少
车辆车况	车况好,维修记录完善	车况差,出过事故或大修

转售车商要制定转售车商利润标准，价格过低需进行报备，保证特约店边际利润；明确车商的转款周期和车辆过户周期，做好风险规避；关注车辆过户相关手续的完结情况，避免车辆信息外泄或被盗用的情况。

自店销售，重点做好车辆翻新整备，规划区域展示车辆，每日进行车辆维护并在网络发布出售信息。

汽车经销商二手车自店销售业务是二手车转售经营的重点，对于客户而言，4S店本品二手车更有保障，也更值得信任。

对于经销商而言，本品二手车有众多水平业务的销售机会，如金融、保险、精品、延保、保养套餐等，可以获得非常好的利润收益。此外，很多主机厂都有对应的本品二手车政策的支持，如金融支持、延保支持等，汽车经销商的本品二手车竞争力会更强。

当前，很多二手车电商巨头纷纷依托网络覆盖全国的优势，推出了"全国购"业务，即瞄准二手车地域价差来实现效益最大化，这与美国二车车商CARMAX的做法如出一辙。

很多国内汽车经销商集团在很大程度上也具备网络地缘优势，足以支持其推出自主的"全国购"业务模式。

经销商集团如果可以把主机厂的返利政策用足，把自身的网络优势用起来，那么二手车业务的车源收购、资源调配、二手车销售三个环节将被彻底打通。

汽车经销商集团可以通过客户运营中心、二手车业务中心双轮驱动，鼓励集团的保有客户跨品牌置换形成二手车车源，尤其是优质二手车车源，这将注定成为汽车经销商集团全新的业务增长点。

本章重点

1. 金融业务与二手车业务是汽车经销商战略层面要考虑的问题。
2. 金融业务的四大核心价值以及差异化金融服务产品的设计。
3. 汽车经销精品业务的误区与业绩突破方案。
4. 中国二手车市场发展分析与汽车经销商二手车置换业务的有效开展。

后 记

由于汽车商品的独特性，汽车销售采取的是汽车主机厂区域授权形式。从汽车主机厂的经营角度出发，销量是其生存与发展的基础，市占率是关键指标，在汽车市场环境好一些的时候，汽车主机厂一定会开放市场招募汽车经销商建新店。

汽车4S店越建越多，同一个城市的多家4S店卖完全相同的商品，目标客户集群一模一样。市场就这么大，客户就这么多，你多一个，我就少一个，不是你死就是我活。只要一家优惠，其他就会跟上，"价格战"不可避免成为汽车经销商经营的常态现象。

"价格战"本质是汽车经销商之间简单粗暴的生存竞争，这种恶性竞争也是造成汽车经销商经营举步维艰的原因。

面对这样的竞争环境，汽车经销商唯有创新，而且要做突破性创新。

何为突破性创新？我们回忆一下前些年如日中天的诺基亚手机，从1996年开始，诺基亚手机连续15年全球销量第一。

在诺基亚最辉煌的时代，诺基亚的产品换代给人感觉是什么？是换机壳、换外形。确实越来越好看，但是并没有巨大创新改变。之后的事情大家都知道，乔布斯带着iPhone手机来了，开启了全新的智能手机时代，智能手机代替功能机成为一个时代的标志。

汽车行业也同样如此，在燃油车领域各个汽车主机厂的产品都往同样的方向去努力，更好看的外形、更奢华的内饰、车身更轻量化、发动机油耗更低动力更强、变速器有更多档位……趋同性的设计越来越多，车系之间的差异化逐步缩小。

虽然各汽车主机厂围绕着自己的汽车品牌不断做研发设计，似乎创新不断，但是很难说有什么巨大的创新，直到特斯拉电动汽车的出现。

制造企业（汽车主机厂）的创新是设计与制造的创新，聚焦于产品创新。销售企业（汽车经销商）的创新则是销售服务的创新，销售与服务创新唯有差异化。

"想要高溢价，唯有差异化"，做销售差异化必须认清一个前提。用这本书我反复讲的销售行业的经营之"道"中的"人""货""场"来诠释，同样的一件商品，不同的销售场景，不同的销售客户，结合不同的配套服务，给到消费者手中的就可以是不一样的价格。

举例来说，同样的一瓶矿泉水超市一个价、旅游景区一个价，由于销售场景不同，就有理由卖出不同的价格；同样的糖果，散装和礼品盒装是完全不同的价格，由于销售客户不同，就有理由通过包装设计卖出不同的价格；同样的一瓶白酒，在超市和星级餐厅，由于配套服务的不同，自然也有理由卖出不同的价格。

汽车经销商如何应对宿命般的"内卷",唯有不断创新,做难而正确的事情。

本书中的诸多进化思维和实际案例,本质上都是差异化的创新,这些创新有的是站在内部提升组织效率,有的是面向客户提高销售效率和销售质量。

创新之所以难,更多在于实际工作中很容易发生偏离。

汽车经销商在现实中也做了不少销售差异化工作,如经销商给客户煎牛排、送蛋糕,展厅设立水果吧、咖啡吧,客户出差预约即提供免费的机场接送等。这些"差异化服务"既有由汽车主机厂推动的,也有汽车经销商自行推出的。这些服务项目在设计时无论厂里还是店里都经历过深思熟虑,但往往是前期投入不少,一段时间之后数据对比却几乎看不到什么变化。

原因只有一个,汽车经销商在销售差异化设计上偏离了销售行业的经营之"道",变成了只为了做"不同"。

汽车经销商的销售差异化必须围绕销售行业的经营之"道"中的"人""货""场"展开,实现效率的提升。

想想看为什么给客户煎牛排、送蛋糕这样的差异化投入后无明显的有效回报,从"场"的维度分析,这些差异化并不是多数客户的敏感点,不是真正的MOT(关键时刻),客户不可能因为吃了你一块牛排就决定在你这里买车,这个场景的投入对多数客户的消费决策无效。

本书提到的诸如降低客户购买与使用负担门槛的金融差异化、二手车业务差异化、网电销业务差异化、精品业务差异化则聚焦于目标客户的敏感点,营造的场景"直击"客户的消费决策。

销售行业的经营之"道"可以作为汽车经销商验证差异化方案是否可行的标准。

创新之所以难,在于它是有时效性的,特别是汽车经销商的销售业务,根本不存在"一招鲜,吃遍天"的情况。汽车经销商必须要不断迭代创新,确保"一直被模仿,从未被超越"。

每一次迭代创新本身都会带来新的变量,加上外部环境也在不断变化,这个变量本身就是新的创新萌发的"土壤",由此可实现不断迭代创新。

环境一直在变,只有掌握底层逻辑,才能探寻到万变中的不变。抓住本质,才能推演出无穷无尽的方法论。商业的思考能力,其实就是一种从底层逻辑出发,不断深度思考的能力。

销售行业的经营之"道"的"人""货""场"就是这样的底层逻辑,也是今天的汽车经销商如何面对变化保持敏捷性的答案。

最后,希望我在书中分享的内容能够给大家带来帮助,祝愿广大汽车行业的同仁们可以与时俱进,成为这个时代的成功者。